国家社科基金项目"我国老龄化社会趋势下监护制度重构研究"
（13BFX085）

西安工业大学专著基金资助出版

中国监护制度研究

李金玉　金　博　等著

Research on Guardianship System in China

人民出版社

作者名单

第一章　王宏斌

第二章　张玲艳

第三章　李金玉

第四章　李金玉

第五章　郑淑霞

第六章　金　博

第七章　李金玉

第八章　李金玉

目　　录

前　　言

　　监护,在传统理解上被界定为是对辨认能力欠缺的无民事行为能力人、限制民事行为能力人的人身、财产等权益进行保护和监督的制度,具有弥补被监护人行为能力之不足、保护被监护人权利、实现实质正义、维护市场秩序和交易安全,以及保障代际持续发展等诸多功能。各国法律均设有成年监护制度和未成年监护制度两大类别,为具有相应保护需求的主体提供法律支持和制度保障。

　　中国监护制度主要体现在《民法典》《老年人权益保障法》《未成年人保护法(2020 年修订)》《预防未成年人犯罪法(2020 年修订)》《反家庭暴力法》等相关法律中。这些最新立法成果积极吸纳了现代监护理念,对原有的相关监护制度进行了较大的完善和发展。如《民法典》除了基于新冠肺炎疫情特别增加了突发情况下的临时监护措施外,其他全部延续了《民法总则》的立法理念,区分了未成年人的父母监护与其他监护人的监护;增加了遗嘱监护、国家代位监护、临时监护等制度类型和措施;明确了最有利于被监护人原则,提出尊重被监护人真实意愿等;扩大了成年监护对象范围;确认意定监护制度等。以上较《民法通则》中的监护制度进步显著。另外,2020 年新修订的《未成年人保护法》,更是丰富和发展了《民法典》中的未成年监护制度,细化了家庭监护的职责内容,明确了国家对家庭监护进行指导、支持、帮助和监督的责任,完善了委托照护、临时监护和长期监护制度等,使未成年监护制度更为科学化和系统化。

但需要指出的是,较之于未成年监护,目前中国成年监护制度仍存在较大缺憾。原因主要有三:一是《民法总则》和《民法典》对成年监护制度并无突破性进展;二是鉴于《民法典》本身"固根本、稳预期、利长远"的基础性法律地位和功能,在立法内容和立法技术上均无法对监护制度进行细致全面的规范设计,系统性、体系化的监护制度构建需要另外单行立法或修改《老年人权益保障法》《残疾人保障法》等法律;三是目前尚未就成年监护制度进行《民法典》之外的专门性立法,也没有开展如同修订《未成年人保护法》那样的修法工作,无法对成年监护制度进行创新与拓展。如此,则原有的成年监护制度在监护对象范围、监护人选任、监护职责、监护启动和运行程序、监护监督与司法救济等方面的问题仍然存在。尤其是在老龄化视域下,目前的监护制度设置对于老年人群体的监护需求而言,仍然面临制度供给不足的严肃问题。在《民法典》时代,在中国老龄化社会趋势下,成年人监护制度尤其是老年人监护制度的创新与发展,呈现急迫性与正当性。

中国成年监护立法以现行行为能力为理论前提和基础进行制度设置,而现行行为能力仅以"辨认能力"为认定依据,将"体能"要素排除行为能力构成要素之外,不符合认知规律和客观事实,无法将具有客观监护需求的成年人,尤其是体能、精神和智力渐次减弱的老年人纳入制度适用者范围;简单进行的行为能力二层级欠缺类型的划分,也无法适应成年人多元复杂的协助保护需求;行为能力的认定也缺乏实质标准和具体依据。事实上,人在进入老年阶段后,器官功能逐渐弱化,意志、精神与体能呈现下降趋势,辨别和决定能力减弱,行动能力也渐次降低,个人事务独立处理能力必然受到相应影响,呈现差异性、渐次性和层级性特征,并不能简单地归结为无行为能力或限制行为能力状态。尤其随着老龄化社会的到来,老龄残疾化或残疾老龄化现象日益严重,老年人行为能力缺失补足的需求也更为复杂多元,使得科学设置成年监护制度的任务更为艰巨和紧迫。对此,本书提出,应革新现行行为能力制度,将体能纳入行为能力构成要素,首次系统厘清了体能、智力和精神三者之于行为能力以及监护制度设置之间的内在逻辑关联;明确监护的实质条件,以精神的耗弱、智能的降低或体能的下降是否影响其对个人事务的独立处理能力以及影响程度如何,作为判断行为人是否需要监护的基本标准,填补了研究空白。本书对行为能力欠缺类型进行了三元层级构建,即行为能力欠缺类型包括轻微欠缺、部分欠缺以及全部(包括绝大部分)欠缺三个层级,还对认定时依据行为人精神、智力和体能障碍的不同原因类别及障碍程度进行了具体分析,并首次提出细致的认定原则、标准和方法。

在成年监护制度完善的模式选择及基本原则方面,本书运用比较分析和文献分析方法,对大陆法系和英美法系国家的监护理论、立法先例和三大模式进行系统梳理,经过辩证比较和务实考量,指出中国监护模式的现代构建,应结合早期替代性监护模式、现代人权视角下的保护援助模式以及近十年来兴起的支持决策模式的可借鉴之处,形成自己的特色,根据行为能力欠缺的不同类型下被监护人的客观需求进行相应监护类型配置,形成包容性、综合性的"协助保护"模式。老龄化社会背景下中国监护制度的完善,应当遵循"纺锤型"生命轨迹规律,奉行行为能力推定原则、最小干预原则、补充性原则、最佳利益原则、尊重自我决定权原则、国家和社会责任原则,以及借鉴中取舍和创新相结合等基本原则。

本书针对中国成年监护制度在监护适用范围扩张不足、监护人选任不科学、监护人职责权利不明晰、监护程序的启动和运作比较任性随意、监护监督机制不健全以及意定监护制度规范不健全等问题,提出了诸多操作性强、创新度高的完善建议。具体包括:(1)进一步落实现代监护理念,实现"尊重自我决定权"理念和"生活正常化"理念的制度化。(2)进一步扩大监护适用对象,将身体障碍者以及年老体衰的老年人纳入监护范围。(3)修改法定监护人顺位,将配偶、父母和子女并列为第一顺位监护人;同时增加其他亲属为第二顺位监护人;明确监护人选任资格;明确法院为唯一的指定监护机关;激励社会监护力量加入,大力发展法人监护;明确复数监护人的职权行使规则。(4)提出根据不同监护主体与被监护人亲疏或二者原本是否具有身份关系的差异,明确各类监护人是否享有拒任权、辞任权、辞留权及报酬请求权,填补研究空白;明确并加强对被监护人的人身保护义务和财产事务监护职权,并就特定事项的监护权限加以限制性规定。(5)依循比例原则构建层级化、类型化的成年法定监护制度体系,设立协助监护、有限监护和替代监护三大监护类型,并为之配置不同范围和内容的监护职责与权限。(6)构建综合性监护监督制度:私力监护监督的设置一般以自愿性和必要性为原则,村委会、居委会为日常社会监护监督机构;公力监督则为必须,实行行政监督与司法监督并行的监督体系,民政部门为日常行政监督机构,法院下专设家事法院统一处理监护纠纷事务。检察院专门对国家代位监护进行监督,并对法院监护事务的处理进行法律监督,同时享有监护公益诉讼权。(7)完善法定监护程序:成年法定监护启动程序宜采用相关主体申请为主、民政部门申请为辅与法院依职权指定为补充的三元监护启动立法模式;构建成年被监护人行为能力动态审查机制;设立成年监护登记公示制度;首次提出完善行为能力认定程序,建立行为能力专业机构辅助认定制度,完善法院对于成年人行为能力的认定制度,属于制度创新。(8)完善意定监护制度,针对性地解决了意定监护与法定监护有效转换和衔接规定缺失、适用条件过高,意定监护协议的类型预设、订立程序、解除等方面存在制度漏洞等问题。如:①奉行意定监护优先于法定监护的一般原则,数个委托事务相同的意定监护协议并存则以最后者优先,意定监护协议内容难以适用时,协商调整优先,以法院确定为补充;②降低意定监护制度适用门槛,改变意定监护协议委托人缔约能力的资格条件和意定监护启动条件,突破制度适用困境;③加强对意定监护协议的法律规制,建立意定监护协议备案制度;④对意定监护协议进行预设分类,设立意定协助监护、意定有限监护和意定替代监护三个类型,由委托人作出选择确定授权范围,当事人约定不明时,以法律规定的内容对协议作补充适用,以弥补协议的不足,实现意定监护与法定监护的有效衔接;⑤建立意定监护的意思自治适度干预制度,明确不得约定的特殊事项;⑥完善意定监护协议解除制度,提出意定监护协议生效前后双方分别主张解除协议的不同情形下,各自解除权行使时应遵循的一般要求。(9)推进立法、修法工作,通过修改《老年人权益保障法》《残疾人保障法》、制定成年监护法或成年人保护法等专门性法律,完善中国监护法律制度体系。本书也对未成年监护制度的进一步完善提出了诸多建言。希冀上述新理论、新观点对于促进中国民法学研究的发展与繁荣、推动监护制度的革新和老年人监护制度的科学构建、提升老年人安养和权益保护工作水平有所裨益。

第一章 监护和监护制度概述

第一节 监护的概念与特征

一、监护的概念

监护一词,考其辞源,"监",《左传·庄公三十二年》:"明神降之,监其德也。"①《史记·秦始皇本纪》:"始皇怒,使扶苏北监蒙恬于上郡"②。"护",嵇康《与山巨源绝交书》:"仲尼不假盖于子夏,护其短也。"③在古汉语中,监护二字合用,含"督察、监察、监督"之意。《史记·陈丞相世家》:"大王一日得楚之亡卒,未知其高下,而即与同载,反使监护军长者!"④《后汉书·来歙传》:"诏使留屯长安,悉监护诸将。"⑤可见,在中国古代,监护一词并未作为法律术语使用。

"监护"作为法律用语在中国最早见于1911年《大清民律草案》,其中第11条规定,对于无亲权可服从之未成年人,应为其设置监护人。1930年《中

---

① 赵逵夫:《先秦文学编年史(中)》,商务印书馆2010年版,第55页。
② 胡怀琛:《民国国学文库·史记》,崇文书局2014年版,第8页。
③ 刘小乔:《鱼雁尺牍·古代书信集锦》,黄山书社2015年版,第109页。
④ (西汉)司马迁:《史记》,吉林大学出版社2015年版,第433页。
⑤ 冯克诚、田晓娜:《四库全书精编·史部》,青海人民出版社1998年版,第179页。

华民国民法》也在亲属编中对监护制度进行了规定:"未成年人无父母或父母不能行使、负担对于未成年子女的权利义务时,应置监护人。"新中国监护制度的立法始见于《民法通则》,该法第 14 条规定:"无民事行为能力人、限制民事行为能力人的监护人是他的法定代理人。"2020 年 5 月审议通过、2021 年 1 月 1 日起施行的《民法典》总则部分也作了相同的规定。

可见,监护作为一项重要的法律制度,是对辨认能力有所欠缺的无民事行为能力人、限制民事行为能力人的人身、财产等权益进行保护、监督的制度。

二、监护的特征

按照中国现行法律对监护制度的规定,监护具有如下特征:

(一)被监护人为欠缺辨认能力的人

监护制度旨在弥补和补充被监护人行为能力之欠缺。中国自《民法通则》至《民法总则》《民法典》均将监护对象限定为无民事行为能力人和限制民事行为能力人,但立法并未对什么是行为能力进行立法定义。中国《民法典》总则中对此仅规定:不能辨认自己行为的成年人以及不满 8 周岁的未成年人为无民事行为能力人,不能完全辨认自己行为的成年人以及 8 周岁以上的未成年人是限制民事行为能力人。从其立法条文来看,年龄是未成年人行为能力判断的依据,行为辨认能力是成年人是否具有民事行为能力的判定标准。中国《民法通则》曾经将无民事行为能力和限制民事行为能力的成年人限定为精神病人。法律用语应准确清晰,而"精神病"并非内涵及外延清晰的概念,在《中国精神障碍分类与诊断标准》中对此类疾病的医学用语为"精神障碍"。同时,"精神病"在汉语语境下含有歧视意义。现在国际上较为通行的称法为"精神障碍",对于罹患精神类疾病的人称之为"精神障碍患者"或"精神障碍者"。因此,《民法典》对于"精神病人"一词已弃用,将能否辨认自己的行为作为判定"成年人"行为能力的依据。无论是成年人还是未成年人,其作为被监护人的共同特征均是辨认能力欠缺。

(二)监护人须为完全民事行为能力人

监护人对被监护人负有保护、监督之职责,故其应为完全民事行为能力人,且不存在妨害监护职责履行的不良记录。在德国,无民事行为能力人、未成年人、接受他人照管之人不得担任监护人。在日本,不得被任命为监护人的人包括禁治产人、准禁治产人、未成年人、被家族法院免职的保护人和代理人、破产人、去向不明的人、对被监护人提起诉讼的人和他的直系亲属等。中国《民法典》对监护人的资格问题仅要求"有监护能力",但对监护能力未予以明确要求,应在立法中进一步予以明确。

(三)监护制度具有权利义务的一致性

关于监护之性质,监护到底是权利还是义务,学界观点不一。持权利说者认为,监护实乃一种权利。《民法典》第34条规定:"监护人依法履行监护职责产生的权利,受法律保护"。"监护的权利属性在本质上体现为选择成为监护人的自由或对自己与被监护人的特殊的身份关系的自由支配",[1]权利就其实质而言是利益和自由。监护人得处分被监护人的财产等权利,实施相应民事行为,这无疑是一种自由。权利说中还有人认为,绝大多数情况下,监护人与被监护人存在特定亲属身份关系,因此,监护权是一种身份权;虽极少数情况下非亲属的个人或单位也可能成为监护人,但不影响监护的身份权性质。

义务说者认为,监护制度是为被监护人而设,中国法律并未就监护人的报酬进行规定,监护行为也并非为监护人利益而为,对监护人而言,负有保护被监护人之责任,实为一种负担。《民法典》第34条第1款和第3款明确规定监护人应当履行的监护职责内容以及违反该职责的后果:"监护人的职责是代

---

[1] 黄荣飞:《论监护的权利属性》,《重庆科技学院学报》2013年第8期。

理被监护人实施民事法律行为,保护被监护人的人身权利、财产权利以及其他合法权益等。""监护人不履行监护职责或者侵害被监护人合法权益的,应当承担法律责任。"因此,监护应为职责和义务。

我们认为,监护既是权利又是义务。虽监护人有进行监护实施财产处分为相应行为的自由,但监护行为却是为被监护人的利益而进行,且权利可以放弃,但监护权不可以放弃。但监护亦非单纯之义务,监护人有对被监护人财产进行处分并代理被监护人实施一定行为之自由。因此,监护既为权利又为义务,但对监护人而言,义务应居于矛盾主要方面,盖因监护制度是为被监护人而设,法律赋予监护人权利的目的亦为了使其服务于被监护人的权益。

第二节　监护的分类和功能

一、监护的分类

从不同的角度出发,理论上可对监护进行不同的分类。

(一)未成年监护和成年监护

这是以被监护对象不同而作的区分。关于未成年监护立法始自罗马法。在罗马,男子未满 14 岁,女子未满 12 岁的,如果存在无家父或家父死亡、家父幼弱、家父丧失自由、家父失去家父权等情形,而未处于家父权或亲权监督之下,则应为其设置监护。秉承罗马法的传统,大陆法系一些国家立法将亲权与监护权分置,亲权系父母对子女之权利,监护人则可为未成年人父母以外的近亲属或其他人。我国《民法典》第 27 条规定:"父母是未成年子女的监护人"。上述规定意味着中国立法对于亲权与监护权不作区分并采取一元主义的做法。

关于成年监护,可追溯到古罗马《十二铜表法》的相关规定:除威士塔修女外,妇女受终身的监护。1900 年《德国民法典》规定成年被监护人范围包括:罹患精神病者、酗酒成性、挥霍浪费、精神耗弱、吸毒成瘾的成年人,上述人员可被进行禁治产宣告,并为其设立监护人。中国曾在 1986 年的《民法通则》中,将作为监护对象的成年人仅限定为完全或部分不能辨认自己行为的精神病人。随后相继颁布的《民法总则》《民法典》均取消了"精神病人"的限定,规定不能辨认自己行为的成年人为无民事行为能力人,不能完全辨认自己行为的成年人为限制民事行为能力人,并规定为该两类人确定监护人。

（二）法定监护、指定监护和意定监护

这是依照监护人的产生方式而作的分类。法定监护,指监护人的确定来自于法律规定。中国《民法典》第 27 条所规定的未成年子女的监护人为其父母,即属于法定监护。

指定监护是法定监护制度的延伸,即在各法定负有监护职责的监护人相互推诿或存在争议而不能产生监护人时,监护人应由被监护人所在地的居民委员会、村民委员会、民政部门或人民法院指定产生。

意定监护,系中国《老年人权益保障法》和《民法总则》新确立的制度,并在《民法典》中得以保留。《民法通则》仅规定了法定监护和指定监护,并未规定意定监护。意定监护指具有完全民事行为能力的成年人,可以与其近亲属或其他愿意担任监护人的个人、组织协商,事先以书面形式确定自己的监护人,并确定在其丧失或者部分丧失民事行为能力时,由事先确定的监护人履行监护职责的制度。意定监护是当代监护制度尊重被监护人意愿和"自我决定权"的体现。

（三）单独监护与共同监护

这是以监护人的数量为标准而作的分类。单独监护即监护人为一人的监护,是一对一的监护形式。

共同监护,指监护人为两人以上的监护。中国法律对共同监护人之间在行使监护权时的权责分工等问题未作明确规定。

(四) 个人监护与组织监护

个人监护指监护人为个人的监护。监护人一般为被监护人的父母、配偶、子女等近亲属。其他愿意担任监护人的个人在经过被监护人所在地的居民委员会、村民委员会或民政部门同意后,也可以成为监护人。

组织监护,指由符合条件的组织担任监护人。依照中国法律规定,包括两种情形:其一,经被监护人住所地的居民委员会、村民委员会或者民政部门同意后,组织成为监护人。其二,在没有依法具有监护资格的人时,由民政部门担任监护人,也可以由具备履行监护职责条件的被监护人住所地的居民委员会、村民委员会担任。但民政部门系行政机关,其主要职能在于履行和实现行政目标,并不能够很好地履行该监护职责。因为监护是对被监护人的财产、人身等权利进行管理和保护的制度,监护职责具有全面性、生活性和人身信赖性等特点,而各级民政部门往往并不具备进行监护的专职人员,将监护职责赋予居民委员会、村民委员会也同样面临人员配备问题。中国目前处于社会结构的调整重组期,一些原有社会组织松散。在农村地区,村民流动性增强,大批的青壮年村民入城务工和定居,村民与村委会的联系减弱;在城镇地区,一些居委会与其社区居民的联系也很少。我们认为,与以实现行政职能为目标的民政部门,以实现基层社会管理为目标的村委会、居委会相比,公益性社会团体更适合担任组织监护人。很多公益性社会团体设立宗旨即为保护和照顾弱势群体、维护弱势群体权益,其设立目的、人员配置与内部管理更有利于关照和保护作为弱势群体的被监护人。由于种种原因,中国社会团体还不够发达,尤其是慈善或公益社团数量较少。但就未来而言,应实现组织监护由公权机关或准公权机关向社团、慈善、公益组织等社会力量的转变。

二、监护的功能

（一）弥补被监护人行为能力之不足

行为能力是民事主体以自己的行为实现自身民事权利并承担民事责任的能力，是民事主体从事民事行为所需要的理性和认知之"底线"。但部分民事主体或因年龄幼小、心智未发育未成熟，或因精神耗弱、认知障碍，并未能达到这条"底线"。作为尊重和保护个人权利的"慈母般的法"，民法对于民事主体平等地赋予了民事权利和自由，但欠缺行为能力的民事主体，难以通过自己的行为行使权利和自由，在民事活动中处于劣势地位。"徒法不足以自治"，法治的生命在于贯彻和运行，"应然"的权利还需要通过"实然"的运行才能得以实现。因此，民法设立监护制度，以监护人的行为能力弥补被监护人行为能力之不足，使其实质上拥有与其他主体同质同等的民事自由，以使权利得以正常实现，民事主体之实质平等地位得以维护，社会公正和主体自由得以衡平。

（二）保护被监护人权利

保护权利无疑是法律的终极目标。中国的被监护人范畴主要包括行为能力欠缺的未成年人、智力障碍或精神障碍的成年人，相关主体立法均开宗明义地宣布了对其权利保护的重要性。联合国《儿童权利公约》明确规定父母或视具体情况而定的法定监护人对儿童的养育和发展负有首要责任。[①] 中国《老年人权益保障法》第 4 条、第 7 条规定："积极应对人口老龄化是国家的一项长期战略任务。""保障老年人合法权益是全社会的共同责任。"《残疾人保障法》第 4 条、第 9 条规定："国家采取辅助方法和扶持措施，对残疾人给予特

[①] 联合国《儿童权利公约》第 18 条规定："缔约国应尽其最大努力，确保父母双方对儿童的养育和发展负有共同责任的原则得到确认。父母、或视具体情况而定的法定监护人对儿童的养育和发展负有首要责任。儿童的最大利益将是他们主要关心的事。"

别扶助,减轻或者消除残疾影响和外界障碍,保障残疾人权利的实现。""残疾人的监护人必须履行监护职责,尊重被监护人的意愿,维护被监护人的合法权益。"中国正处于社会转型时期,科技发展日新月异,生活方式变化巨大,对上述主体权利保护提出了新的挑战。留守儿童、空巢老人、针对老年人的诈骗犯罪等普遍存在的问题均表明被监护人权利保护形势严峻。被监护人因认知能力之不足,成为社会弱势群体,更应得到法律的特别保护。法律为之提供保护和照顾制度对其生存发展至关重要,其中健全、完善的监护制度对于社会弱势群体的权益保护的重要性和突出作用尤为明显。中国近年来针对老年人的诈骗活动高发,其中一个重要原因就是部分老年人不足以理解复杂的交易,难以识破骗局,而作出对己不利的财产处分。老年监护制度显然可以借助监护人的辨认识别能力以弥补此不足而保障被监护人财产安全、人身保护等合法权益。

(三)生产实质正义

正如卢梭所言,人生而平等,但却无往不在枷锁之中。[1] 社会弱势群体即为明证。"社会弱势群体是指由于某些自然或社会原因而使得其权利处于不利地位的特定群体。"[2]弱势群体的产生往往基于两个原因:自然原因,如年幼、年老、残疾等;制度原因,如社会成员的等级,分配的不公平等。作为被监护对象的弱势群体地位,多因为自然原因而致,且该自然因素往往是难以人为改变的,因此,更应得到法律制度的保护和关照。中国传统的"老吾老以及人之老,幼吾幼以及人之幼"已体现出朴素的社会监护思想。近年来,以保护弱势群体、实现社会实质公平为价值的社会法思潮兴起,国家监护责任观念发展,社会法对传统公法与私法分置的观念产生了冲击,对传统纯粹私法领域之

---

[1]　参见林国华、王恒:《古代与现代的争执》,上海人民出版社 2009 年版,第 14 页。

[2]　杨海坤:《和谐社会视角下的弱势群体宪法保护问题》,《淮阴师范学院学报》2005 年第 4 期。

监护制度,亦产生巨大的影响。《民法典》中规定的民政机关、居民委员会、村民委员会可成为监护人,即体现了监护已跳出私权领域之窠臼,实现公私法交融之趋势。以国家责任观念统驭的对作为弱势群体的被监护人权利之保护体系已形成。在此意义上,监护制度对被监护人进行保护,补充其行为能力之不足,以达至主体之间的民事行为上的起点平等和结果公平,实具备生产实体正义之功能。

(四)维护市场秩序和交易安全

法律是市场的"游戏规则",作为私法的民法,更被称为是"市场法",其重要的目标在于促进公平安全之交易。民事行为是以一定意思表示而实施的追求法律后果的行为,意思表示真实,为民事行为的效力要件。被监护人恰恰对自己的行为缺少辨认能力,意思能力不足,因此,其行为之效力存在瑕疵。意思能力欠缺的民事行为效力存在瑕疵,可能会被依法认定无效或效力待定。这会严重损害民事交易的稳定安全。目前,随着中国社会经济生活快速发展,交易对象和交易方式日趋复杂和多样化,对交易各方的辨认能力提出了更高的要求。监护制度以保护被监护人为出发点,由监护人代其实施民事行为,避免被监护人因意思能力不足而作出妨害交易对方或自身利益的行为,使交易效力确定,维护被监护人和交易对方的利益,实现公平交易,维护交易安全。于交易的第三方而言,交易过程因监护人的介入而意思表示真实,提高交易风险识别性,更有利于降低交易成本,保护交易信赖利益,规范并促进交易行为,实现市场繁荣发展。

(五)保障代际持续发展

人类社会的发展是一个生生不息、代代相传的漫长过程。从纵向而言,人类个体生命都要经历幼年、成年和老年阶段,在这三个阶段中,其行为能力处于变化之中,从幼年的无行为能力和限制行为能力,至成年的完全行为能力,到老年行为能力再次降低。从横向而言,人类社会在任何一个时间点上,其社会成员也是由这三类主体构成。人类社会的这三类主体必然产生一个代际关系或代际伦理问题。"代际伦理是以现实的幼、壮、老三代之间的利益关系为核心的伦理关系,以及实现该关系的公正调解、促进该关系协调发展的伦理原则与道德规范的总称。"①代际公平问题不仅包括以保护本代人和子孙后代的长期可持续发展,还包括对待儿童、老人等行为能力不足主体的保护和照顾。监护制度是代际公平的重要制度,在这个代际链条中,每个人都先后成为被监护人和监护人的角色,作为幼儿的被监护人在成年后又监护未成年人和老年人,实现代际社会成员之间的权利义务一致性并共同推动社会发展,这是社会发展所依赖的坚实基础。中国古代的孝文化也正是代际伦理的朴素体现。

第三节　监护制度的起源和演变

一、监护制度的起源

监护法律制度起源于被誉为"民法之父"的古罗马法。监护一词来自于拉丁语"tutelle"。在《十二铜表法》规定了监护和保佐制度,其第四表规定:"家属终身在家长权的支配下。家长得监察之、殴打之、使作苦役,甚至出卖之或杀死之;纵使子孙担任了国家高级公职的亦同。"②第五表一条规定:"一、除维斯塔(Vesta)贞女外,妇女终身受监护。"③

在罗马法中,监护是"由市民法赋予的,对那些因年龄等原因不能自我保护的自由人所给予保护的一种权力和权利"④。人类社会早期,以血缘为基础

---

① 刘喜珍:《老龄伦理研究》,中国社会科学出版社 2009 年版,第 55 页。
② 陈景辉、王锴、李红勃:《理论法学》,中国政法大学出版社 2016 年版,第 307 页。
③ 杨大路:《伴行历史的文明之光传世大法典》,江西教育出版社 2016 年版,第 122 页。
④ 《罗马法民法大全选译:婚姻、家庭和财产继承》,费安玲译,中国政法大学出版社 2001 年版,第 151 页。

形成的家族在社会结构中居于极为重要的地位。在古罗马,家长拥有广泛的权力,对家庭成员、奴隶拥有广泛的管理权。因此,监护制度是服从和隶属于家主的制度,家主对于家庭成员享有管理和支配权。当家主无法正常行使家主权时,例如存在家主死亡或衰弱、失去自由等人格减等情形时,则设立监护和保佐制度。监护的对象主要为未适婚人和女子,保佐对象主要为精神病人、浪费人等。二者相比,监护制度重在对自由人权利的保护,而保佐侧重于对不适宜管理财产的禁治产人财产的管理。正如法谚云:"监护针对的是人,保佐针对的是物。"

在罗马后期,监护与保佐的区别逐渐缩小。至后世,保佐制度更是被逐渐弃用。"早期的监护和保佐都同家庭权益的维护有着极为密切的联系,它们的基本宗旨在于防止家庭财产或利益因有关当事人的轻佻或浪荡而遭受损失或流失。"①早期罗马的监护和保佐制度以家族利益为考量而设,其目的侧重于保护家族财产。但随着商业的发展和政治斗争的推动,原有的家族结构已不适应社会的发展,家国逐渐分离,个体的重要性凸显,国家力量强化。商品经济推动了以权利为核心的罗马法的发展,同时以家族利益保护为核心的监护权逐渐演变为国家干预下的对个人权益的保护。

伴随着日耳曼人入侵、罗马帝国灭亡,罗马法衰落。到中世纪后期,随着罗马法的复兴,监护制度重新兴起。1804 年《法国民法典》确立了禁治产制度,禁治产人被视同于未成年人,由监护人管理其财产,照顾其人身。1896 年《德国民法典》确立亲权与监护制度,实行监护权与亲权分置制度。对于未成年人,由亲权予以管理;对于未处于亲权管理下的未成年人及成年人,则以监护制度佑之。《德国民法典》规定了禁治产宣告制度,将老年精神耗弱人、浪费人、酗酒人等列入禁治产人范畴。该法律同时规定,被进行禁治产宣告的人,应为其任命监护人。禁治产人是"心神丧失或精神耗弱,不能处理自己事务,经法院宣告丧失行

---

① 黄风:《罗马法》,中国人民大学出版社 2009 年版,第 108 页。

为能力的人","禁治产人因无行为能力,被禁止治理其财产"。① 禁治产制度成为这一时期监护制度的重要特色。但随着时代的发展,禁治产制度逐渐被弃用。1968 年法国废止了禁治产制度。1992 年德国通过《关于成年监护及辅佐的修正法案》,也放弃了这一制度,而代之以成年人照管制度,并在个案中进行行为人能力状况的审查。此外,日本、中国台湾地区也废止了禁治产制度。

英国的监护制度早期受罗马家父权的影响,规定父母尤其是父亲对子女监护的绝对权利,后期逐渐受公权思想影响,国家干预和裁决监护纠纷。1839 年《婴幼儿监护权法案》明确了法官裁决权居于父权之上。

20 世纪 70 年代后,一系列与监护制度有关的相关国际公约和宣言陆续出台,如《智力迟钝者权利宣言》《儿童权利公约》《保护精神病患者和改善精神保健的原则》《成年人国际保护公约》《残疾人权利宣言》等。与此同时,对于与监护制度有关的理念也不断进步。对于作为被监护对象的失智者、残疾人,更注重其自主决定权,如被监护人可事先以协议方式确定自己失能后的监护人,在监护过程中要尊重被监护人残余意思能力,监护制度的目的旨在维持被监护人回归正常社会生活等。

二、监护制度的演变

(一)监护制度发展阶段

监护制度的发展大致可分为以下几个阶段:

1. 监护制度的家长主义时期

按照家庭、私有制和人类的起源规律,在人类社会早期,家族居于极为重要的地位。在古罗马,监护制度仅是家父权的补充,家父权在处理家族财产等事务时居于绝对主导地位,监护制度的首要目的是保护家族财产的安全。

---

① 张佩霖、李启欣:《民法大辞典》,湖南出版社 1991 年版,第 1106 页。

"监护基于家庭或家族利益而被家长制吸纳包容,同时是家长权主体出现缺失或障碍时的保障和补救,属于典型的亲属自治制度。"①

2. 监护制度的私法主义时期

随着罗马法复兴及近代法律制度的兴起,监护制度的私法主义时期到来,并以1804年《法国民法典》的诞生为重要标志。在这一时期,监护制度的宗族性、人身性减弱,法律家长主义式微,监护法更强调其对于民事主体、民事行为能力制度之作用,监护作为私法制度发挥其重要作用,国家通过法律和司法制度来介入监护制度。很多国家立法实行禁治产制度,禁治产人被宣告为无民事行为能力人或限制民事行为能力人,并以监护人的行为能力补充之。

3. 监护制度的社会化时期

监护制度社会化时期的典型特征是监护制度在立法设计上不再被单纯视为私法自治领域的制度,社会法的弱势群体保护和实质正义观念渗透并影响监护制度,监制理念更强调监护的国家责任、社会责任。被监护人自主决定权和受尊重权被强调,监护制度追求被监护人的最大利益,国家机关可担任监护人。监护的主体扩大,被监护人不再被定义为传统上的未成年人和精神病人范畴,老年人等失能成年人进入监护的对象,人们对监护的认识不断深化。

(二)监护制度的发展趋势

纵观现代以来监护制度的发展,呈现出如下趋势:

1. 尊重被监护人的自我决定权

被监护人不再被单纯作为管制、约束的对象,其自我决定权得到充分的尊重。意定监护得到更广泛的实行,尊重成年人在具有意思能力时自行指定监护人的决定。在被监护人残存意思能力范围内,尊重其自我选择。中国《民法典》第35条规定:"未成年人的监护人履行监护职责,在作出与被监护人利益有关的决定时,

---

① 曹诗权:《未成年人监护制度演进规律与现实走向》,《中华女子学院学报》2016年第2期。

应当根据被监护人的年龄和智力状况,尊重被监护人的真实意愿。成年人的监护人履行监护职责,应当最大程度地尊重被监护人的真实意愿,保障并协助被监护人实施与其智力、精神健康状况相适应的民事法律行为。对被监护人有能力独立处理的事务,监护人不得干涉。"这即为尊重被监护人自我决定权的体现。

2. 禁治产制度逐渐被废弃

禁治产制度历史悠久,曾长期存在于监护和保佐制度中,但其已与现代法治及人文精神不符。历史上,禁治产制度的存在是为了保护家族财产和社会交易的安全。一个人一旦被宣布为禁治产人,便不具备从事财产行为的能力,其与他人从事的交易均由代理人实施,本人丧失决定权。禁治产制度为各国摒弃的原因在于:

首先,对于罹患精神类疾病的成年人,病情作为个人隐私,一般不欲为公众所知。但禁治产宣告制度公开宣示其禁治产状况,虽保护了交易安全和公共秩序,但以侵犯被禁治产人隐私为代价。

其次,禁治产制度与尊重自我决定权并使之生活正常化的意旨不符。禁治产一俟宣告,被宣告人即丧失行为能力,自我决定权丧失殆尽,其财产行为均不得自行进行,由其代理人实施,甚至极简单小额的交易亦不能实施。禁治产制度将被监护人隔离于社会市场之外,与现代监护尽可能维持本人生活正常化的目标不符。

最后,对于被宣告人而言,其残存的意思能力不能被禁治产制度所解决。对于精神病人或失能成年人,其残存的意思能力情形复杂,但禁治产制度仅以禁治产和准禁治产来区分,简单一律,使得法律制度与现实脱节。

综上可见,禁止产制度被摒弃具有历史的必然性。"禁治产制度为追求简单,避免举证之繁,以保护之名剥夺了被宣告人的行为能力,使其丧失了最基本的私生活自主权(自主决定权)。"[1]

---

① 李霞:《禁治产制度的废止及中国相关制度的检省》,《法学论坛》2008 年第 3 期。

3. 尊重被监护人的权利,以被监护人为核心

监护制度起源于罗马法,但早期罗马法的监护、保佐制度系服务于家父权,为家族财产安全而设。随着时代的进步,以被监护人为核心并追求被监护人利益最大化已成为共识。《残疾人权利公约》规定,尊重残疾人的固有尊严和个人自主,包括自由作出自己的选择,以及个人的自立。《成年人国际保护公约》也明确规定,被监护人的自主性应当得到现代监护制度的重视。中国《民法总则》第35条的规定也确立了监护职责履行时的"最有利于被监护人"原则。

4. 国家责任日益彰显

被监护人一般为未成年人、老年人和失能成年人。随着法治进步,以弱势群体保护为本位、追求社会实质公平的社会法兴起,其思想理念和价值取向必然影响到民事监护制度。在监护制度下,被监护人在参与社会生活中存在障碍,并居于不利地位,属于社会弱势群体。因此,监护虽为民事法律制度,规定在民事法律中,但其保护被监护人权益、弥补其意思能力不足的目标与社会法相吻合。近半个世纪以来,在一系列人权公约和宣言面世的大背景下,各国均对监护制度规定了国家责任和相应的国家义务。国家成为监护制度的"守夜人"和最终责任人。中国《民法典》规定的居民委员会、村民委员会、民政部门在无其他监护人时,可担任监护人,亦体现了政府和国家最终责任的理念。

第二章　监护制度的一般原理

　　年幼、年老、贫穷、柔弱、痴惑的人因为不能正常地自我保护,对协助自治和利益保护的需要会更胜于常人,并且呈现程度不一、复杂多元的样态。各国在私法领域都无一例外地设定了监护制度为其提供保护,但客观上对本人的部分自治权进行替代转移,用他治的强制手段对个人事务进行干预。这种外在的强制或限制的正当性被西方法哲学中的法律家长主义所论证。当然,应注意,法律家长主义的干预应遵循比例原则和补充性原则。监护作为行为能力欠缺的补足和救济机制而存在,其存在的必要性与传统民法上的行为能力理论相呼应。尊重自我决定权和维持生活正常化是现代监护的指导理念。

第一节　监护制度的理论基础

一、法律家长主义

（一）法律家长主义的内涵

　　法律家长主义,又被称为"法律父爱主义",是指法律通过强制的方式来限制当事人的自由,但其目的又是为了保护当事人的合法利益。法律家长主义有软家长主义和硬家长主义之分。软家长主义认为,个人所作出的选择并不总能反映其真实愿望和偏好,为了不让当事人受到"不真实反映其意志的危险的选择"的危害,法律便需要对那些受到削弱的决定如推理能力不成熟或欠缺等所得出的结果进行限制和干预,实际目的是保护和提升自治。① 硬家长主义主张,只要法律认为当事人的行为会给自身利益带来不利,则不论该行为是否属于当事人自己真实意愿且深思熟虑,都一律给予限制。换言之,法律可以为了当事人自身的利益,而不顾其意志行事乃至采取限制其自由的方式,对个人自治进行干预。所以,管理者基于善意,为了增加当事人的福祉或使其免受伤害,不顾其真实意愿对其自由进行限制的行为,便是妥当的。由此可见,法律家长主义的主要内容包括三个方面:(1)目的的正当性,比如为了防止其自我伤害或增进其个人福祉、对本人进行的干预和强制是为了满足本人的利益保护需求等;(2)措施的强制性,即采取的手段方式不同程度地限制了本人的自由或权利,当然,限制的范围和强度因对象的不同而有所差异;(3)效果的公益性,对个体而言,法律家长主义是强制的关爱,但就社会整体而言,又有益于公共利益。在法律家长主义看来,个人的自治应当得到尊重,但其并非总是能意识到如何才能够维护自己的最大利益,必要时候对消极自由的限制反倒会促进本人的整体自由和积极自由;并且,本人年龄和身心障碍等客观情形可能招致漠视或排斥而自我保护不力,这些情形都是国家限制和强制介入的正当理由。

所以,法律家长主义是以违背当事人自我意志的路径,实现一种强制关爱。只要目的是善意的,即便手段可能导致伤害,也可以为实现目的之善而不论手段之恶。正如有学者所言,"法律家长主义证成了国家强迫的正当性,无论个人是否愿意,为了他们的利益,国家有权以极端的方式保护个人免受伤害"②。

---

① 参见孙笑侠、郭春镇:《论政府对公民强制的爱(上)——从中国实践看法律家长主义》,《中国社会科学》2006 年第 1 期。

② See Feinberg J., "Legal Paternalism", *Canadian Journal of Philosophy*, 1971(1):105.

（二）法律家长主义的应用

法律家长主义在社会生活中的体现较为广泛,如限制最低工资的标准、确定最低生活保障标准、规定男女平等、强制购买机动车辆第三者责任保险等,虽然在一定程度上对人们的行为作出了一定的限制,确立了较为严格的强制性规范,但在整体上促进了社会公共利益。法律家长主义为社会整体规范的建立提供了理论依据和学理支撑,而现代法治的进步和发展,反过来也论证着法律家长主义存在和发展的合理性。

就私法领域而言,意思自治是民事主体的人格特征,行为能力是其法律行为效力的认定关键。依据传统民法理论,意思能力是行为能力认定的核心,如果行为人因为年龄、精神、智力等因素导致意思能力不足,则其无法对行为的性质、意义和后果进行辨认和控制并进而作出决定,就不能处理个人事务进行自我保护。此时他们的行为反倒会造成自我伤害,也会给社会交易安全带来危险。所以,为保护这些客观上因为身心状况的特殊性而无法充分自我保护者的合法利益,法律根据其行为能力欠缺状况划分为无民事行为能力或限制民事行为能力两大类型,对他们不能处理的个人事务范围进行确定,在该范围内的行为借助他人的理性或行为进行补足,以维持其正常生活,故而国家干预和强制有其正当性。

如在早期的监护领域,法律家长主义支配下的全面保护理念广泛存在和适用;尤其在成年监护领域,制度设计充满了浓厚的法律父爱的强制干预色彩。基于对身心障碍者的医学认知,社会对他们的关注侧重于身心康复。为了当事人的利益和福祉,法律像父辈一样以"强制爱"的方式,设置监护人按照善良家父的行为准则对身心障碍者进行监护,监护人在人身或财产事务上为被监护人的完全代理人。这种代理是包揽式的控制和管理,是一种全面的监护,将被监护人宣布为无民事行为能力人,将之安置于疯人院或疗养院,被监护人对自己人身或财产上的全部事务不再具有决定权,自为的一切法律行为均归于无效。如中世纪英格兰的《国王权力法》,将成年的疯子和白痴(当时社会对他们的称谓)视为未成年人,将之宣告认定为完全无行为能力人。[①]国王以君父的身份和名义对他们人身和财产进行监护,被监护人对个人事务没有任何决定权。同样,1804 年《法国民法典》采用禁治产人制度,在法律家长主义"强制爱"的名义下宣告被监护人为无行为能力人,禁止管理自己的财产,由监护人代其为法律行为。这样的立法,在当时的法律家长主义看来,监护措施虽然对本人的权利进行了限制,但目的在于保护身心障碍成年人在财产交易和生活中避免因意思能力薄弱,作出错误或不当的伤害自己利益的行为,同时又可保障交易安全,维护社会秩序,故而监护人的设置必要且正当。

(三)法律家长主义的限度原则

1. 比例原则

法律家长主义虽然目的正当,但毕竟是借助对本人自由或权利进行限制的手段,故而目的的正当性与手段的实害性之间必然充斥着矛盾和冲突,需要遵循一定的调和标准对二者关系进行调适,防止法律父爱泛滥保护过度,比例原则由此产生。"比例原则是法律家长主义式制度设定时目的与手段的调和,它使得国家对个人自治和自由的干预和强制合乎宪法与理性,逐渐成为宪法的法律原则之一。比例原则最早系由德国发展而来,并为两大法系普遍接受。"[②]

广义的比例原则包括妥当性、必要性和均衡性三个下位原则,是对人权保护中国家干预与个人自治之间的基本关系调和的标准和尺度。妥当性指国家干预的手段可以达到相应的正当目的,以防止手段乱用;必要性是指在存在多

---

① 参见朱雪林:《加拿大成年监护制度研究——兼论对中国成年监护制度的启示》,博士学位论文,吉林大学,2012 年。
② 谢世宪:《论公法上之比例原则》,载城仲模:《行政法之一般法律原则》,三民书局股份有限公司 1997 年版,第 126 页。

个手段的情形下,要优先判断并进而选择那些对本人侵害最小、干预最少的措施;均衡性即为利益权衡,手段所带来的不当侵害不得多于目的所保护的合法权益,干预目的与对造成权利损失的手段之间不可比例失调。所以,比例原则实为禁止国家干预中对人权的不当侵犯。在比例原则的这些内涵规定中,必要性原则被认为是最能体现其核心精神的内容,在德国监护立法中有明确规定,被称为监护领域比例原则的典范。①

从各国立法内容看,早期法律家长主义支配的全面关爱理念,事实上并不能为被监护人带来全面的或最大的利益保护,反倒存在严重的人权侵犯倾向。这种强制的、全面的、带有权利剥夺性的关爱到底是否真正为被监护人的利益提供了"全面"的保护,是否与被监护人自身的意愿和真正的利益需求相一致,其实根本经不起推敲。财产被全面接管,生活没有自由,人格尊严被否定,法律名义下的全面关爱无法掩盖对被监护人人权的彻底漠视。并且,这种关爱从最终结果上侧重的是交易安全而非被监护人的利益,因为一开始被监护人的自由和尊严已经被侵犯。且从当时法律规定来看,除了监护范围没有约束外,在最可能发生利益冲突的监护人选任环节上,法律也根本没有加以考虑。正如有研究者所言,基于法律家长主义的全面关爱而设立的监护制度让人性迷失于"强制爱"的他治空间内,自由被剥夺,人格尊严受到践踏。②

所以,法律和政策的制定,必须受制于比例原则,仅在具有设立监护的必要性的前提下方予以设立或保护。只有这样,才能充分实现对被监护人合法权益的保护,并防止法律父爱不适度,防止保护不力,或保护过度。

2. 补充性原则

补充性原则强调法律家长主义介入个人自治的时机问题,目的同样在于

① 《德国民法》第1908条之d项规定,"照管乃限于必要期间、必要范围内进行。照管要件消减时,监护法院须以职权废止照管,若照管的部分要件已消减时,照管者的职务范围也应随之缩小"。

② 参见朱雪林:《加拿大成年监护制度研究——兼论对中国成年监护制度的启示》,博士学位论文,吉林大学,2012年。

预防国家干预过度。在监护领域,原则来讲,个人事务处理属于意思自治的范畴,属于私人空间。但监护需求者本身的特殊性决定了国家干预的必要性,而国家何时进行强制性干预成为重要问题。面对公权力扩张的现代趋势,各国一般均规定国家公力介入仅是对私力自治的补充和援助,在依靠私力能解决的情况下不得动用公力。

现代各国监护制度改革最大的特点,就是取消全面替代监护,改为以保护和援助为特征的有限监管,他治仅仅是自治的一种补充和援助。如有其他私力途径可实现独立处理个人事务,则无需启用监护制度。如奥地利相关法律规定,"本人处于依靠另外的援助特别是依靠家族内或公私障碍人援助设施,能在必要限度内处理事务的,不批准任命代办人"。又如,德国法律也规定,"成年人事务由任意代理人或由法定代理人以外的其他援助,能够与照顾人做同样处理的,不需要照顾"。

另外,如果本人依据意思自治已经对个人监护事务提前进行了安排,也无需再依赖国家力量介入,即个人自治优先,意定监护优先于法定监护。现代成年意定监护制度的产生和运用都以此为原则,如日本的任意监护制度、英美法系的持续性代理制度等,都具有优先适用的效力,并多以特别法的形式出现。

二、民事行为能力理论

(一)民事行为能力的内涵

民事行为能力理论认为,行为能力是民事主体以独立意志为基础进行分析判断和日常私法领域的民事活动时所具备的理性能力,是集中而鲜明地彰显着自治精神的"自治能力"。[①] 这种能力的有无及其程度,即行为能力是否欠缺及欠缺程度,直接决定着行为在法律上是否有效,是否需要借助他人的理

---

　　① 　参见龙卫球:《法律主体概念的基础性分析(下)——兼论法律的主体预定理论》,《学术界》2000 年第 4 期。

性来参与民事活动。这种需要借助他人理性得以维护自身合法权益和获得行为法律效力的制度,就是监护制度。因此,传统行为能力理论是监护的理论基础,行为能力欠缺是监护制度设置的前提,监护制度被视为行为能力欠缺的补足和救济机制。

行为能力理论将意思能力作为行为能力的认定标准。所谓意思能力,通常理解为判断能力或识别能力,是指行为人对自身行为的性质、意义与后果的分析识别并据此决定其意思表示的能力。现代意思能力的萌芽可追溯于有"自然法之父"之称的格劳秀斯。他倡导法律理性主义,在其名著《战争与和平法》中,在分析允诺之债的效力依据时,提出"理性"的运用是构成允诺之债的第一个要件,认为在伦理上自主负责的个体的内在意思(即理性)与外部表示相一致时,外在的意思征表就具备了法律上的效果或法律效力;而那些缺失理性的人如白痴、精神病患者和幼儿作出的承诺不具有法律上的约束力。换言之,格劳秀斯认为伦理上自主负责的人的内心"意思"是理性的根本,是作为产生法律效果的核心依据,从而确立了意思能力概念的起源,并确立了精神病人和未成年人的行为能力欠缺制度的雏形。① 随后,海德堡大学教授普芬道夫所著《论人和公民依自然法的义务》一书发展出理论理性和实践理性,认为智力是"理解和判断事物的官能",人们据此可以知晓事物,形成观念,预见、评价并支配行为,意志被认为是一种激励自己作出行为的内心冲动,属于实践理性要素,不能要求一个人对不是出于自己的意志而实施的行为承担责任。② 因此,真实、自由的意思表示被认为是当事人的行为受到法律保护的前提,意思能力不足则行为能力欠缺,缺乏智力或意志而实施的行为并不被法律保护。

---

① 参见徐国栋:《从身份到理性——现代民法中的行为能力制度沿革考》,《法律科学》2006 年第 4 期。
② 参见徐国栋:《从身份到理性——现代民法中的行为能力制度沿革考》,《法律科学》2006 年第 4 期。

故此,民事行为能力理论认为,在私法领域,如果行为人不具备判断自身行为的意义、结果的能力,就无法为自己自由地创设权利义务关系,其行为无效;只有依据个人的自由意志进行选择判断所作出的行为才是有效的。故而有法谚"无意思能力,即无法律效果"。

(二)行为能力欠缺的划分类型及其补足

民事行为能力理论根据年龄、智力和精神健康状况来确定自然人行为能力的具体状态。所以,在大陆法系的传统立法中,关于行为能力欠缺与否,原则上以年龄长幼为基本标准,同时辅之以人的精神状态标准。[1] 依精神状态为标准确定行为能力,是对依年龄划分法不足的补充,且主要适用于成年人行为能力的认定。[2]

无论根据年龄、智力还是精神状况来分析行为能力,限制行为能力与无行为能力都是行为能力欠缺的两种常见划分类型。当然,不同国家和地区在具体立法上又有着差异。例如,在德国,无论依照年龄还是精神都可划分为限制行为能力和无行为能力两级。在日本,早期民法典就精神(法条表达为"智力")标准设禁治产制和准禁治产制,分别对应无行为能力和限制行为能力,并在年龄标准上否认未成年人存在无行为能力类型。[3]

行为人一旦被认定为无民事行为能力或限制民事行为能力,其在一切领域的所有法律行为全面受限或部分受限。[4] 所以,行为能力被认定为欠缺者便急迫需要相应的补救制度以补足其行为能力,保证能正常参与社会生活。法律由此提供了监护制度对行为能力欠缺者给予制度支援。例如,早期的大陆法系国家一般建立禁治产和准禁治产制度,将其宣告为无行为能力人或限

---

[1] 参见郑玉波:《民法总则》,中国政法大学出版社 2003 年版,第 123—124 页。
[2] 参见史尚宽:《民法总论》,中国政法大学出版社 2000 年版,第 114—115 页。
[3] 参见张驰:《自然人行为能力样态比较分析》,《东方法学》2010 年第 3 期。
[4] 参见龙卫球:《民法总论》,中国法制出版社 2001 年版,第 137、260 页。

制行为能力人,然后对其进行监护或保佐以补充其能力。因此,传统行为能力理论证成监护制度存在的必要性及其社会效用。

由此,民事行为能力健全与否在维护民事主体的价值和界定民事主体行为效果方面便具有独特的功能。为智虑不周、能力欠缺的人设置特殊的补救和援助制度即监护制度,借助他人的理性来参与民事活动,对其进行监护或保佐,是行为能力理论最大的社会效能。自然人一旦被认定为欠缺民事行为能力,其制度后果是自身法律行为的效力也将受到相应约束,并且需要为其设定监护人或保佐人来保护其合法权益或代为法律行为。在早期的立法中,从法律技术角度来看,行为能力、法律行为和代理是大陆法系传统的监护制度的三大结构要素,三者分别是前提、目的和手段的关系,即行为能力欠缺是监护制度存在的前提,他人代为法律交易行为是监护制度的目的,代理则是监护过程中采用的技术手段。① 所以从本源上讲,行为能力理论与监护制度同生共存。以行为能力欠缺作为前提的监护制度,主旨在于对行为能力欠缺者提供特殊保护照料措施,既防止他人因与其从事交易获取暴利,还可减少因其主体不适格而给对方带来的交易风险,具有保护意思能力低弱者的合法权益和保护交易安全的双重功效。

需要说明的是,行为能力理论仅以意思能力为标准进行二元类型划分,只考虑精神和智力等要素对行为能力的影响。这样的内在逻辑虽然之于未成年人行为能力从弱到强的发展规律以及客观监护需求而言,整体适用尚无大的问题,但让人抱憾的是,其忽视了体能对意思能力以及行为能力的重要作用,不能将具有客观监护需求的成年人,尤其是体能、精神和智力渐次减弱的老年人纳入制度适用者范围,存在偏失之处,导致监护制度适用范围严重限缩。

---

① 参见申政武:《中国现行成年监护制度的缺陷及其改革的总体构想》,《学习论坛》2013年第 3 期。

第二节　现代监护制度的基本理念

伴随社会发展和人权运动的深入,现代人权视角的身心障碍认知观念和身心障碍者保护态度的转变,积极促成了现代监护理念的产生。尊重自我决定权、生活正常化成为国际社会普遍认可的现代监护理念。

一、尊重自我决定权理念

尊重自我决定权理念是伴随着社会对身心障碍者给予更多的人权保护而发展起来的理念,起源于 20 世纪中期开始的一系列身心障碍者人权保护运动,形成于 20 世纪 60 年代后期。在此之前,身心障碍者饱受人格歧视与权利剥夺,处于与社会隔离的状态,生活不能得到基本保障。在世界人权运动的推动下,身心障碍者人权运动得以迅猛发展。1982 年《关于身心障碍的世界行动纲领》要求平等保护身心障碍者的各项权利,尊重他们的意思自治,由他们自身的意愿决定自己的生活,首次明确了自我决定权理念的地位。随后出台的很多身心障碍者保护的国际文件都继续倡导这一人权理念,并被各国普遍认可。

自我决定,又被称为自治,要求主体自己独立作出选择与决定。一件事情的处理,有自己决定和他人代为决定两种选择。虽然从结果来看,自我决定与他人决定的后果未必会更好更准确,但依照私法意思自治的本质属性,从行为的主体性归属和人格独立问题出发,同时考虑到行为结果的责任承担问题,自我决定是私法首要且坚定的选择,因为它体现了人格尊严、价值独立及自由和幸福的追求。"自主决定权,其保障的理论依据基于维护人格尊严"[1],以及人格自由,"我希望我的生活与选择,能够由我本身来决定,而不取决任何外界

---

[1]　许志雄等:《现代宪法论》,元照出版公司 2002 年版,第 236 页。

的力量,我希望成为主体,而不是他人行为的对象;我渴望自己的行为出于我个人的理性和有意识的目的,而不是出于外在的原因。……只要我相信这一点是真理,我就觉得自己是自由的"①。自我决定权的内容一般认为包括四个方面:自杀、安乐死、拒绝治疗等与自己生命、身体相关的事务的自我决定;性行为、妊娠、避孕、分娩、妊娠终止等与人口再生产相关的事务的自我决定;结婚、同居、离婚等与家庭的形成和维持相关的事务的自我决定;发型、服装、胡须等与个人外观相关的事务的自我决定;吸烟、饮酒、登山、冲浪运动等与个人兴趣相关的事务的自我决定;不系座椅安全带、不戴头盔等与个人好恶相关事务的自己决定权等。②

尊重自我决定理念是私法意思自治原则的衍生物,也是意思自治原则在民法成年监护制度领域的具体表现。尊重自我决定理念,即尊重成年被监护人对个人日常事务的处理决定,不能随意剥夺或撤销,强调对身心障碍者自身意志和决定的尊重。身心障碍者欠缺法律上的行为能力,但并非事实上的意思能力也全部丧失,其仍有一定的意志自由,是独立的个体,对日常生活等自己可以作出判断和决定的事项仍保留自治空间。这是尊重自我决定理念在成年监护制度上的第一要求。同时,对于已经由自我决定作出的行为,如果被监护人因为智力、精神或身体等障碍因素导致意思实现出现了障碍,则要求监护人对其提供必要援助,帮助其实现本人自我决定的预期效果。

尊重自我决定权理念体现了强烈的自治追求,直接推动了西方发达国家20世纪后半期成年监护制度改革的热潮。在该理念指引下,英美法系国家纷纷将身心障碍者的监护从全面监护调整为有限监护,并大量限制了监护人在人身事务监护领域的职责范围,反对对被监护人人身事务的自我决定权进行不当干扰。大陆法系国家纷纷废除禁治产宣告制度,对成年人法定监护进行类型化处理,旨在根据身心障碍者能力欠缺的具体程度提供不同监护职责的

---

① 伯林:《两种自由概念》,载《公共论丛.No.1》,三联书店 1995 年版,第 203 页。
② [日]长谷部恭男:《现代宪法》,日本评论社会 1995 年版,第 58—59 页。

保护、辅佐或监护措施,同时积极推行意定监护制度的创制和完善。

二、生活正常化理念

所谓"生活正常化"理念,指各类身心障碍者的生活境遇应与正常人处于相同的状态,有权参与社会政治、经济、文化等各领域的活动,平等融入健全人的社会,不应因残疾而被隔离于社会之外。[①] 一个正常的社会应该是能够无歧视地包容各种身心障碍者的社会,或者说,这样的社会,身心障碍被视为与人类相伴而生的一种正常现象,身心障碍者是与其他健全人一样平等的权利主体,该平等的主体资格不会因为其身心障碍因素而被限制或剥夺。身心障碍者的真正障碍,是现实的社会环境和条件无法满足残疾人各项基本权利和生存发展需求而出现的障碍状态。社会应当扫除阻碍残疾人正常参与社会的各种障碍,通过积极有效的条件和措施激发他们参与社会生活的能力,提供参与社会发展的机会,从而使其获得作为人格主体的价值和尊严。[②] 如今,"正常化"已是被国际社会广为接受的通行概念。

生活正常化理念也是人权运动发展的产物,是国际社会对长期以来存在的关于对身心障碍者的歧视排斥的错误观念反省纠正的结果。该理念最早由丹麦的一位残疾人的父母提出,认为身心障碍者也是社会一分子,反对将身心障碍者歧视性地与社会隔离,呼吁社会应给予身心障碍者和健全人同样的待遇,随后受到人权组织的关注和推动。以往人们基于个体的医学认知,将存在身心障碍情形的被监护对象视为病态且对生产生活无用的生命个体,他们是只能接受医学治疗和慈善救济的被动客体。故而被监护人的生活环境多处于封闭式的精神病院、疯人院、疗养院和私宅等场所,处于被剥夺参与社会生活

---

① See Wolfensberger W.,"The Principle of Normalization in Human Services",Downsview:National Association for Mental Retardation,1972:10.

② 参见孙海涛:《人权视角下的成年监护制度改革》,《内蒙古社会科学(汉文版)》2011年第3期。

的自由和权利的隔离状态。人权运动的推进和各国经济文化的发展让人们进一步认识到之前这种做法的错误与可怕,因为每一个人都无法避免身心障碍情形的出现。人类今天对待身心障碍的态度,也决定着自己明天将面临怎样的对待。生活正常化理念要求社会对于身心障碍者应该给予正视与肯定,而非歧视或排斥;社会应消除障碍创造条件去积极的主动接纳,而非让其消极被动适应。

正是在该认识的影响下,20世纪中期开始,英美等国数量庞大的疯人院和精神病医院受到强烈的社会谴责,然后被纷纷关闭,大量的身心障碍者开始从医疗机构的隔离监护转为社区监护。与此同时,大陆法系和英美法系国家都在积极探索与身心障碍者能力欠缺程度相符合的多元监护措施,在减少不当干预、尊重身心障碍者自治能力的同时,以最恰当的监护措施尊重他们的权利主体地位,保障他们体面而尊严地参与社会生活。国际社会监护制度改革中,法定监护对象的扩大化趋势、意定监护制度的诞生以及新近的支持决策监护模式的活跃,除了有尊重自我决定权理念的大力指引外,同样有生活正常化理念的巨大贡献。

第三章　中国监护制度概述

第一节　中国未成年监护制度发展历程

一、改革开放后未成年监护制度发展的第一阶段

20 世纪 80 年代初至 90 年代末 21 世纪初,是中国未成年监护制度发展的第一阶段。这一时期是中国未成年监护工作向法制化、规范化、全面化、科学化方向积极探索实践的时期。

1980 年 9 月 10 日颁布的《婚姻法》规定父母对子女有抚养、教育的义务;父母有管教和保护未成年子女的权利和义务。1986 年颁布的《民法通则》于第二章第二节对监护制度进行专门规定,其中第 16、18 条内容涉及未成年监护。这是中国民事立法就监护制度的第一次明确立法,也是中国未成年监护制度的雏形。虽然相关立法条文十分有限,但却涵盖了未成年监护类型、监护人职责、监护人撤销等重要内容,为理论研究者对中国未成年监护制度的研究指明了方向,也为其他有关未成年人权益保护的法律制定奠定了立法基础。

在《民法通则》之外,该阶段涉及未成年监护制度的其他重要立法和政策还有:

1. 最高人民法院 1988 年颁布的《关于贯彻执行〈中华人民共和国民法通

则〉若干问题的意见(试行)》(以下简称《民法通则意见》)。该司法解释就监护人能力、监护职责、指定监护、监护委托等进行规定,使中国的未成年监护制度得到进一步发展。

2. 1991 年全国人大常委会通过的《中华人民共和国未成年人保护法》(2006 年进行第一次修订,2012 年修正,2020 年 10 月第二次修订)。立法确立了家庭、学校、社会以及司法机关四位一体的全方位监护保护体系,明确了开展保护未成年人工作应当遵循的基本原则,阐明应当尊重未成年人意见的监护理念,规定父母或其他监护人应当对未成年人的生理、心理状况和行为习惯进行教育和引导、保障完成义务教育、不得允许或迫使结婚等监护义务,还就未成年人委托监护、临时监护、不履行监护职责时的法律责任等重要内容均予以规定。

3. 1999 年全国人大常委会通过的《中华人民共和国预防未成年人犯罪法》(2012 年修正,2020 年修订),明确规定了未成年人的父母或者其他监护人对未成年人犯罪预防的监护职责,以及上述主体不履行监护职责、违反法律规定时应承担的惩戒措施。如未成年人的监护人对未成年人的法制教育负有直接责任;监护人应结合学校预防犯罪教育计划,针对具体情况进行教育(第10 条);未成年人的监护人应当教育未成年人不得从事 9 种不良行为①。该法同时规定了监护人监护不力时的法律责任,如对于放任未成年人有本法规定的不良行为或者严重不良行为的监护人,将接受公安部门的训诫,责令其严加管教;让不满十六周岁的未成年人脱离监护单独居住的,由公安机关对监护人予以训诫,责令其立即改正。②

----

① 《预防未成年人犯罪法》(2012 年修正)第 14 条规定:未成年人的父母或者其他监护人和学校应当教育未成年人不得有下列不良行为:旷课、夜不归宿;携带管制刀具;打架斗殴、辱骂他人;强行向他人索要财物;偷窃、故意毁坏财物;参与赌博或者变相赌博;观看、收听色情、淫秽的音像制品、读物等;进入法律、法规规定未成年人不适宜进入的营业性歌舞厅等场所;其他严重违背社会公德的不良行为。

② 《预防未成年人犯罪法》(2012 年修正)第 49、50 条。

4. 2009 年 12 月通过、2010 年 7 月生效的《中华人民共和国侵权责任法》，明确了监护人责任承担的一般原则。

5. 在立法之外，1992 年 2 月国务院发布《九十年代中国儿童发展规划纲要》，明确了要逐步开设家庭教育课程和理论研究，为改善儿童成长的家庭、社会环境提供理论支持，并提出要制定、完善有关保护儿童权益的专项法律、法规。

总体而言，这一阶段的未成年监护制度的发展变化历经二十年之久，从立法与理论研究方面反映出两大特点：一是《民法通则意见》与《未成年人保护法》的施行有效弥补了《民法通则》对该领域规定的立法不足，但有关未成年监护的立法规定和制度完善并没有得到根本改变，现实生活中出现的新情况、新问题反映出既有的未成年监护制度早已不能满足对未成年监护的实际需求。

二、改革开放后未成年监护制度发展的第二阶段

近十年来是中国未成年监护制度的快速发展时期。这一时期未成年监护制度的发展，已经明显地从原来的以家庭监护为主逐渐开始重视国家和社会监护。相关的主要政策和法律规范归纳如下：

1. 2011 年 7 月国务院发布《中国儿童发展纲要（2011—2020 年）》，明确指出，完善儿童监护制度，保障儿童获得有效监护；建立完善儿童监护监督制度，完善并落实不履行监护职责或严重侵害被监护儿童权益的父母或其他监护人资格撤销的法律制度；提高儿童父母和其他监护人的责任意识逐步建立以家庭监护为主体，以社区、学校等有关单位和人员监督为保障、以国家监护为补充的监护制度。

2. 2011 年印发的《国务院办公厅关于加强和改进流浪未成年人救助保护工作的意见》（国办发〔2011〕39 号）明确"加强和改进流浪未成年人救助保护工作的政策措施"，"帮助流浪未成年人及时回归家庭"，要求救助保护机构开

展家庭监护调查评估,从而建立了未成年监护干预制度的雏形。在其指导下,民政部等部委陆续发布文件,为开展受监护侵害未成年人家庭监护情况调查评估、家庭监护指导、监护权转移诉讼等工作提供了有力的政策基础①。

3. 2012 年民政部《关于印发〈流浪未成年人需求和家庭监护情况评估规范〉的通知》(民发〔2012〕158 号),加强对流浪未成年人及其家庭的干预。

4. 2013 年民政部《关于开展未成年人社会保护试点工作的通知》,明确要求建立未成年人社区保护网络、加强家庭监护服务和监督等。2014 年 9 月民政部发布《家庭寄养管理办法》,对家庭寄养进行了规范。

5. 2014 年"两高"和"两部"下发《关于依法处理监护人侵害未成年人权益行为若干问题的意见》,为处理监护人侵害未成年人权益行为提供了明确指引。2015 年 5 月最高人民检察院印发《检察机关加强未成年人司法保护八项措施》,是中国在未成年人保护方面的又一举措。

6. 2016 年 2 月国务院发布《关于加强农村留守儿童关爱保护工作的意见》,要求坚持家庭尽责,落实家庭监护主体责任,加强对家庭监护和委托监护的督促指导。2016 年 12 月民政部等发布《关于在全国开展农村留守儿童"合力监护、相伴成长"关爱保护专项行动的通知》,要求落实家庭监护责任,落实临时监护责任等。2016 年民政部设立未成年人(留守儿童)保护处,是民政部首次就未成年人保护工作设立专门业务处。

7. 2017 年 10 月,党的十九大报告明确指出"保障妇女儿童合法权益";"健全农村留守儿童和妇女、老年人关爱服务体系"。

8. 2017 年 3 月 15 日,十二届全国人大五次会议表决通过《中华人民共和国民法总则》,并于 2017 年 10 月 1 日施行,进一步完善了中国的监护制度,对未成年监护的规定增加了遗嘱监护、撤销监护资格的情形等内容。

9. 2020 年 5 月 28 日,十三届全国人大三次会议表决通过《中华人民共和

---

① 参见张世峰:《〈关于依法处理监护人侵害未成年人权益行为若干问题的意见〉解读》,http://www.mca.gov.cn/article/gk/jd/shsw/201504/20150415808677. shtml。

国民法典》,自 2021 年 1 月 1 日起施行。《民法典》总则编将《民法总则》除了第十一章"附则"之外的全文收入其中,章节数量、名称与顺序未改动,条文数量、位置、顺序亦未改动,但在监护制度相应章节中关于未成年监护部分条文有小幅度修改,增加了特定情形下关于未成年监护的临时生活照料制度。即第 34 条增加了第 4 款:"因发生突发事件等紧急情况,监护人暂时无法履行监护职责,被监护人的生活处于无人照料状态的,被监护人住所地的居民委员会、村民委员会或者民政部门应当为被监护人安排必要的临时生活照料措施。"该款新规明确了特殊情况下(如在新冠肺炎疫情期间)保护弱势群体的责任主体,体现了以人民为中心的发展思想。2021 年 1 月 1 日《民法典》生效实施后,《民法总则》即同时废止。

10. 2020 年 10 月 17 日十三届全国人大常委会第二十二次会议通过了对《中华人民共和国未成年人保护法》的第二次修订。这次大幅度修改后的未成年人保护法发展完善了家庭监护制度,不仅明确规定了父母或其他监护人必须履行的 10 项具体职责,还明确规定了不得实施的 11 项具体行为,[①]为父母或其他监护人更好履行监护职责提供明确的法律依据。在"家庭保护"部分强调了父母或其他监护人对儿童安全的保障义务。该法还创设了对未成年人的代为照护制度并明确被委托代为照护人的资格条件[②],即"未成年人的父母或者其他监护人因外出务工等原因在一定期限内不能完全履行监护职责的,应当委托具有照护能力的完全民事行为能力人代为照护;无正当理由的,不得委托他人代为照护"。这次修订还在"社会保护"一章规定了村委会、居委会有协助政府有关部门对代为照护者的监督责任。[③]

该法进一步发展和完善了国家监护制度。1991 年《未成年人保护法》确立了家庭保护、学校保护、社会保护和司法保护"四大保护"法律结构,政府相

---

① 参见《中华人民共和国未成年人保护法》(2020 年)第 16、17 条。
② 参见《中华人民共和国未成年人保护法》(2020 年)第 22、23 条。
③ 参见《中华人民共和国未成年人保护法》(2020 年)第 43 条。

关职责写在了"社会保护"一章。本次修订发展为"六大保护",不但根据社会发展和客观需求单独规定了"网络保护"一章,还将"政府保护"也单设一章,明确了民政部门应当依法对未成年人进行临时监护的 7 种情形和长期监护的 5 种情形等内容①,强化了政府在监护中的法定义务。该法创新发展了强制报告制度,要求"国家机关、居民委员会、村民委员会、密切接触未成年人的单位及其工作人员,在工作中发现未成年人身心健康受到侵害、疑似受到侵害或者面临其他危险情形的,应当立即向公安、民政、教育等有关部门报告"。

11. 在 2012 年法律修正之后,2019 年国家再次启动对《预防未成年人犯罪法》的修改工作。2020 年 12 月 26 日,十三届全国人大常委会第二十四次会议表决通过修订后的《预防未成年人犯罪法》,自 2021 年 6 月 1 日起施行。该法在修改内容上与未成年人保护法的修改保持了衔接呼应,对预防未成年人违法犯罪的原则和机制进行了明确,对不良行为和严重不良行为的含义进行界定,对家庭、学校、社会对未成年人不良行为的干预进行强化,并加强公安机关、教育行政部门对未成年人严重不良行为的矫治,同时充实公安机关、人民检察院、人民法院、司法行政部门对未成年人重新犯罪预防的责任。②

总体来看,修改后的法律基本确认了修改草案中的意见,更加清晰地界定了"不良行为"的内涵和外延;进一步完善了"严重不良行为"概念;进一步完善了对于未成年人罪错行为的保护处分措施,细化了对于未成年人罪错行为的预防、教育与矫治;取消了收容教养制度,将其纳入专门教育,建立专门矫治教育制度,解决"一放了之"和"一关了之"的现象。

12. 2020 年 12 月 26 日,十三届全国人大常委会第二十四次会议表决通过了《中华人民共和国刑法修正案(十一)》,加大了对未成年人的刑法保护,主要体现在:(1)增加特殊职责人员性侵犯罪的规定,"对已满十四周岁不满

---

① 参见《中华人民共和国未成年人保护法》(2020 年)第 92、94 条。
② 参见张素、梁晓辉:《中国修订预防未成年人犯罪法"收容教养"退出历史舞台》,搜狐网,https://www.sohu.com/a/440668977_123753,2020 年 12 月 26 日。

十六周岁的未成年女性负有监护、收养、看护、教育、医疗等特殊职责的人员，与该未成年女性发生性关系的，处三年以下有期徒刑；情节恶劣的，处三年以上十年以下有期徒刑。"(2)修改奸淫幼女罪，对"奸淫不满十周岁的幼女或者造成幼女伤害"等严重情形明确适用更重刑罚，可处十年以上有期徒刑、无期徒刑或者死刑。(3)修改猥亵儿童罪，明确对猥亵儿童从重惩处的具体情形，如"猥亵儿童多人或者多次的；造成儿童伤害或者其他严重后果的；猥亵手段恶劣"等。

该修正案同时规定，"因不满十六周岁不予刑事处罚的，责令其父母或者其他监护人加以管教；在必要的时候，依法进行专门矫治教育"。

第二节　中国现行未成年监护制度内容

《民法典》是中国民事制度的最新立法，其中的总则编对监护的规定比起之前的《民法通则》有了巨大的进步，监护制度内容更为全面，未成年监护制度内容也有较大的拓展。2020年10月修订的《未成年人保护法》对中国未成年监护制度内容进行了较大的丰富与拓展。另外，2020年12月修订通过的《预防未成年人犯罪法》、最新通过的《刑法修正案（十一）》、《反家庭暴力法》、《关于依法处理监护人侵害未成年人权益行为若干问题的意见》（以下简称《法发〔2014〕24号意见》）等相关规定也有所论及。

一、《民法典》对未成年监护的相关规定

（一）未成年监护类型

对监护类型，历来从不同标准可产生不同的类型划分。从学理上看，未成年监护的类型可作如下划分：

(1)以监护人的身份为标准，将未成年监护分为父母监护、特定亲属监

护、特定亲属外的个人监护、有关组织监护、国家监护。其中父母监护以及特定亲属监护又被称为家庭监护;特定亲属外的个人监护和有关组织监护也被称为社会监护。

(2)以监护人承担监护职责是否是其法定义务为标准,可将未成年监护分为法定监护与非法定监护。①

(3)以监护的时间长短来看,监护可分为长期监护和短期监护。

(4)以监护人是自然人还是非自然人这一标准,可将未成年监护类型分为自然人监护与非自然人监护。自然人监护进一步可分为父母监护、特定亲属监护、特定亲属外的个人监护;非自然人监护包括特定组织监护和国家监护。

(5)以监护人是否因指定而产生为标准,未成年监护类型可分为指定监护与非指定监护。指定监护是指当有监护资格的人对担任父母或其他监护人有争议时,经有关组织或者法院指定而产生的监护;非指定监护则包括法定监护、以遗嘱确定的监护以及以协商方式确定的监护。

在未成年监护类型上,从产生方式上看,《民法典》在《民法通则》原有的法定监护、指定监护外,在立法上明确增加了遗嘱监护、协议监护,对监护类型进行了重要补充。同时,在亲属监护、其他个人和组织监护之外,增设了国家监护,另外还增加了临时监护,以及因发生突发事件等紧急情况下的临时生活照料措施和撤销其监护人资格期间的临时监护措施等制度。在这些类别或措施中,法定监护、遗嘱监护、临时监护和国家监护是未成年监护中的常见情形;委托监护(更为准确及明确的表达应为"委托照护"②)虽不是一类独立的监护类型,但对于未成年人来讲具有特殊意义;指定监护、协议监护在适用对象上没有区分,可同时适用于未成年人和成年人。故而,本部分在类型介绍上主

---

① 非法定监护中包括组织监护、国家监护、特定近亲属外的自然人监护。
② 2020年修订的《未成年人保护法》明确提出了"委托照护",取代了修法前的"委托监护",表达更为严谨。详见该法第22、23、43条。

要介绍《民法典》关于未成年法定监护、委托监护、遗嘱监护、国家监护和临时监护,其他监护种类的制度规定详见本章第四节相关内容,此不赘述。

1. 法定监护

依据《民法典》第 27 条规定①,未成年人法定监护在理论上可划分为狭义的法定监护与广义的法定监护,狭义的法定监护是指依据法律规定可以直接确定未成年人父母为其监护人的监护类型,狭义的法定监护人依据法律直接可以作为未成年人的具体监护人。广义的法定监护除狭义的法定监护外,还包括在未成年人没有父母或父母没有监护能力的情况下,法律规定了监护人顺位的监护类型。第 27 条关于未成年人的法定监护为广义的法定监护。未成年法定监护也可从主体特征角度上分为亲属监护和非亲属监护。

(1)亲属监护

亲属监护主体包括父母和特定亲属两种。父母担任父母或其他监护人是其法定职责和义务,其本身负有抚养、教育和保护未成年子女的义务。如果父母死亡或没有监护能力,由特定范围内具有监护能力的亲属即祖父母、外祖父母担任未成年人的法定监护人;如果没有祖父母、外祖父母或者祖父母、外祖父母没有监护能力时,则由成年兄姐依照顺位担任未成年人的法定监护人。

(2)非亲属监护

非亲属监护也即其他个人或特定组织进行监护。根据法律规定,如果既没有父母也没有特定亲属,则有其他愿意担任监护人的个人或组织担任监护人,但以未成年人住所地的居民委员会、村民委员会或者民政部门同意为前提。

此处与《民法通则》第 16 条相比有以下两点变化:

---

① 《中华人民共和国民法典》第 27 条规定:"父母是未成年子女的监护人。未成年人的父母已经死亡或者没有监护能力的,由下列有监护能力的人按顺序担任监护人:(一)祖父母、外祖父母;(二)兄、姐;(三)其他愿意担任监护人的个人或者组织,但是须经未成年人住所地的居民委员会、村民委员会或者民政部门同意。"

（1）扩大了特定亲属外可以担任父母或其他监护人的范围。这个范围变化具体表现在两方面：①依《民法通则》第 16 条第二款第（三）项，该范围是"关系密切的"其他亲属与朋友，而《民法典》对此仅是规定"其他愿意担任监护人的个人"。可见，只要有担任监护人的意愿，任何人都可以提出担任的请求，而不再受限于与被监护人的密切关系。②《民法通则》将此处的监护人局限在自然人范围，而《民法典》在自然人基础上增加了其他愿意担任监护人的组织。但本处对"组织"尚需要进一步说明。

（2）享有同意权的组织有所变化。《民法通则》中享有同意权的组织是未成年人父母所在单位、未成年人住所地的居民委员会或者村民委员会；而《民法典》中增加了民政部门的同意权，并删除了未成年人父母所在单位的同意权。这不仅符合中国现如今单位早已不再承担对职工的家庭管顾职责的客观现实，同时也体现了中国监护制度从家庭监护逐渐转向国家监护、社会监护的大趋势。

2. 委托监护（委托照护）

委托监护是监护人将其监护职责的一部分或者全部委托他人行使的民事法律制度，虽然不是监护类型之一，但却是对监护制度的有益补充。在委托监护中，受托人并不因此取得监护人资格，委托人也不因此失去监护人资格，委托人仅仅是将部分监护职责转托他人代为行使而已。

《民法典》虽然没有明确提及委托监护，但在有关撤销监护人资格的法定事由中已明确了肯定的立场，如"怠于履行监护职责，或者无法履行监护职责且拒绝将监护职责部分或者全部委托给他人，导致被监护人处于危困状态的"。另外，在《民法典》"第七编　侵权责任"部分的第 1189 条，对委托授权中的法律责任进行了明确，这些均可为"委托监护"制度存在的法律依据。

需要说明的是，认为《民法典》的总则部分没有明确重申委托监护就是对委托监护的轻视甚至放弃的认识是偏颇的，也毫无益处。随着中国城镇化进程不断加快，越来越多的农村劳动力涌入城市，大量农村留守儿童的监护问题突出,绝大多数都是由老人照管,还有一部分会被其他亲友照管。除此之外,父母与幼儿园、学校、其他教育机构之间在教育培训的过程中本就是家长将监护职责的一部分转向对方的委托。这其中引发的监护职责、相关监护权利义务的分配、监护责任等重要事项,很大程度上要通过委托监护制度加以妥善解决。

3. 遗嘱监护

遗嘱监护在中国立法上属于首次规定,《民法典》第 29 条(《民法总则》第 29 条)填补了制度空白①,完善了未成年监护类型,有利于未成年人健康发展和成长。一般情形下,遗嘱监护指未成年人的父母通过遗嘱为其未成年子女指定监护人的情形,具有一定的意定性。

遗嘱监护是在罗马法的基础上逐渐发展而来的,早期表现为授权父亲通过遗嘱指定监护人。"自 13 世纪起,出现了以父亲或寡妇以遗言形式为子女指定监护人的现象,优先于基于年龄顺序产生的近亲属监护。"②所以,早期的遗嘱监护带有典型的父权特征,母亲一方只有在父亲死亡的情况下才可为子女通过遗嘱指定监护人。遗嘱监护在性质上属于亲权的延伸,通过父母的选择为未成年子女确定监护人,基于亲权的乐观主义规则,推定这种选择是对子女最为有利的做法。现代各国民法上,遗嘱监护通常是指后死亡的父母一方为未成年子女以遗嘱指定监护人的类型。③

4. 国家监护

我国《宪法》规定,儿童受国家的保护,禁止虐待儿童,国家培养青年、少年、儿童在品德、智力、体质等方面全面发展。可见,国家对未成年人的身心健康和全面发展负有最终的保护和培养职责。当家庭监护存在问题时,国家有义务和责任介入,像父母对待子女一样采取必要、适当的代位监护行动。国家

---

① 《中华人民共和国民法典》第 29 条规定:"被监护人的父母担任监护人的,可以通过遗嘱指定监护人。"

② 顾祝轩:《民法概念史·总则》,法律出版社 2014 年版,第 37 页。

③ 如《德国民法典》第 1776 条规定:"(1)被监护人的父母所指定为监护人的人,有做监护人的资格。(2)父亲和母亲已经指定不同的人的,以最后死亡的父母一方的指定为准。"

监护是对监护制度的重要力量补充,具有补充性和兜底性作用,与家庭监护一起共同助力未成年人的健康成长。

中国的国家监护称谓来源于全国人大常委会法制工作委员会《关于〈中华人民共和国民法总则(草案)〉的说明》。[1] 依据法律规定[2],中国的国家监护主适用于被监护人没有依法具有监护资格的人的情形,如未成年被监护人父母死亡,祖父母、外祖父母因年老体衰没有监护能力,也无兄、姐,且也没有其他个人或组织愿意担任监护人。国家代位监护人是民政部门,也可以是具备履行监护职责条件的被监护人住所地的居民委员会、村民委员会,其可受委托代行部分国家管理职能。国家监护从具体措施来看,分为临时监护和长期监护两种常见的实施方式。中国先后颁发的《民法总则》《民法典》都只规定了临时监护,没有涉及长期监护问题。

"国家监护"一词在民法学界有不同解读。从狭义看,国家监护是由国家专门机构接受法院的指定担任监护人,是对家庭监护和父母责任的必要补充;中义的观点认为,国家监护制度除了代行监护权外,还包括国家对家庭监护进行协助与监督;广义的观点认为,国家监护包括国家在监护人选任、监护执行及社会监护监督中的各种公权介入、干预和其他保障等制度。[3] 现代国家对未成年监护的干预从国家"不得不干预"的"最小干预",走向"必要时干预"的"有限干预",再发展为多手段多主体的"多元干预",体现了由政府主导、全社会共同参与的特征,需要国家层面专门化的干预和社会层面完善的未成年人支持系统[4]。

---

[1]　参见李建国:《关于〈中华人民共和国民法总则(草案)〉的说明》,中国人大网,2017 年 3 月 5 日。

[2]　《中华人民共和国民法典》第 32 条规定:"没有依法具有监护资格的人的,监护人由民政部门担任,也可以由具备履行监护职责条件的被监护人住所地的居民委员会、村民委员会担任。"

[3]　参见梁春程:《公法视角下未成年人国家监护制度研究》,《理论月刊》2019 年第 3 期。

[4]　参见冯源:《儿童监护事务的国家干预标准——以儿童最大利益原则为基础》,《北京社会科学》2016 年第 1 期。

5. 临时监护

临时监护是《民法总则》新规定的一项内容,并被《民法典》进一步完善。严格来讲,其并非独立的监护类型,只是特定情况下的紧急补救方式,是国家监护类型的常见实施措施。依据法律规定,临时监护在由于指定监护有争议而一时无法确定监护人的状态下,为保护被监护人合法权益避免其无人监护的不利处境而创设①,是对被监护人权利保护真空期提供紧急补救,体现了被监护人利益最大化原则。临时监护人由被监护人住所地的居民委员会、村民委员会、法律规定的有关组织或者民政部门担任。

另外,依据第 36 条规定,这种因为被监护人权利保护空档期而需要安排临时监护的情形,还会发生在撤销监护人资格的监护空档期,应为被监护人安排临时监护措施,并由法院按照最有利于被监护人的原则再行直接指定监护人。②

需要强调的是,鉴于 2019 年底至 2020 年突发的新冠肺炎疫情给民众生活带来的严重影响,2020 年 5 月通过的《民法典》第 34 条相较于《民法总则》,增加了第四款临时监护内容,专门应对突发紧急情况下监护人暂时无法履行监护职责,被监护人的生活处于无人照料状态,被监护人的监护需求紧急缺失的情形。此时被监护人住所地的居民委员会、村民委员会或者民政部门应当为被监护人安排必要的临时生活照料措施。具体责任主体是被监护人住所地

---

① 《中华人民共和国民法典》第 31 条第 3 款规定:"依照本条第一款规定指定监护人前,被监护人的人身权利、财产权利以及其他合法权益处于无人保护状态的,由被监护人住所地的居民委员会、村民委员会、法律规定的有关组织或者民政部门担任临时监护人。"

② 《中华人民共和国民法典》第 36 条:"监护人有下列情形之一的,人民法院根据有关个人或者组织的申请,撤销其监护人资格,安排必要的临时监护措施,并按照最有利于被监护人的原则依法指定监护人:(一)实施严重损害被监护人身心健康的行为;(二)怠于履行监护职责,或者无法履行监护职责且拒绝将监护职责部分或者全部委托给他人,导致被监护人处于危困状态;(三)实施严重侵害被监护人合法权益的其他行为。本条规定的有关个人、组织包括:其他依法具有监护资格的人、居民委员会、村民委员会、学校、医疗机构、妇女联合会、残疾人联合会、未成年人保护组织、依法设立的老年人组织、民政部门等。前款规定的个人和民政部门以外的组织未及时向人民法院申请撤销监护人资格的,民政部门应当向人民法院申请。"

的居民委员会、村民委员会或者民政部门。① 同年 10 月修订的《未成年人保护法》也体现并完善了临时监护制度。

（二）监护人职责与权利

《民法典》第 34 条规定了监护人的职责。监护人具体职责包括：代理被监护人实施民事法律行为；保护被监护人的人身权利、财产权利；保护被监护人其他合法权益；因发生突发事件等紧急情况，监护人暂时无法履行监护职责，被监护人的生活处于无人照料状态的，被监护人住所地的居民委员会、村民委员会或者民政部门应当为被监护人安排必要的临时生活照料措施。这一规定具有高度抽象概括的特征。

与《民法通则》及《民法通则意见》中关涉监护人职责的规定相比较，《民法典》在此问题上的进步表现在以下方面：

1. 确立最有利于被监护人原则

监护制度设立的初衷就是为了对民事行为能力欠缺者的合法权益进行保护和协助，监护职责的履行质量直接关系到被监护人合法权益能否得到全面保障。确立最有利于被监护人原则，无疑是对被监护人合法权益的最有力保护。《民法典》第 35 条第 1 款明确规定，"监护人应当按照最有利于被监护人的原则履行监护职责。监护人除为维护被监护人利益外，不得处分被监护人的财产"。

但是，为了达至最有利于被监护人的原则和目标，监护人在日常生活中应当如何恰当地履行监护职责，应有什么基本要求，《民法总则》《民法典》对此并没有涉及。

2. 提出尊重未成年人真实意愿原则

在监护人履行监护职责过程中，若监护人所做决定涉及未成年人利益，则

---

① 《中华人民共和国民法典》第 34 条第 4 款规定："因发生突发事件等紧急情况，监护人暂时无法履行监护职责，被监护人的生活处于无人照料状态的，被监护人住所地的居民委员会、村民委员会或者民政部门应当为被监护人安排必要的临时生活照料措施。"

监护人应当在考量未成年人年龄与智力的情况下,尊重未成年人真实意愿。如《民法典》第 35 条第 2 款规定:"未成年人的监护人履行监护职责,在作出与被监护人利益有关的决定时,应当根据被监护人的年龄和智力状况,尊重被监护人的真实意愿。"

尊重未成年人真实意愿是最有利于被监护人原则在未成年监护部分的具体体现之一。由于自古以来传统文化模式的影响,中国家庭文化多强调子女须服从于父母的权威,子女时常无法自由表达个人意志,也不敢表达个人意志。随着时代的发展,人们越来越重视个体自由的最大化实现,逐渐认识到子女不是父母的附属品,更不是父母的"私人财产",他们是作为完全独立的个体在参与生命的成长,父母应当充分尊重这种个体的独立性。越来越多的父母在日常家庭教育与生活中开始注重与子女的沟通交流,越来越多的子女在平日家庭生活中渴望与父母平等自由地相处。《民法总则》《民法典》对"尊重未成年人真实意愿"的肯定,是从立法层面对未成年人在成长过程中拥有自我独立人格的尊重与认可。

可喜的是,2020 年修订的《未成年人保护法》对上述两项原则相关内容已有衔接补充。

关于监护权利,《民法典》相关立法规定高度概括,"监护人依法履行监护职责产生的权利,受法律保护",缺乏具体内容和实质指向。除了监护人基于监护身份而产生的对被监护人享有的权利和对外独立代表本人外,具体内容范畴需要进一步明晰。

(三)监护撤销与监护恢复

1. 监护撤销制度

(1)监护撤销制度的内涵

监护撤销,实质是监护资格的剥夺与转移,原来的监护人不再具有监护资格,重新确定新的监护人承担监护职责,即转移未成年人监护权"是当多种监护支持、监护干预措施已经无法有效帮助未成年人摆脱监护缺失或监护失当困境时不得已而为之的非常措施,是在极端情况下保护未成年人合法权益的特别措施"[1]。在未成年监护中,监护撤销涉及对原有亲子关系的重大干涉,对未成年人的精神和情感影响较大。从国际社会通常的做法来看,基于未成年人利益最大原则,监护撤销的认定应当慎重考虑通常情况下监护人与被监护人之间紧密的身份关系,以及被监护人身心受损的具体原因和程度。现代民主国家在干预家庭监护的措施及立法、行政和司法活动中,为了给家庭自治以适当的空间,预防国家干预过度,在具体设计上都要求必须符合比例原则,在实体措施上进行分层区别。也就是说,即使是国家因为父母的监护行为损害了未成年人的利益而对其监护行为进行干预具有必要性、紧迫性和正当性,但主管当局也不应该径直实施与父母的监护侵害行为的危害性明显不成比例的措施。因此,国家必须根据未成年人利益受损的不同情形给予不同程度的监护干预措施。

关于国家干预的分层措施的内容,各国除了前置性公共救济措施,会同时考虑不当或不法监护行为的原因与程度,给予不同的干预措施。例如,将父母或其他监护人的行为区分为危害子女财产权利的行为和危害子女非财产性权利的行为类型,为之设置不同的国家干预措施。从宪法原理和比例原则出发,即便实施了严重危害子女财产权的行为,父母监护人的身份也不应就此彻底被否定,监护权限也不应被全部剥夺,而是应该进行相应限制。对于有严重危及子女身心健康的行为,在撤销其监护资格之前,要采取部分限制父母监护权的措施以及完全剥夺父母监护权的措施,最严重的措施是将子女带离家庭。一般而言,将子女带离家庭,是专门针对父母严重侵害或威胁未成年人人身权

---

[1] 张世峰:《〈关于依法处理监护人侵害未成年人权益行为若干问题的意见〉解读》,张世峰 2015 年 4 月应邀出席全国妇联未成年人保护研讨班上的讲话。详见民政部网站,www.mca. gov.cn/article/gk/jd/shsw/201504/20150415808677.shtml。

利且无它法予以预防的特殊情形方始为之①。

（2）中国监护撤销制度实践

长期以来，中国对监护撤销缺乏前置帮扶程序和干预措施分层技术。《民法通则》在第 18 条第 3 款将撤销事项归于"监护人不履行监护职责或者侵害被监护人的合法权益"，这种动辄对父母或其他监护人监护资格进行彻底否定与剥夺的做法，过于简单粗暴，不符合比例原则，也不利于未成年人最大利益原则。

实践中，《民法通则》中关于监护资格撤销条款因为一直没发挥作用也被戏称为"僵尸条款"，修改前的《未成年人保护法》第 53 条有关撤销监护人资格制度也因无法落地而被称为"沉睡的条款"。最高法院、最高人民检察院、公安部和民政部于 2014 年联合颁布的《关于依法处理监护人侵害未成年人权益行为若干问题的意见》规定，在撤销监护资格案件中可采用临时安置、人身安全保护裁定、撤销监护人资格和判后安置（如指定监护人、将符合条件的受监护侵害的未成年人纳入社会救助和相关社会保障范围等）措施，在主体上呈现以民政部门及其下属的未成年救助保护机构为中心，"公安出警、处置、带离，民政接收、临时监护、调查评估、起诉、安置，法院受理、审理，检察院监督"多单位联动参与的社会治理局面，在程序上大致分为前置干预程序和监护资格撤销程序两大部分，被认为是对"僵尸""沉睡"状态的激活，现实意义重大。

事实上，为了使处于监护缺失或监护失当困境的未成年人能够及时得到国家有效保护，民政部从 2013 年 6 月起开展以未成年监护干预为核心的未成年人社会保护试点工作。试点地区通过摸底排查、主动报告、分类帮扶等措施，从生产生活帮扶、家庭教育指导、心理行为矫治、监护监督随访等方面，对

---

①　参见刘征峰：《以比例原则为核心的未成年人国家监护制度建构》，《法律科学（西北政法大学学报）》2018 年第 2 期。

困境未成年人及其家庭进行帮助支持。

《关于依法处理监护人侵害未成年人权益行为若干问题的意见》共有五部分内容,主要涉及:对"监护人不履行监护职责或者侵害被监护人合法权益"的具体情形作出明确规定①;法院、检察院、公安机关以及民政部四个部门之间的分工②;监护侵害行为的举报义务以及公安机关出警处置具体工作要求;对受监护侵害未成年人的临时安置、监护情况调查评估以及人身安全保护裁定的申请、受理、执行;申请撤销监护人资格诉讼主体资格、证据材料提供以及管辖法院;法院对撤销监护人资格案件的审理程序、撤销监护人资格的具体情形③、指定监护人的要求以及申请恢复监护人资格的条件④。该意见将撤

---

① 该意见第 1 条:"本意见所称监护侵害行为,是指父母或者其他监护人(以下简称监护人)性侵害、出卖、遗弃、虐待、暴力伤害未成年人,教唆、利用未成年人实施违法犯罪行为,胁迫、诱骗、利用未成年人乞讨,以及不履行监护职责严重危害未成年人身心健康等行为。"

② 该意见第 3 条:"对于监护侵害行为,任何组织和个人都有权劝阻、制止或者举报。公安机关应当采取措施,及时制止在工作中发现以及单位、个人举报的监护侵害行为,情况紧急时将未成年人带离监护人。民政部门应当设立未成年人救助保护机构(包括救助管理站、未成年人救助保护中心),对因受到监护侵害进入机构的未成年人承担临时监护责任,必要时向人民法院申请撤销监护人资格。人民法院应当依法受理人身安全保护裁定申请和撤销监护人资格案件并作出裁判。人民检察院对公安机关、人民法院处理监护侵害行为的工作依法实行法律监督。人民法院、人民检察院、公安机关设有办理未成年人案件专门工作机构的,应当优先由专门工作机构办理监护侵害案件。"

③ 该意见第 35 条:"被申请人有下列情形之一的,人民法院可以判决撤销其监护人资格:(一)性侵害、出卖、遗弃、虐待、暴力伤害未成年人,严重损害未成年人身心健康的;(二)将未成年人置于无人监管和照看的状态,导致未成年人面临死亡或者严重伤害危险,经教育不改的;(三)拒不履行监护职责长达六个月以上,导致未成年人流离失所或者生活无着的;(四)有吸毒、赌博、长期酗酒等恶习无法正确履行监护职责或者因服刑等原因无法履行监护职责,且拒绝将监护职责部分或者全部委托给他人,致使未成年人处于困境或者危险状态的;(五)胁迫、诱骗、利用未成年人乞讨,经公安机关和未成年人救助保护机构等部门三次以上批评教育拒不改正,严重影响未成年人正常生活和学习的;(六)教唆、利用未成年人实施违法犯罪行为,情节恶劣的;(七)有其他严重侵害未成年人合法权益行为的。"

④ 该意见第 40 条:"人民法院经审理认为申请人确有悔改表现并且适宜担任监护人的,可以判决恢复其监护人资格,原指定监护人的监护人资格终止。申请人具有下列情形之一的,一般不得判决恢复其监护人资格:(一)性侵害、出卖未成年人的;(二)虐待、遗弃未成年人六个月以上、多次遗弃未成年人,并且造成重伤以上严重后果的;(三)因监护侵害行为被判处五年有期徒刑以上刑罚的。"

销监护人资格限定在侵害未成年人权益的七种严重情形,并创设了教育辅导、调查评估、多方会商等多种机制,还规定了恢复监护资格的条件和程序,目的是尽量减少撤销监护人资格的情形。民政部门更是承担了大量工作,如接收被带离护送来的受害未成年人并提供生活照料、心理疏导、情感抚慰等服务;开展监护指导和家庭教育指导;对家庭监护情况进行调查评估;对是否符合申请撤销监护人资格情形进行多方会商;诉前申请人身安全保护裁定、提起监护撤销诉讼、提供临时监护人;还负责将符合条件的受监护侵害的未成年人纳入社会救助和相关保障范围等。[1] 我们认为,在《民法典》生效实施后,在新的相关司法解释出台之前,在不与《民法典》相冲突的前提下,该司法解释中的内容仍然对司法实践具有指导作用。

（3）监护撤销制度主要内容

与《民法通则》相比,《民法典》对监护撤销内容的规定有如下变化:

①明确了撤销监护人资格的具体事项

《民法典》明定了监护撤销事由,即:实施严重损害被监护人身心健康行为的;怠于履行监护职责,或者无法履行监护职责并且拒绝将监护职责部分或者全部委托给他人,导致被监护人处于危困状态;实施严重侵害被监护人合法权益的其他行为(《民法典》第 36 条第 1 款)。该规定虽然规定了三种撤销情形,但实践中的具体情况会更具多样性,此时可适用《关于依法处理监护人侵害未成年人权益行为若干问题的意见》关于监护撤销的具体 7 种情形的规定。

②明确了撤销权申请人的范围与种类

监护人资格撤销申请权的主体范围被明确为其他依法具有监护资格的人,居民委员会、村民委员会、学校、医疗机构、妇女联合会、残疾人联合会、未成年人保护组织、依法设立的老年人组织、民政部门等(《民法典》第 36 条第 2

---

[1]　参见张世峰:《〈关于依法处理监护人侵害未成年人权益行为若干问题的意见〉解读》,http://www.mca.gov.cn/article/gk/jd/shsw/201504/20150415808677.shtml,2015 年 4 月 28 日。

款）。这些个人、组织或部门之间的申请撤销权是平等无序位的,都可以申请。

③确立民政部门的兜底性地位

即在有关组织和个人没有及时向法院申请撤销监护人资格的情形下,民政部门应当行使撤销请求权(《民法典》第36条第3款:"前款规定的个人和民政部门以外的组织未及时向人民法院申请撤销监护人资格的,民政部门应当向人民法院申请")。需要注意的是,规定本身是为了明确民政部门是有义务进行起诉的兜底性诉讼主体,不能被理解为是第二顺位的诉讼主体。当民政部门发现具有严重侵害被监护人合法权益的情形时,就可以直接向法院申请撤销监护人资格,不需要等到其他人或组织都不行使撤销申请权之后再行申请。① 也就是说,民政部门监护撤销请求权的行使并不当然具有被动性和滞后性。

④监护撤销后父母法定义务的继续履行

基于亲权与监护两者在性质上的差异,监护资格被撤销,并不意味着亲权也随之丧失,父母子女之间的法定义务仍需履行。②

《民法通则》中监护人监护资格被撤销后,没有再就父母、子女、配偶等监护人继续承担有关义务的规定,这样容易让那些本就对监护之责拖延、推辞、拒绝履行、不尽责等特定范围的法定监护人达到"全身而退""彻底解放"的目的。从《民法典》就此问题的规定看,立法者明确了即使监护身份消除但法定义务却不免除的立法态度,体现了对其区别于其他法定监护人与普通监护人更为严格的立法规制。在涉及未成年人父母监护资格被恢复问题上,使对未成年监护职责的履行有了"双重保障",既是对被撤销监护资格者的惩罚,一定程度上也有利于减轻监护人的负担,有利于未成年人权益的更好实现。

---

① 参见李适时:《中华人民共和国民法总则释义》,法律出版社2017年版,第110页。
② 《中华人民共和国民法典》第37条规定:"依法负担被监护人抚养费、赡养费、扶养费的父母、子女、配偶等,被人民法院撤销监护人资格后,应当继续履行负担的义务。"

2. 监护恢复

比较法上,监护资格撤销的原因都是发生了严重侵害被监护人身心的事实,对被监护人的损害事实已经发生,故而大多数国家对监护资格的恢复采取否定态度。但中国十分注重家庭观念和人伦亲情关系,所以立法试图再给监护人一次机会。①《民法通则》以及《民法通则意见》中没有关于监护人身份恢复的规定,《民法典》第38条增设了资格恢复情形②。一些父母在承担监护职责过程中做了错误的行为,有些甚至是严重的错误,但是,只要不是对子女实施犯罪行为且却有悔改表现,子女也还愿意接纳父母,那么,父母的监护人身份依旧可以被恢复。这样的立法规定,也体现出法律的温情与对人性的尊重。

从法律规定看,父母或其他监护人身份恢复应当具备以下条件:

(1)须是被撤销监护人资格的未成年人父母

这是监护人恢复所需要的身份条件,即未成年人父母若因存在监护撤销事项之行为,其监护人资格被撤销后方有可能依据监护恢复制度恢复其监护人身份,而其他监护人若因监护撤销事由而被撤销监护人资格,是不能再恢复监护人资格的。

(2)确有悔改表现

这是父母或其他监护人恢复的主观条件,也是新增加的条件,即未成年人父母在认错态度、行为表现、思想认识等方面确实表现出对之前行为的悔意与坚决改正的决心。

(3)依申请恢复

这是父母或其他监护人恢复所需的程序条件,即未成年人父母须向法院

---

①　参见倪龙燕、刘继华:《民法总则中的监护撤销制度释评》,《青少年犯罪问题》2018年第1期。

②　《中华人民共和国民法典》第38条规定:"被监护人的父母或者子女被人民法院撤销监护人资格后,除对被监护人实施故意犯罪的外,确有悔改表现的,经其申请,人民法院可以在尊重被监护人真实意愿的前提下,视情况恢复其监护人资格,人民法院指定的监护人与被监护人的监护关系同时终止。"

提出恢复其监护人资格的申请方有可能恢复其监护人资格。按照2014年《关于依法处理监护人侵害未成年人权益行为若干问题的意见》，被撤销监护人资格的侵害人，自资格被撤销之日起三个月至一年内，可以书面向人民法院申请恢复监护人资格，并应当提交相关证据。

（4）法院对是否恢复监护人资格有决定权

《民法典》在监护人资格恢复的规定上，对于被监护人真实意愿，审慎地使用"可以"一词，而非"必须"，意味着监护人资格能否恢复的决定权在法院。

（5）不得恢复的情形

即特定情形下，被撤销监护者不得恢复监护资格，法律规定的情形是"对被监护人实施故意犯罪的"，注意此处的"故意犯罪"只能是针对被监护人实施的故意犯罪行为，如未成年人性侵犯罪、拐卖妇女儿童罪、遗弃罪、虐待罪、故意伤害罪等。被撤销监护资格者对其他人实施的故意犯罪行为不能成为不得再行恢复资格的理由。

（四）监护监督

监护监督，是对监护人的监护活动进行监督，目的在于及时发现并纠正监护过程中存在的问题，以加强监护职责的有效履行，切实维护被监护人合法权益。监护监督既包括社会监督，也包括专门监护监督机关的监督，有些国家还包括来自于私立的监护监督人的监督。在中国未成年监护以家庭自治为主的监护模式下，虽然家庭内部自有其情感基础、心理基础、利益基础和功能基础，也有其伦理道德的内在强制，但未成年人的个体独立性及其合法利益诉求也常常容易被忽视，虐待、遗弃、性侵等严重危及未成年人身心健康的行为时有发生，社会监护中忽视或严重危及未成年人人身利益的违法甚至犯罪行为也屡屡出现。"南京养母虐童""雇人性侵留守儿童卖视频""贵州毕节五名流浪儿闷死垃圾箱"等有关未成年人的悲惨事件让人震惊，在暴露传统家庭监护缺陷的同时，也显示监护监督的紧迫性。

中国《民法典》中的监护监督实际上是通过监护资格的撤销来实现的。监护撤销即将撤销申请权赋予居民委员会、村民委员会、其他依法具有监护资格的人、学校、医疗机构、妇女联合会、残疾人联合会、未成年人保护组织、依法设立的老年人组织、民政部门等广泛的社会主体。当这些主体发现法定撤销事由时，有权向法院请求撤销监护人的监护资格，法院依法审理后予以确定是否撤销监护人的监护资格。在此期间，法院可根据情况为被监护人提供紧急保护措施即安排临时监护人，待法院裁定撤销监护资格后重新指定监护人。可见，监护撤销属于事后救济性的监督措施，请求权主体并不具有法定义务，故而这种监督并不具有强制性，监督效果较弱。

从理论上讲，监护监督还可分为救济性监督和防御性监督两种形式。救济性监护监督是对已经发生的因监护渎职、监护侵权或监护懈怠等行为导致被监护人合法权益遭遇侵害的结果发生之后，法院依据有关主体的申请，依法作出解除监护关系、撤销监护人监护资格等裁决，为被监护人指定新的监护人，具有事后性、临时性和特定性等特征。防御性监护监督，是针对救济性监护监督方式而言的，是指为保护被监护人的合法权益不受侵害，防范监护人的恣意和渎职，由专门的机关和特定的个人或组织对监护人的监护行为进行的日常性监督。① 所以，监护撤销作为事后监督手段，其单一存在并不能提供有效的监护监督效能。《民法典》规定的未成年监护监督制度仍有待进一步完善，需要明确专门的监护监督机关及其监督职责，建立防御性监督与救济性监督相衔接、社会监督与专门机构监督相结合的综合性监护监督机制。

（五）监护人的法律责任

《民法典》第34条第3款规定："监护人不履行监护职责或者侵害被监护人合法权益的，应当承担法律责任。"从产生原因来看，监护法律责任应该包

---

① 参见陈圣利:《预防性监护监督制度的构建》,《北方法学》2018 年第 2 期。

括以下两个方面:一是基于监护职责的履行情况而产生的法律责任。此类责任属于身份责任,包括监护人不履行监护职责时的消极法律责任,也包括监护人实施侵害未成年人合法权益时产生的积极法律责任。二是基于未成年人给他人造成损害而产生的替代侵权责任。此种情况下监护人的责任需要具体分析:一般情形下,监护人就未成年人的侵权行为承担过错推定责任;监护人在未成年人致人损害过程中尽到监护责任的,可以减轻其责;赔偿费从被监护人财产中支付,不足部分,由监护人承担补充赔偿责任予以赔偿。这在《民法典》第1188、1169条中有鲜明体现①。

另外,《民法典》第1189条对委托监护中的监护责任进行了明确,规定"无民事行为能力人、限制民事行为能力人造成他人损害,监护人将监护职责委托给他人的,监护人应当承担侵权责任;受托人有过错的,承担相应的责任"。

(六)监护关系终止

监护关系是具有目的性的制度,因为一定的事由而发生,也必然会因为一定事由而终止。无论未成年人还是成年被监护人,一旦其恢复民事行为能力,监护制度也就没有存续的意义,一旦监护人死亡或丧失监护能力,则原来的监护关系必然不能再继续。监护关系的终止是监护程序中不可或缺的一部分。

《民法典》第39条规定了监护关系终止的四种情形:被监护人取得或者恢复完全民事行为能力、监护人丧失监护能力、被监护人或者监护人死亡;法院认定监护关系终止的其他情形。当然,监护关系终止后,被监护人仍然需要监护的,应当依法另行确定监护人。

---

① 《中华人民共和国民法典》第1188条规定:"无民事行为能力人、限制民事行为能力人造成他人损害的,由监护人承担侵权责任。监护人尽到监护职责的,可以减轻其侵权责任。有财产的无民事行为能力人、限制民事行为能力人造成他人损害的,从本人财产中支付赔偿费用;不足部分,由监护人赔偿。"第1169条第2款规定:"教唆、帮助无民事行为能力人、限制民事行为能力人实施侵权行为的,应当承担侵权责任;该无民事行为能力人、限制民事行为能力人的监护人未尽到监护职责的,应当承担相应的责任。"

（七）其他相关规定

我国监护制度体系是以家庭监护为常态和基础,而家庭监护的确立是以亲属关系的存在为根本,因此,监护制度本身与抚养、赡养、扶养等婚姻家庭制度密不可分。血亲关系或拟制血亲关系中法定权利义务的存在,决定了未成年家庭监护中血亲身份与监护人身份多发生高度重合。而监护职责内容的广泛性和特定性,也决定了监护制度与亲属关系间法定权利和义务内容会发生深度关联。故此,《民法典》第五编中关于婚姻家庭关系的相关规定,也必然与监护制度密切相关。例如,根据第 1042、1043、1058、1067、1074、1075 条的规定,家庭成员间应当互相帮助,维护平等、和睦、文明的婚姻家庭关系,禁止家庭暴力、禁止虐待和遗弃;夫妻双方平等共享共担对未成年子女抚养、教育和保护的权利与义务;未成年子女有权利向不履行抚养义务的父母要求给付抚养费;有负担能力的祖父母、外祖父母对于父母死亡或无力抚养的未成年孙子女、外孙子女承担抚养义务,有负担能力的兄、姐,在该种情况也对未成年弟、妹有扶养的义务。此时,我们认为,未成年人具体监护人的选任,在没有遗嘱监护的情况下,要参照法定监护人的法定顺位,依据最有利于未成年人的原则,从有负担能力的祖父母、外祖父母和有负担能力的兄、姐之间来选择确定。

另外,根据第 1084 条和第 1086 条的规定,如果父母离婚,双方对已满两周岁子女的抚养问题不能达成协议,由人民法院按照最有利于未成年子女的原则判决;不满两周岁的子女,以由母亲直接抚养为原则;子女已满八周岁的,应当尊重其真实意愿。离婚后父或者母探望子女,不利于子女身心健康的,由人民法院依法中止探望;中止的事由消失后,应当恢复探望等。这些规定都与监护制度问题高度融合。

二、《未成年人保护法》对未成年监护制度的完善发展

《未成年人保护法》1991 年制定后,虽然部分条文做过修改,但在监护方

面存在的家庭监护缺位乏力、政府职责不够明晰、社会力量发挥不足等问题仍十分突出,且未成年人监护方面也出现立法无法解决的许多新情况和新问题。2020年10月新修订的《未成年人保护法》增加了60个法条,文字增加了将近10000字,对未成年人保护面临的很多新问题、复杂问题作出了明确具体的规定,其中家庭保护、政府保护、司法保护等章节中共有10多个条文聚焦监护议题,对未成年监护制度做了较大幅度的创新、细化和完善,构建了"以家庭监护为主,以监护支持、监督和干预为保障,以国家监护为兜底"的未成年监护制度体系,亮点多,操作性强。具体表现如下:

(一)细化未成年监护的基本原则

1. 明确坚持最有利于未成年人原则的基本要求

该法认可了《民法典》中关于监护职责履行中应坚持最有利于被监护人的原则,并进一步明确了相应要求,即处理涉及未成年人事项,应当符合下列要求:给予未成年人特殊、优先保护;尊重未成年人人格尊严;保护未成年人隐私权和个人信息;适应未成年人身心健康发展的规律和特点;听取未成年人的意见;保护与教育相结合。《未成年人保护法》第4条这一规定为在监护人履行监护职责的过程中贯彻落实"最有利于未成年人"原则提供了具体的参照尺度,填补了立法空白。

2. 重申和细化尊重未成年人真实意愿原则

该法第19条与《民法典》第35条第2款内容高度衔接,规定未成年人的父母或者其他监护人应当根据未成年人的年龄和智力发展状况,在作出与未成年人权益有关的决定前,听取未成年人的意见,充分考虑其真实意愿。另外,该法还多处细化了该原则。如第22、24条规定,未成年人的父母或者其他监护人在确定委托照护的被委托人时,应并听取有表达意愿能力未成年人的意见;父母离婚时,应当妥善处理未成年子女的抚养、教育、探望、财产等事宜,听取有表达意愿能力未成年人的意见。

（二）发展完善未成年家庭监护制度

1. 细化家庭监护的具体监护职责和监护禁止行为

（1）细化监护职责范围

该法第 16 条明确列举了未成年人的父母或者其他监护人应当履行的 10 项监护职责①。这 10 项内容基本包括了未成年人生活、健康、安全保障需求；生理、心理状况和情感需求；良好思想品德和行为习惯的养成；自我保护意识和能力的提高；接受并完成义务教育；休息、娱乐和体育锻炼等有益身心健康的活动的引导；财产管理与保护；民事法律行为的代理；不良行为和违法犯罪行为的预防制止及合理管教；其他应当履行的监护职责等。这些职责基本涵盖未成年人身心发育、教育学习、财产管理、日常生活等各方面的权益保护需求，是对《民法典》第 34 条规定的监护职责的细化发展。

（2）明确监护禁止行为

与此相呼应，该法第 17 条还列举了未成年人的父母或者其他监护人在监护过程中对监护人不得实施的 11 种禁止行为：虐待、遗弃、非法送养、实施家庭暴力；放任、教唆或者利用其实施违法犯罪行为；放任、唆使其参与邪教、迷信活动或者接受恐怖主义、分裂主义、极端主义等侵害；放任、唆使其吸烟（含电子烟）、饮酒、赌博、流浪乞讨或者欺凌他人；放任或者迫使失学、辍学；放任沉迷网络，接触危害或者可能影响其身心健康的图书、报刊、电影、广播电视节目、音像制品、电子出版物和网络信息等；放任进入营业性娱乐场所、酒吧、互

---

① 《未成年人保护法》（2020 年）第 16 条规定："未成年人的父母或者其他监护人应当履行下列监护职责：（一）为未成年人提供生活、健康、安全等方面的保障；（二）关注未成年人的生理、心理状况和情感需求；（三）教育和引导未成年人遵纪守法、勤俭节约，养成良好的思想品德和行为习惯；（四）对未成年人进行安全教育，提高未成年人的自我保护意识和能力；（五）尊重未成年人受教育的权利，保障适龄未成年人依法接受并完成义务教育；（六）保障未成年人休息、娱乐和体育锻炼的时间，引导未成年人进行有益身心健康的活动；（七）妥善管理和保护未成年人的财产；（八）依法代理未成年人实施民事法律行为；（九）预防和制止未成年人的不良行为和违法犯罪行为，并进行合理管教；（十）其他应当履行的监护职责。"

联网上网服务营业场所等不适宜其活动的场所；允许或者迫使从事国家规定以外的劳动；允许、迫使结婚或者为其订立婚约；违法处分、侵吞其财产或者利用其牟取不正当利益；其他侵犯未成年人身心健康、财产权益或者不依法履行未成年人保护义务的行为。这些禁止性规定从消极方面进一步强化了监护人的职责边界，防止监护权滥用或懈怠行使，以"不得为"的要求加以体现，与上述第 16 条的"必须为"相辅相成。

2. 明确规定监护人和其他家庭成员的特定义务

（1）父母或其他监护人接受学习教育义务以及其他家庭成员协助监护义务。该法第 15 条规定未成年人父母或者其他监护人有学习家庭教育知识，接受家庭教育指导，创造良好、和睦、文明的家庭环境的义务，并规定了共同生活的其他成年家庭成员对家庭监护负有协助义务，帮助未成年人的父母或其他监护人抚养、教育和保护未成年人。这样的规定更有利于保护未成年人最大利益。

（2）明确细化父母或其他监护人在生活环境、交通和户外安全的特定义务。第 18 条详细规定了父母或其他监护人的安全保障义务。如及时排除引发触电、烫伤、跌落等伤害的安全隐患；采取配备儿童安全座椅、教育未成年人遵守交通规则等措施；避免未成年人发生溺水、动物伤害等事故。

（3）明确父母或其他监护人不得在生活方面对未成年人疏忽照料。该法杜绝监护人懈怠或以各种原因置未成年人于脱离监护、无人看护的状态，否则要承担相应的法律责任。如第 21 条规定："未成年人的父母或者其他监护人不得使未满八周岁或者由于身体、心理原因需要特别照顾的未成年人处于无人看护状态，或者将其交由无民事行为能力、限制民事行为能力、患有严重传染性疾病或者其他不适宜的人员临时照护。未成年人的父母或者其他监护人不得使未满十六周岁的未成年人脱离监护单独生活。"这一规定强化了父母或其他监护人对被监护人生活的积极照料和应有的关怀。

（4）进一步明确父母离婚时对未成年子女的保护义务。第 24 条要求，父母离婚时,"应当妥善处理未成年子女的抚养、教育、探望、财产等事宜,听取有表达意愿能力未成年人的意见";离婚后不直接抚养未成年子女的一方行使探望权时,应当"在不影响未成年人学习、生活"的情况下进行。

(三)发展"委托照护"制度

1. 委托照护的性质

如前所述,《民法总则》《民法典》均没有明确提出"委托监护",但其客观存在不容置疑。2020年新修订的《未成年人保护法》第22、23、43条明确提出了"委托照护",取代了法律修改前的"委托监护",具有了明确的法律地位。[1]但无论是"委托照护",还是之前的"委托监护",在性质上都不是一个独立的监护类别,只是父母或其他监护人履行职责的具体方式之一。它的存在不意味着对父母或其他监护人仍然应当承担起的很多具体监护职责的否认或放弃。以"委托照护"取代原来"委托监护"的措辞表达,主要是考虑到"委托监护"的提法淡化了原监护人的责任,部分委托人容易忽视或否认自己监护人的身份,对孩子的成长不管不顾。"委托照护"强调的只是接受委托,代为履行照顾和看护职责,监护人承担抚养费、教育、情感联系等很多具体监护职责是不能委托他人的[2]。

---

[1]　参见《未成年人保护法》(2020年)第22条:未成年人的父母或者其他监护人因外出务工等原因在一定期限内不能完全履行监护职责的,应当委托具有照护能力的完全民事行为能力人代为照护;无正当理由的,不得委托他人代为照护。未成年人的父母或者其他监护人在确定被委托人时,应当综合考虑其道德品质、家庭状况、身心健康状况、与未成年人生活情感上的联系等情况,并听取有表达意愿能力未成年人的意见。具有下列情形之一的,不得作为被委托人:(一)曾实施性侵害、虐待、遗弃、拐卖、暴力伤害等违法犯罪行为;(二)有吸毒、酗酒、赌博等恶习;(三)曾拒不履行或者长期怠于履行监护、照护职责;(四)其他不适宜担任被委托人的情形。第43条规定:居民委员会、村民委员会应当协助政府有关部门监督未成年人委托照护情况,发现被委托人缺乏照护能力、怠于履行照护职责等情况,应当及时向政府有关部门报告,并告知未成年人的父母或者其他监护人,帮助、督促被委托人履行照护职责。

[2]　参见《未成年人保护法》修订的十大变化,青海省司法厅,https://baijiahao.baidu.com/s?id=1680978946829695203&wfr=spider&for=pc,2020年10月19日。

2. 委托照护的条件

委托照护,是委托代为照护的简称,是法律未成年监护人因外出务工等原因在一定期限内不能完全履行监护职责时所提出的法定要求。按照《未成年人保护法》第 22 条的规定,委托照护的成立需要同时具备下列条件:(1)未成年人的父母或者其他监护人因外出务工等原因在一定期限内不能完全履行监护职责;无正当理由的,不得委托他人代为照护。(2)被委托代为照护者应当是具有照护能力的完全民事行为能力人。(3)在确定委托关系时,委托人应当对被委托人的道德品质、家庭状况、身心健康状况、与未成年人生活情感上的联系等情况进行综合考量。(4)不能被确定为被委托人的情形:曾实施性侵害、虐待、遗弃、拐卖、暴力伤害等违法犯罪行为;有吸毒、酗酒、赌博等恶习;曾拒不履行或者长期怠于履行监护、照护职责;其他不适宜担任被委托人的情形。(5)在确定委托关系时,未成年被监护人如果有表达意愿或表达能力,还要听取其意见。

3. "委托照护"中委托人的义务

根据其属性,委托照护中,只有可以假借他人进行代为照料和保护的职责内容可以委托他人代为履行,那些具有人身专属性的特定监护职责,如情感慰藉、给付抚养费等义务内容不能委托他人"代为"。

另外,根据该法第 23 条规定,委托照护的委托人还负有下列法定义务:(1)将委托情况及时向未成年人所在学校、幼儿园和实际居住地的居民委员会、村民委员会进行书面告知;(2)加强和未成年人所在学校、幼儿园的沟通;(3)至少每周与未成年人、被委托人联系和交流一次,了解未成年人的生活、学习、心理等情况,并给予未成年人亲情关爱;(4)接到被委托人、居民委员会、村民委员会、学校、幼儿园等关于未成年人心理、行为异常的通知后,应当及时采取干预措施。

(四)明确未成年人网络保护中父母或其他监护人的职责

未成年人网络保护的主要目的,在于培养未成年人的网络素养,而不是在多大程度上鼓励或限制未成年人使用互联网。① 本次修法专门增加了"网络保护",强化了不同主体包括监护人在未成年人网络保护中的义务。例如,第64条明确规定了国家、社会、学校和家庭在加强未成年人网络素养教育方面的义务,以增强其科学、文明、安全、合理使用网络的意识和能力;为了加强对未成年人使用网络行为的引导和监督。第71条要求未成年人的父母或者其他监护人"应当提高自身网络素养,规范自身使用网络的行为";同时为有效预防未成年人沉迷网络,要求父母或者其他监护人应用网络保护技术和措施,"通过选择适合未成年人的服务模式和管理功能等方式,避免未成年人接触危害或者可能影响其身心健康的网络信息,合理安排未成年人使用网络的时间"。

为了强化对未成年人的网络保护,该法对父母或其他监护人在履行监护职责时对第三人的相关权利也进行了规定。如关于未成年人参与网络直播的争议问题,第76条规定,年满十六周岁的未成年人父母或者其他监护人,对网络直播服务提供者向未成年人提供网络直播发布者账号注册服务时的身份信息认证事项具有同意决定权,未经其同意,不得为未成年人提供注册服务;当然,对于未满十六周岁的未成年人,网络直播服务提供者不得提供网络直播发布者账号注册服务。又如,根据第72条要求,除法律法规另有规定外,未成年人的父母或者其他监护人对于信息处理者通过网络处理不满十四周岁未成年人个人信息的事项,具有同意决定权,未成年人父母或者其他监护人也有权"要求信息处理者更正、删除未成年人个人信息",以加强对未成年人隐私和个人信息保护。

另外,该法还对预防并及时处理网络欺凌问题进行了规定,遭受网络欺凌的未成年人及其父母或者其他监护人有权通知网络服务提供者采取删除、屏蔽、断开链接等措施,对方接到通知后,应当及时采取必要的制止措施,防止信

---

① 参见佟丽华:《立法构建未成年人网络保护的基本体系》,《光明日报》2020年7月4日。

息扩散。

(五)发展完善未成年国家代位监护制度

需要特别强调的是,修改前的《未成年人保护法》中涉及国家代位监护制度的内容较少,2014 年最高院等部门联合颁布的《关于依法处理监护人侵害未成年人权益行为若干问题的意见》中涉及国家代位监护的内容。此后,《民法总则》《民法典》在国家法律层面设立国家代位监护制度,但总体规定比较简单,以临时监护为主要形式。本次《未成年人保护法》的修改与《民法典》进行有效呼应和衔接,进一步发展和完善了以兜底性质的国家代位监护制度。对于实践中出现的监护人缺位、监护侵害紧急安置、监护缺失等问题,《未成年人保护法》规定了由民政部门进行临时监护或长期监护,在第 92—96 条明确了国家要承担临时监护的 7 种情形、需要进行长期监护的 5 种情形以及各自承担方式。这些新增条款首次细化、发展了国家代位监护制度,填补了监护空白,有助于民政部门具体工作的大力开展。

1. 明确国家临时监护具体情形及承担方式

临时监护是在未成年监护人缺位、监护不当时对其家庭监护进行行政、司法干预的重要环节。《民法典》规定的临时监护情形有限,无法适应实践中对国家临时监护的客观需要。2020 年《未成年人保护法》对《民法典》第 31 条第 3 款、第 36 条第 1 款和第 34 条第 4 款中涉及的需要临时监护人、需要安排临时监护措施、需要安排临时生活照料措施等情形的立法规定予以呼应,并进一步拓展,增加到 7 种具体适用情形,扩大了适用对象范围。

根据该法第 92、93 条规定,国家临时监护适用于下列对象:暂时查不到监护人的流浪乞讨或者身份不明的未成年人;监护人下落不明且无其他人可以担任监护人的未成年人;监护人因自身客观原因或突发事件不能履行监护职责从而缺失照料的未成年人;监护人拒绝或怠于履行监护职责而处于无人照料状态的未成年人;被监护人教唆、利用去实施违法犯罪行为而需要被带离安置的未成年人;遭受监护人严重伤害或者面临人身安全威胁需要被紧急安置的未成年人等。①

民政部门临时监护的具体措施,可以采取委托亲属抚养、家庭寄养等方式进行安置,也可以交由未成年人救助保护机构或者儿童福利机构进行收留、抚养。临时监护期间,监护人经民政部门评估,被认定重新具备履行监护职责条件的,民政部门可以将未成年人送回监护人抚养。

2. 明确国家长期监护的具体情形及承担方式

国家对未成年人的长期监护往往发生于未成年人的父母及其他监护人长期缺失的情形。临时监护是一种临时性、过渡性的安置措施;而长期监护则是国家需要对于长期缺失监护人的未成年人提供最终生活安置措施,为其选择最终监护人。修改后的《未成年人保护法》将民政部门明确规定为未成年人的最终监护人,实现临时监护与长期监护完美衔接。依照该法第94、95条之规定,民政部门应当对下列情形下的未成年人依法进行长期监护:查找不到其父母或者其他监护人;监护人死亡或者被宣告死亡且无其他人可以担任监护人;监护人丧失监护能力且无其他人可以担任监护人;人民法院判决撤销监护人资格并指定由民政部门担任监护人;法律规定的其他情形。

民政部门对未成年人进行长期监护的具体措施,主要是送养,将其交由经民政部门收养评估后符合条件的申请人收养。收养关系一旦成立,民政部门与未成年人之间的监护关系即行结束。

3. 明确实施国家代位监护的具体职能部门

无论是长期监护还是临时监护,国家代位监护均需要有具体的组织机构开展实施。先后颁布的《民法通则》《民法总则》《民法典》对实施国家监护的具体职能部门及其职责并没有细致的规定。2020年修订的《未成年人保护法》在立法中明确了这一问题。该法第9、81条要求,国家监护人为县级以上

---

① 参见《未成年人保护法》(2020年)第2条。

人民政府民政部门。县级以上的民政部门承担本级统筹、协调、督促和指导协调未成年人保护工作,省级人民政府也可以根据实际情况确定由其他有关部门承担该协调工作;在机构配置上,民政部门应当明确专门负责承担未成年人保护工作的相关内设机构或者专门人员。县级以下的乡镇人民政府和街道办事处应当设立未成年人保护工作站或者指定专门人员,其具体职责包括及时办理未成年人相关事务以及支持、指导居民委员会、村民委员会设立专人专岗负责未成年人保护工作等。这些规定明确了具体承担国家监护职责的职能机构,大大强化了国家监护制度功能的发挥。居民委员会和村民委员会不承担国家代位监护职责,不再具有国家代位监护人资格。

4. 明确相关部门的执行配合责任

该法第96条规定:"民政部门承担临时监护或者长期监护职责的,财政、教育、卫生健康、公安等部门应当根据各自职责予以配合。县级以上人民政府及其民政部门应当根据需要设立未成年人救助保护机构、儿童福利机构,负责收留、抚养由民政部门监护的未成年人。"通过相关部门的分工合作与配套服务的跟进,构建严密的未成年人国家监护制度保障体系。

(六)增加国家支持、帮助等国家干预措施

1. 未成年监护中的国家支持、帮助

所谓未成年监护中的国家干预,属于广义的国家监护的范畴,是在国家代位监护之外,国家根据具体情况还有权对家庭监护进行必要的指导、帮助、监督等干预措施,具体包括国家国家支持帮助、国家评估、国家监督等内容,以保证未成年人最大利益原则的实现。

未成年监护中的国家支持、帮助,主要是为家庭监护提供必要的帮扶措施,其存在具有充分的正当性与合理性。依据亲子关系优先原则以及国家行政福利要求,未成年被监护人的身心健康成长,不仅仅是吃饭穿衣的问题,还涉及教育、成长、发展等诸多方面,不仅需要家庭的呵护与关爱,特定情形下也需要政府的帮助和救济,需要社会的参与与分担,仅以最严厉的监护撤销作为国家干预手段有违比例原则。西方国家的通常做法是,对父母不能监护或未成年人所遭受的损害并非基于父母过错的情形,主管当局首先应对家庭监护进行协助,承担维持其基本生存和发展的核心义务,采用干预性极小的公共救济措施,为家庭提供各类精神和物质上的帮助和救济,确保被监护人受监护的权利实现达到一个最基本的水平。如《瑞士民法典》第 307、308 条规定,对子女的保护措施或对父母的帮助措施包含一般性的提醒,就有关照顾"教育或职业培训等事项提供指导性意见",指定合适的人员或者机构进行调查检查以及设定保佐人,一般不能直接跨越这些前置性救济措施而直接适用限制父母权利乃至完全剥夺父母权利的措施。① 这是公权力介入个人自由或家庭事务必须遵循的必要性原则,也是国家对未成年人的义务担当。

国家支持内容包括旨在提升未成年人福祉的专项支持,以保障其基本生存发展的权利;也包括专门针对家庭和家长的特殊服务,以保障未成年子女良好的成长环境。具体来讲,国家监护支持制度既包括维护身体健康,提供食品、衣物、住房以及最低限度的生活保障等涉及未成年人的生存权的物质支持;也包括家庭指导、家庭教育培训和咨询、未成年人就业准备、性教育、心理疏导等社会工作,为未成年人自我发展权的实现提供精神、心理上的引导、帮助和物质上的支持等。特别是对未成年人严重叛逆及离家出走等行为,在符合儿童利益最大化原则下及其心智发育成熟度能够接受的范围内,可由民政部门或法院进行必要的规劝与警告,或采用必要的强制措施送其回归家庭或寄宿学校等,这都是对家庭监护的有效支持与帮助。

中国现实生活中也确实存在未成年人的父母或监护人因为疾病、贫穷等多方面原因导致没有能力尽到监护职责,无法保障未成年子女基本生存权利的情形。如果国家因此撤销其监护资格,强行隔断子女与家庭的亲情关系,无

---

① 参见刘征峰:《以比例原则为核心的未成年人国家监护制度建构》,《法律科学(西北政法大学学报)》2018 年第 2 期。

疑是不妥当的,并不必然符合子女的最大利益。所以,面对这样的困境家庭,《民法总则》《民法典》规定的未成年监护撤销制度在内容上缺少国家前置帮助和扶持措施,在程序上缺乏缓冲衔接。

2. 强化国家监护支持、帮助等干预措施

针对现实中未成年家庭监护的支持和监督措施缺乏的现状,2020 年修订的《未成年人保护法》明确了国家对家庭监护支持、指导、帮助与监督方面的责任,对《民法典》规定的未成年监护撤销制度在内容上增加了国家前置帮助和扶持措施,对家庭监护提供了有力的保障,制度设置更为人性化。具体表现为:

(1)立法规定"国家采取措施指导、支持、帮助和监督未成年人的父母或者其他监护人履行监护职责"(第 7 条)。这一总则性规定首次在立法上明确了国家对未成年家庭监护的积极干预态度,改变了过去未成年监护中私力监护色彩过于浓厚、国家干预不足的弊端。

(2)在"社会保护"一章中,规定了具体的监护支持与监督措施。根据第43 条规定,居民委员会、村民委员会应当指导、帮助和监督未成年人的父母或者其他监护人依法履行监护职责;应当协助政府有关部门监督未成年人委托照护情况,发现被委托人缺乏照护能力、怠于履行照护职责等情况,应当及时向政府有关部门报告,并告知未成年人的父母或者其他监护人,帮助、督促被委托人履行照护职责。

(3)在"政府保护"中,强化了国家对家庭监护在物质、精神、安全、教育、就业、社会保障等多方面的支持和帮助。要求各级人民政府应当将家庭教育指导服务纳入城乡公共服务体系;发展职业教育,保障未成年人接受职业教育或者职业技能培训;建立未成年人心理问题的早期发现和及时干预机制,做好未成年人心理治疗、心理危机干预以及精神障碍早期识别和诊断治疗等工作;采取措施保障留守未成年人、困境未成年人、残疾未成年人接受义务教育,责令父母或者其他监护人将尚未完成义务教育的辍学未成年学生送入学校接受义务教育;等等。

(4)明确提出将国家保护与困境儿童保障政策相衔接。第 91 条明确要求政府为各类困境儿童提供特殊关爱保护:"对困境未成年人实施分类保障,采取措施满足其生活、教育、安全、医疗康复、住房等方面的基本需要"。这也为家庭监护、社会组织监护等监护制度的顺利开展提供了物质保障,有利于监护职责的积极履行和被监护人合法权益的切实维护。

(5)强化专业服务支持力度。第 99 条规定"地方人民政府应当培育、引导和规范有关社会力量参与未成年人保护工作,开展家庭教育指导服务,为未成年人的心理辅导、康复救助、监护及收养评估等提供专业服务"。第 99 条规定国家有关机构接到报告或者办理案件过程中发现父母或者其他监护人存在不依法履行监护职责或者侵犯未成年人合法权益的情形的,应当予以训诫,并可以责令其接受家庭教育指导。① 对不当或不法监护行为提前干预,也是对家庭监护的有效支持与帮助。

(七)完善未成年监护监督和司法救济制度

监护监督,是指设置专门的监督人或监督机构对监护人的监护行为进行监督,以敦促其依法履行监护义务,更好地保护被监护人合法权益,广义上也包括对监护的社会监督。修改后的《未成年人保护法》对未成年监护的监护监督机构、社会监督和司法监督均有涉及。

1. 明确居民委员会、村民委员会在未成年监护中的监护监督人角色

修订后的《未成年人保护法》明确规定居民委员会与村民委员会担负未成年监护监督职责。立法要求居民委员会和村民委员会应设立专人专岗负责

---

① 《未成年人保护法》(2020 年修订)第 118 条:"未成年人的父母或者其他监护人不依法履行监护职责或者侵犯未成年人合法权益的,由其居住地的居民委员会、村民委员会予以劝诫、制止;情节严重的,居民委员会、村民委员会应当及时向公安机关报告。公安机关接到报告或者公安机关、人民检察院、人民法院在办理案件过程中发现未成年人的父母或者其他监护人存在上述情形的,应当予以训诫,并可以责令其接受家庭教育指导。"

未成年人保护工作,其工作职责中包括"指导、帮助和监督未成年的父母或者其他监护人依法履行监护职责";"协助政府有关部门监督未成年人委托照护情况"。

这与《民法总则》《民法典》的规定有一定差异。依照《民法典》的规定,居民委员会、村民委员会也属于国家代位监护人的主体范围。我们认为,将居民委员会与村民委员会确立为监护监督机构,这种规定更符合当前中国基层群众自治组织的实际情况和功能属性,在操作上也更为便易高效。

2. 完善未成年监护社会监督检举、控告及强制报告制度

在社会监督问题上,立法对于监督人采用了开放的态度。"任何组织或者个人发现不利于未成年人身心健康或者侵犯未成年人合法权益的情形",都享有社会监督权利,"都有权劝阻、制止或者向公安、民政、教育等有关部门提出检举、控告"(第11条)。此处的社会监督是一项权利,而非强制性规定,主体广泛但监督效果较弱。立法还明确了监督途径:县级以上人民政府在全国开通统一的未成年人保护热线,及时受理、转介侵犯未成年人合法权益的投诉、举报;鼓励和支持社会力量以各种形式提供未成年保护方面的咨询、帮助(参见第97条)。

对于负有特定职责的单位和人员,立法还规定了强制报告义务。依据第11条第2款以及第117条的规定,"国家机关、居民委员会、村民委员会、密切接触未成年人的单位及其工作人员,在工作中发现未成年人身心健康受到侵害、疑似受到侵害或者面临其他危险情形的,应当立即向公安、民政、教育等有关部门报告";"未履行报告义务造成严重后果的,由上级主管部门或者所在单位对直接负责的主管人员和其他直接责任人员依法给予处分"。对于负有特定职责的单位或人员,进行监护监督是一项法定义务,强化了监督效果。

对于符合监护撤销条件的情形,有关主体依据法律规定可向法院申请撤销监护人资格,这是社会监督最为严厉的法律后果。撤销监护资格的相关规定,前有论述,此不赘述。

3. 完善未成年监护的司法监督和救济制度

在中国,法定代理人制度的存在使得未成年人无法独立行使诉权,在未成年人与监护人存在利益冲突的案件中,法定代理人的缺位将导致相关诉讼无法提起,未成年人依靠自己很难启动司法保护程序。2014年最高院、最高检、公安部和民政部下发《关于依法处理监护人侵害未成年人权益行为若干问题的意见》规定了有关组织和人员代为起诉的司法干预制度。为了督促有关组织和人员积极履行代为提起诉讼的职责,2020年修订的《未成年人保护法》规定检察院可以督促、支持未代为提起诉讼的相关组织和个人提起诉讼,有权对涉及公共利益的案件提起公益诉讼。这补足了未成年人在诉讼中的力量,完善监护利益冲突的处理途径,同时也是对中国司法实践中关于"诉讼监护人""儿童权益代表人""支持起诉人"的一些司法探索的立法回应。[①]

该法还规定,人民检察院作为法律监督机关,有权对涉及未成年监护的诉讼活动依法进行监督。法院有权依申请,依法对不依法履行监护职责或者严重侵犯被监护的未成年人合法权益的监护人,作出人身安全保护令或者撤销监护人资格。

(八) 细化监护人的法律责任

在未成年人"司法保护"和"法律责任"部分,对于不依法履行监护职责或者严重侵犯被监护的未成年人合法权益的监护人,立法规定人民法院可以根据有关人员或者单位的申请,依法作出人身安全保护令或者撤销监护人资格(第108条)。其居住地的居民委员会、村民委员会有权予以劝诫、制止,如果情节严重,则应及时向公安机关报告;公安机关等应当予以训诫,并可以责令其接受家庭教育指导(第118条)。

---

① 参见张雪梅:《专家解读:新修订〈未成年人保护法〉监护制度亮点解读》,搜狐网,https://www.sohu.com/a/425830651_100200276,2020年10月19日。

三、《反家庭暴力法》关于监护问题的有关规定

2015 年 12 月 27 日通过、2016 年 3 月 1 日起施行的《反家庭暴力法》是中国第一部预防和制止家庭暴力的专门法律。家庭监护是未成年监护的主要方式,家庭监护中的暴力现象也时常发生,该法的出台对家庭监护有重要的规制和指导意义。

《反家庭暴力法》要求未成年人的监护人应当以文明的方式进行家庭教育,依法履行监护和教育职责,不得对未成年人实施家庭暴力,并对家庭暴力的范畴进行了明确规定:"家庭成员之间以殴打、捆绑、残害、限制人身自由以及经常性谩骂、恐吓等方式实施的身体、精神等侵害行为"均属家庭暴力。《民法典》"婚姻家庭编"第 1042 条明确提出禁止家庭暴力,禁止家庭成员间的虐待和遗弃。2020 年 12 月 25 日最高人民法院公布的《关于适用〈中华人民共和国民法典〉婚姻家庭编的解释(一)》第 1 条指出,持续性、经常性的家庭暴力,可以认定为民法典第 1042、1079、1091 条所称的"虐待"。

《反家庭暴力法》强化了对弱势群体的特殊保护制度,要求对遭受家庭暴力的未成年人、老人、残疾人、孕期和哺乳期的妇女、重病患者给予特殊保护;建立了特殊责任主体强制报告制度,这些主体包括"学校、幼儿园、医疗机构、居民委员会、村民委员会、社会工作服务机构、救助管理机构、福利机构及其工作人员等",他们在工作中发现无民事行为能力人、限制民事行为能力人遭受或者疑似遭受家庭暴力的,应当及时向公安机关报案。

该法还规定了"告诫书"制度,并发展了"人身保护令"制度。对家庭暴力情节较轻,依法不给予治安管理处罚的,可以由公安机关对加害人出具告诫书;告诫书可以作为认定家庭暴力事实的证据。被监护人受到家庭暴力或者面临家庭暴力现实危险时,本人或由近亲属、公安机关、妇女联合会、居民委员会、村民委员会、救助管理机构代为,可以向人民法院申请人身安全保护令。

"人身保护令"制度首次在 2014 年《关于依法处理监护人侵害未成年人

权益行为若干问题的意见》中出现,本次在立法中首次得以明确并有所发展。人身保护令由人民法院以民事裁定书形式作出,根据申请内容作出一定期限内禁止被申请人殴打、威胁、骚扰、跟踪申请人或者禁止被申请人与申请人在一定范围内的接触或活动的裁定。① 中国立法规定的具体命令措施包括:禁止被申请人实施家庭暴力;禁止被申请人骚扰、跟踪、接触申请人及其相关近亲属;责令被申请人迁出申请人住所;保护申请人人身安全的其他措施(第29条)。人身安全保护令在性质上属于民事强制措施,当事人因受到强制、威吓等原因无法申请的,其近亲属可以代为申请。人身安全保护令以书面申请为原则,口头申请为例外;申请条件包括有明确的被申请人、有具体的请求以及当事人遭受家庭暴力或者面临家庭暴力的现实危险。人身保护令有普通人身安全保护令与紧急人身安全保护令之分,前者在申请后72小时内作出,后者在申请后24小时内作出。

已有地方立法结合实践需要,对该法中"人身保护令"制度适用规则进行了尝试立法。例如,2020年4月发布的《成都市中级人民法院人身安全保护令适用规则(试行)》,从申请主体、申请条件、申请方式、证据提交等多个方面,规范人身安全保护令案件的审理,细化对人身安全保护令裁定的措施,并明确了裁定文书的模板规范,使得基层法院的司法操作更为明晰,当事人维权也更为便捷。②

四、《预防未成年人犯罪法》关于监护职责的相关规定

未成年人的身心健康发展,是一项社会性的系统工程,只有家庭的呵护与关爱是不够的,特定情形还需要来自政府、社会力量的参与、分担与帮助。未

---

① 参见赵晋虎、周玉旺:《人身安全保护令的法律适用》,中国法院网,https://www.chinacourt.org/article/detail/2016/03/id/1818516.shtml,2016年3月9日。

② 参见杜玉全:《反家庭暴力成都"人身安全保护令适用规则"即日起实施》,四川发布,https://baijiahao.baidu.com/s? id=1665186500329372844&wfr=spider&for=pc。

成年人犯罪预防尤其如此。近些年来,未成年人犯罪呈现低龄化、成人化、暴力化的倾向,严重挑战道德伦理与法治底线。不少未成年人恶性犯罪事件背后,都存在家庭监护的缺失,也有国家对家庭监护干预力量的乏力。

2020年12月26日,十三届全国人大常委会第二十四次会议通过了新修订的《预防未成年人犯罪法》,于2021年6月1日起生效施行。修订后的《预防未成年人犯罪法》分为总则、预防犯罪的教育、对不良行为的干预、对严重不良行为的矫治、对重新犯罪的预防、法律责任和附则等部分,明确了预防未成年人违法犯罪中应遵守和贯彻的教育和保护相结合原则,预防为主、提前干预原则和分级预防、干预和矫治原则等基本原则,以及政府组织下综合治理、专门学校和专门教育指导委员会等专门教育措施发挥独特作用、公检法司等机关和群团组织及社会组织等社会力量充分发挥作用的综合预防机制。① 该法中也有大量内容涉及父母或其他监护人在预防未成年人犯罪中的职责以及国家相应的帮扶或干预措施,主要规定如下:

1. 明确监护人对未成年人负有培育、教育、引导和劝诫监护职责。据该法第16条规定,父母或其他监护人对未成年人的预防犯罪教育负有直接责任,应树立优良家风,培养未成年人良好品行;发现其心理或者行为异常的,应当及时教育、引导和劝诫,不得拒绝或者怠于履行监护职责。

2. 强化监护人、学校和社会对未成年人不良行为的综合干预。根据第29—37条的规定,父母或者其他监护人发现未成年人有不良行为的,应当及时制止并加强管教;公安机关、居(村)委会发现本辖区内未成年人有不良行为的,应当及时制止,并督促其监护人依法履行监护职责;学校对有不良行为的未成年人应加强管理,可采取相应的教育管理措施;学校和家庭应当建立家校合作机制,学校应履行告知义务,监护人接到通知后应当支持、配合学校进行管理教育;未成年人旷课、逃学的,学校应当及时联系其监护人,无正当理由

---

① 参见《预防未成年人犯罪法修订10要点全梳理》,https://www.thepaper.cn/newsDetail_forward_10601443,2020年12月30日。

的,学校和监护人应当履行督促其返校学习的义务;监护人、所在的寄宿学校对无故夜不归宿、离家出走者,应当及时查找,必要时向公安机关报告;父母或者其他监护人、学校发现未成年人组织或者参加实施不良行为的团伙,应当及时制止,发现该团伙有违法犯罪嫌疑的,应当立即向公安机关报告。

3. 明确监护人在对未成年人严重不良行为的干预制止中负有相关义务。根据第39—43条的相关规定,监护人、学校、居(村)委会发现有人教唆、胁迫、引诱未成年人实施严重不良行为的,应当立即向公安机关报告。公安机关应当及时依法查处,并应对受到人身安全威胁的未成年人立即采取有效保护措施。

公安机关接到举报或者发现未成年人有严重不良行为的,应当及时制止,并可采取矫治教育措施,对此,未成年人的父母或者其他监护人应当积极配合,不得妨碍阻挠或者放任不管。

4. 明确了父母或其他监护人和学校可申请将有严重不良行为的未成年人送入专门学校的问题。即父母或其他监护人、所在学校无力管教或者管教无效的,可以向教育行政部门提出申请,经专门教育指导委员会评估同意后送入专门学校接受专门教育,进一步加大了国家对未成年监护工作的指导、帮扶与干预。

5. 明确了父母或其他监护人在未成年人重新犯罪预防中的责任。根据第56—57条的规定,父母或其他监护人应按时接回刑满释放的未成年人,未成年犯管教所负有协助落实安置帮教措施的法定义务;没有父母或其他监护人或无法查明的,未成年人原户籍所在地或者居住地的司法行政部门安排人员按时将其接回,并由民政部门或者居(村)委会依法对其进行监护。同时,父母或其他监护人和学校、居(村)委会对接受社区矫正、刑满释放的未成年人,应当采取有效的帮教措施,协助司法机关以及有关部门做好安置帮教工作。居(村)委会可以聘请思想品德优秀、作风正派,热心未成年人工作的离退休人员、志愿者或其他人员协助做好安置帮教工作。

另外,该法还细化和完善了对于未成年人严重不良行为的教育矫治措施,如增加了公安机关可以采取的9种矫治教育措施(第41条),从招生对象、招生程序和专门学校的设置等方面完善了专门教育措施(第46—48条)等。

五、《刑法修正案(十一)》对于监护人等特定职责人员性侵女性未成年人的刑法规制

近些年儿童性侵案件频发,尤其是监护人、教师等"熟人"性侵未成年人的惨痛案例更是强烈冲击着人们的道德神经。此类性侵行为隐藏性更大,持续时间更长,危害后果更为严重。对此,社会上要求对儿童性侵犯罪实行零容忍,严加惩处监护人、收养人、看护人、教师、医生等负有特定职责的"熟人"性侵未成年人的行为,将之纳入刑法规制,追究刑事责任的呼吁越来越高。

2020年6月,刑法修正案(十一)草案提请十三届全国人大常委会第二十次会议审议,2020年10月21日全国人大常委会公布《中华人民共和国刑法修正案(十一)(草案二次审议稿)》,向社会征求意见。2020年12月26日,中华人民共和国第十三届全国人民代表大会常务委员会第二十四次会议通过《中华人民共和国刑法修正案(十一)》,自2021年3月1日起施行。该修正案中明确规定了监护、收养等特定职责人员性侵犯罪的刑事责任:"对已满十四周岁不满十六周岁的未成年女性负有监护、收养、看护、教育、医疗等特殊职责的人员,与该未成年女性发生性关系的,处三年以下有期徒刑;情节恶劣的,处三年以上十年以下有期徒刑。""有前款行为,同时又构成本法第二百三十六条规定之罪的,依照该规定定罪处罚。"该规定针对已满14周岁不满16周岁的未成年女性的监护人的性侵行为新设了特殊职责人员性侵犯罪,体现了国家在特定职责领域对未成年人性权利保障制度的进一步完善,意义重大。

第三节　中国成年监护制度发展历程

从历史角度考察,中国监护制度经历了被宗法家族照管制度所吸纳的古

代时期、脱离亲权独立存在的近代时期、新中国成立至 20 世纪末制度体系初步确立以及 21 世纪制度迅速发展四个阶段。

一、中国古代成年监护制度：被宗法家族照管制度所吸纳

中国数千年的历史发展中，儒家思想一直占据主导地位，君臣父子的伦理纲常和宗法治理结构较为稳固，封建宗主意识浓厚，家族内部等级制度森严，家长拥有一切事务的最终决定权，族内的未成年人、精神病人及其他各类无民事行为人或限制民事行为人接受家长的照顾，所有事务由家长处理。在这样的社会控制和治理模式下，人们私法意识淡薄，也不享有独立的自决权，财产和人身等事务完全被宗法家族内部伦理照管制度所吸纳，监护制度诞生所需要的社会土壤和内在驱动力缺乏，其存在的功能和价值成为空谈。

至清朝初期，一种类似于现代监护制度的"托孤"制度出现。[①]"托孤"仅以未成年人为适用对象，但已可窥见监护制度的雏形，即面对因种种原因造成个体尤其是年幼者无法接受家长照顾保护的客观情形，或基于家族传承或基于道德怜悯，亲属或乡邻代为照顾无亲无故的幼年人。但在当时的国家律令、学术论著中都没有出现"监护"这一法律术语和称谓。

二、近代中国成年监护制度：制度初步创建

"监护"一词在中国属于舶来品。1840 年鸦片战争之后，中国兴起了向西方学习的热潮，一系列改革相继开始。1901 年开始，中国近代史上出现了大规模的立法改革，主要以大陆法系国家的立法例为参照和借鉴。1911 年《大清民律草案》即在效仿日本民法典的基础上起草完成，在亲属编专章规定监护制度，明确了禁治产与准禁治产宣告制度，要求对前者必须设置监护人，对

---

① "托孤，由父母为其子孙而选任受托人，他人不得干预。选任受托人时，择吉日，设席邀请亲朋，祷告神明，立托孤字据数份，分给亲朋，以防他日弊病，惟亦有不通告亲朋者。"参见史尚宽：《亲属法论》，中国政法大学出版社 2000 年版，第 623 页。

后者必须设置保佐人,分别对他们的人身权益和财产权益进行监督和保护,并设置亲属会议作为监督机关。① 这些规定以大陆法系民事立法体系为蓝本,汲取当时先进的监护制度体系,为无民事行为能力或限制民事行为能力状态的成年人提供监护制度安排,突破了长期占据主流地位的宗法家族主义的羁绊,对中国后来监护制度的构建影响深远。该《草案》虽然最终随着清王朝的颠覆无疾而终,但毕竟是中国法制史上监护制度的首次亮相,具有里程碑式的意义。

中华民国创立后,国民党政府积极推动法制建设,第二次民律草案于1925 年完成,《亲属法》在 1928 年着手起草,《中华民国民法》亲属编最终于1930 年 12 月公布。作为中国历史上第一部民法典,该法在此编中专设了"监护"一节,共有 23 条,初步构建了较为完整的监护制度体系,明确了无亲权保护的未成年监护制度和无行为能力的成年监护制度即禁治产人制度,并将亲权与监护制度相区分。② 但该法没有提及准禁治产人和保佐制度。上述内容被中国台湾地区所沿用。

三、新中国成立后至 20 世纪末:制度体系初步确立

1949 年新中国成立后,诸多原因导致了法制进展缓慢,甚至有所退步,民法领域尤为明显。由于国民政府的法制体系被废除,监护制度也被一并废止,对当时社会上监护需求的满足并没有明确的法律依据,只能借助民事政策和司法意见,依靠社会传统伦理和道德舆论的约束来实施。民法发展处于低迷时期,监护制度作为民法的一部分也停滞不前,民法典草案在当时的几次修改中都缺少监护制度的规定。1950 年和 1980 年两部《婚姻法》虽然在亲子关系和亲属扶养关系中涉及监护的些许零散内容,但并没有出现"监护"这一法律

---

① 参见余延满:《亲属法原论》,法律出版社 2007 年版,第 497 页。

② 《大清民律草案》第 13 条规定:"未成年人无父母或父母均不能行使、负担对于未成年子女之权利义务时,应设置监护人,禁治产人应设置监护人。"

术语。

1986 年颁布的《民法通则》在中国法律中首次使用"监护"一词,并在第二章"公民"第二节专门设置了监护内容,在第二章第一节规定了行为能力宣告制度作为监护设立的前提,在第四章"代理"和第六章"民事责任"中有相关条款涉及监护的规定。这是新中国成立以来监护制度所取得的历史性进展。

《民法通则》第 16—19 条分别规定了未成年人的监护人、精神病人的监护人、监护人的职责权利与民事责任、精神病人民事行为能力的宣告四项内容。1988 年最高法院下发《民法通则意见》中对监护制度的司法适用进行统一明确的规定和指引,内容较为丰富,为司法实践中监护问题的解决提供明确统一的制度保障。

与同时期国际社会监护制度改革的步伐而言,中国《民法通则》在内容上仍有明显的不足,伴随国际人权运动的迅猛发展和老龄化社会所带来的严峻社会问题,《民法通则》所确立的监护制度缺憾日益明显,大幅度的制度改革势在必行。

四、21 世纪以来：制度飞跃发展

21 世纪以来,伴随 2007 年联合国《残疾人权利公约》的出台,尊重身心障碍者残存意志和自决权、实现最小干预和维持正常生活成为新的成年现代监护理念。中国作为成员国,积极践行条约义务,修改《残疾人保障法》,从人权视角积极采取措施推动身心障碍者平等参与社会生活,共享社会改革成果,为中国成年监护制度理念的革新奠定了基础。

2012 年 10 月十一届全国人大常委会第二十九次会议通过的《精神卫生法》(2018 年修正)明确规定,全社会应当尊重、理解、关爱精神障碍患者;任何组织或者个人不得歧视、侮辱、虐待精神障碍患者,不得非法限制精神障碍患者的人身自由。该法侧重对精神障碍患者的意愿尊重和权利保障,最大的亮点是确立了"自愿治疗"原则,就精神障碍者非自愿治疗的程序进行了规范,明确了监护人在其中的地位与作用,规定监护人在精神障碍者预防和治疗过程的具体权利与职责,对精神障碍患者的监护规定取得立法重大突破。

2012 年修订的《老年人权益保障法》首次规定了老年人意定监护制度,并明确了意定监护优先于法定监护。据此,中国民事法律体系中增加了意定监护制度种类,实现了中国监护制度发展史上的跨越式发展。意定监护制度体现了中国监护立法对老年人自主人格和独立意志的尊重,也为解决中国老龄化社会面临的社会问题贡献了一份力量。但遗憾的是,该法中的意定监护制度无法适用于所有具有意定监护需求的成年人,而只适用于年满 60 周岁的老年人,适用范围明显过窄。并且,该法也没有关于意定监护协议的规范化和监护监督程序等问题的规定。

进入 21 世纪后,中国民法典编纂工作继续推进并取得显著进展。2001年九届全国人大常委会组织起草了《民法典(草案)》。党的十八大以来,全面依法治国进一步推进,2016 年开始全国人大常委会再次加快开展编纂民法典和制定民法总则的工作。2017 年 3 月十二届全国人大五次会议通过的《民法总则》对监护问题进行了较大修改和完善,在第二章"自然人"中第二节专节设立"监护"制度。从整体来看,《民法总则》扩大了成年监护制度的适用对象,建立了以家庭监护为基础、社会监护为补充、国家监护为兜底的监护制度体系,并就监护人的确定、监护职责的履行、监护的撤销等制度作出明确规定。①

2020 年 5 月十三届全国人大三次会议通过的《民法典》除了个别条款(第34 条增加一款作为第 4 款,内容涉及突发事件等紧急情况下的临时监护措施)、个别措辞以及标点符号的细微变动外,基本上全面吸纳了《民法总则》的规定。2021 年 1 月 1 日《民法典》生效之日,即为《民法总则》失效之时。

---

① 参见李建国:《关于〈中华人民共和国民法总则(草案)〉的说明》,中国人大网,http://www.npc.gov.cn/npc/xinwen/2017-03/09/content_2013899.htm,2017 年 3 月 1 日。

第四节　中国现行成年监护制度内容

中国成年监护制度内容,包括监护理念、监护种类、监护人职责权限及法律责任、监护撤销与恢复、监护终止等内容。除了成年人法定监护与意定监护之外,《民法典》中关于监护制度的规定在适用规则上可以同时适用于成年人和未成年人,故而与未成年监护内容具有高度重合的部分,在此不再展开论述。另外,《老年人权益保障法》《反家庭暴力法》《精神卫生法》中相关规定也会同时有所论及。

一、监护理念

(一)最有利于被监护人原则

在监护制度中,与被监护人合法利益关联最为密切的环节有两个:一是被监护人的选任,二是监护职责的履行。为避免不适格的监护人利用被监护人身心客观障碍无能力独立处理民事行为的劣势,不认真履行监护职责,甚或随意侵害成年被监护人的人身或财产,最有利于被监护人理念和原则的确立就非常必要。国际社会大多都规定了该原则。"最有利于被监护人"要求监护的全过程以保护被监护人利益最大化为核心,监护人的选任首先考虑能够最大程度保护被监护人的合法利益;监护人履行监护职责,处理被监护人事务也同样必须以符合被监护人最大利益为思维视角,尤其要尊重被监护人对生活的想法和自主决定的意思。

《民法典》第31、35、36条都体现了该理念,如,"按照最有利于被监护人的原则在依法具有监护资格的人中指定监护人""监护人应当按照最有利于被监护人的原则履行监护职责""撤销其监护人资格,安排必要的临时监护措施,并按照最有利于被监护人的原则依法指定监护人"。即指定监护人的选任、监护职责的履行、临时监护人的指定都必须遵循最有利于被监护人原则。

（二）尊重被监护人意愿

中国传统成年监护制度以"他治"为特征,监护人的选任和监护事务的处理原则上以监护人的意思为主,被监护人的现有意志被否认或忽视。如《民法通则意见》第14条曾规定指定监护人时,应视情况征求被监护人的意见,但"视情况"这一前提设置隐含了一般不会被征求意见,即便征求了意见也未必予以尊重和实现。《民法典》第30、31、33条确立了尊重被监护人意愿理念。这要求在监护人选任时(包括协议监护的监护人的产生以及指定产生监护时),应尊重被监护人的真实意愿(第31条)。同时,监护职责的履行中要求应"最大程度地"尊重成年被监护人的意愿,"成年人的监护人履行监护职责,应当最大程度地尊重被监护人的真实意愿,保障并协助被监护人实施与其智力、精神健康状况相适应的民事法律行为。对被监护人有能力独立处理的事务,监护人不得干涉"(第35条)。

立法还明确了适用于所有成年人的意定监护制度,"具有完全民事行为能力的成年人,可以与其近亲属、其他愿意担任监护人的个人或者组织事先协商,以书面形式确定自己的监护人,在自己丧失或者部分丧失民事行为能力时,由该监护人履行监护职责"(第33条)。这一规定充分尊重成年人对个人未来监护事务的提前安排,积极适应老龄化社会的监护需求。

二、成年监护制度适用对象

从发达国家和地区的监护理论和立法实践看,所谓成年监护,是指年满18周岁的成年人,因年老、疾病或其他原因出现智力障碍、精神障碍或身体障碍等情形导致不能辨认或不能完全辨认自己的行为,从而需要他人对其人身、财产及其他合法权益进行保护的制度。[1] 在2017年《民法总则》出台之前,

---

① 参见孟强:《民法总则中的成年监护制度之完善》,《法学家》2016年第1期。

中国并没有确立真正意义上的成年监护制度,因为《民法通则》第 17 条只将成年监护对象限定为"无民事行为能力或者限制民事行为能力的精神病人",随后的司法解释扩张至痴呆症人,不能适用于所有具有监护需求的成年人。修订后的《老年人权益保障法》设立了老年人意定监护制度,但适用主体仅限于年满 60 周岁的老年人,无法满足其他成年人客观存在的意定监护需求。

《民法典》为充分发挥监护制度的功能,将意定监护制度适用范围扩展到所有成年人,即所有成年人都可以未雨绸缪,在自己具有完全民事行为能力时提前通过书面协议为自己选任未来的监护人。在成年人法定监护方面,依据《民法典》第 17、28 条的规定,所有年满 18 周岁的成年人出现无民事行为能力或限制民事行为能力状态时,可以依据法律规定直接确定监护人,突破了《民法通则》仅将成年精神病人、痴呆症人作为监护对象的狭隘规定,扩大了成年法定监护制度所保护的对象范围。从立法规定的表象来看,涵盖了包括精神病人、痴呆症人在内的所有丧失或者部分丧失民事行为能力的成年人。但是,从该法关于行为能力的认定以是否丧失或未完全丧失"辨认能力"为标准的立法规定来看,以及第 24 条关于被监护人能力恢复认定的规定来看,成年监护制度的适用对象仍是以"智力""精神"两大要素来判断自然人民事行为能力欠缺状态。

三、成年监护制度种类

此处的监护类型既包括依据监护人产生方式而形成的类型,也包括依据监护人产生的时机不同而形成的分类。依据《民法典》第 33、28、30、31、32、29 条的规定,成年监护种类从产生方式看有法定监护、意定监护、指定监护、协议监护、遗嘱监护共五种类型,另有与家庭监护相对应的国家监护及临时监护。其中遗嘱监护主要适用于未成年人,对成年人并不具有普遍适用性;指定监护、协议监护、临时监护和国家监护同时适用于成年人与未成年人。

（一）成年法定监护

所谓成年法定监护,是指行为能力欠缺的成年人的监护人由法律规定直接产生的监护类型,其实是法律对监护人的范围和顺位进行规定,主要目的在于防止具有监护资格的人之间互相推诿责任,明确在无争议情形下,由规定范围内的当事人依照顺位规则自动担任监护人职责。

依据法律规定,成年法定监护人范围和顺位依次是:配偶;父母、子女;其他近亲属;其他愿意担任监护人,且经被监护人住所地的居民委员会、村民委员会或者民政部门同意的个人或者组织。这一法定顺序原则上还是基于亲疏远近关系来确定,但新增了"组织"这一监护人主体,突破了中国重视亲属监护轻视社会监护的传统,体现出对社会力量的吸纳态度,符合成年监护制度日益社会化的特征,也与国际社会成年监护的通常做法保持一致。

至于法定顺序是否允许改变的问题,根据指定监护时要遵循"被监护人真实意愿"以及"最有利于被监护人"原则,法定顺位规则应当弱化。依据《民法典》第30、31条的规定以及立法者的阐释,监护人选发生争议时,先进行协商,协商不成,则由相关主体按照最有利于被监护人的原则指定监护人,不受法定顺序的限制,但仍可作为依据。①

至于监护人的范围,体现了亲属监护优先的传统伦理观念,也符合被监护人的情感需求。该条用了一个弹性的表达即"其他个人和组织",实质上确立了一个开放的监护人选任范围,但受制于被监护人意志和最有利于监护人原则的限制。

（二）成年意定监护

所谓成年意定监护制度,是指具有完全行为能力的成年人,依其意愿通过

---

① 参见张荣顺:《中华人民共和国民法总则解读》,中国法制出版社 2017 年版,第 83—84 页。

委托协议选任监护人,当其行为能力出现欠缺时,由监护人依协议约定履行相应监护职责的监护制度。意定监护制度适用于成年人尤其是老年人,是欧美国家在 20 世纪 50 年代为应对老龄化社会而作出的制度创新。意定监护制度创设的目的,是让本人在能力健全时通过法律行为提前规划今后事宜,当其事后因疾病、衰老或其他身心障碍情形不能独立处理个人事务时,则由监护人通过对被授权监护事务的处理,对其行为能力进行补充、辅助或保护,协助其正常参与社会。该制度否定外部不顾本人个体需求的强制性干预,反对无视本人仍存有的独立意志所进行的替代性安排,既充分尊重了成年人包括老年人的自我决定权,又补足了其能力不足不能正常融入社会的缺憾状态,与现代人权理念高度契合,备受各国青睐。如英、美、澳、新西兰的持续性代理权授予制度、日本的任意后见制度、德国以预防性代理权为核心的成年照顾制度等①,都是意定监护制度的具体实践。

中国 2012 年修订的《老年人权益保障法》首次规定了老年人意定监护制度,实现了中国成年监护制度的突破。依据该法规定,年满 60 周岁者为老年人;具备完全民事行为能力的老年人可以与愿意承担监护责任的个人或组织进行协商,提前确定自己的监护人,并授权监护权限,选定的监护人在其行为能力丧失或者部分丧失时开始依法承担监护责任,即意定监护协议启动。但该规定适用对象仅限于年满 60 周岁的老年人,将其他具有意定监护需求的成年人排除在外。

《民法总则》顺应世界立法潮流,将意定监护制度的适用者扩展到所有的成年人,是意思自治原则在监护领域的生动体现,不仅是立法对中国老龄化社会所带来的机遇与挑战的积极回应,也与国际社会成年监护制度改革趋势保持了一致。

《民法典》中完整保留了该制度内容。根据规定可以看出,中国意定监护

---

① 参见李霞:《意定监护制度论纲》,《法学》2011 年第 4 期。

制度适用者即意定监护协议的委托人必须是具有完全民事行为能力的成年人;监护人即意定监护协议受托人的范围,是委托人的近亲属或其他愿意担任监护的个人或组织。一般而言,双方应该具有一定的信赖关系。意定监护协议由双方充分协商,就监护事项达成一致意见,属于双方法律行为,且必须采取书面形式。意定监护协议在成年人丧失或部分丧失民事行为能力时启动实施。也就是说,丧失或部分丧失民事行为能力为意定监护启动的实质条件。关于意定监护协议和监护监督的必要规范,需要进一步明确。

(三)指定监护

指定监护是指有法定监护资格的人之间对担任监护人有争议时,由有关组织指定监护人的情形。根据《民法典》第31条规定,"对监护人的确定有争议的,由被监护人住所地的居民委员会、村民委员会或者民政部门指定监护人",上述组织"应当尊重被监护人的真实意愿,按照最有利于被监护人的原则在依法具有监护资格的人中指定监护人"。所以,严格来讲,指定监护并非独立监护类型,而是法定监护的延伸,既可适用于成年人也可适用于未成年人。

依据法律规定,有权指定监护的主体包括被监护人住所地的居民委员会、村民委员会或者民政部门,制度设计较之《民法通则》有较大的变化:(1)删除未成年人父母所在单位的指定权,增加民政部门有权指定监护。(2)确立了指定监护应当遵循最有利于被监护人原则。(3)删除将对有关单位的指定不服作为向法院申请变更指定的前置程序,争议主体可以不经过有关组织的指定而直接向法院申请指定监护人,大大简化了监护人指定程序。

另外,依据第36条的规定,指定监护还会发生在被监护人依法被撤销监护资格时,需要法院按照最有利于被监护人的原则依法另行指定临时监护人。

(四)协议监护

协议监护是具有监护资格的监护人之间协商一致,推选出由何人或者由哪几人担任监护人一职。《民法典》第 30 条对此有明确规定,并要求"协议确定监护人应当尊重被监护人的真实意愿"①。

《民法典》在重申《民法通则》中协议监护的同时,明确了应当尊重被监护人意愿理念,符合现代监护制度的基本精神。协议监护为解决法定监护中具有监护资格的监护人之间监护争议提供了解决方案,可以尽快确定监护人,避免争夺监护权或者相互推诿,并与指定监护紧密衔接。如果能妥善协商达成一致结论,则监护人顺利选出;如果没能达成协议产生争议,则应提请有关组织指定监护人,且并不必然受原来适格的监护人法定顺位的影响,而是依照最有利于被监护人原则确定。协议监护的使用规则对于成年被监护人和未成年被监护人并无差异。

(五)遗嘱监护

遗嘱监护,是由原本具有监护权的人通过遗嘱为被监护人选定新的监护人,通常理解为父母基于未成年被监护人的最大利益而为之。但《民法典》第 29 条的法条位置处于第 27 条未成年监护和第 28 条成年监护之后,在用语上"被监护人"也没有限于未成年人范畴内,以文义解释方法看,成年被监护人也可适用遗嘱监护,但不属于通常情形。

通过探究相关立法背景资料可以看出,《民法典》一稿和二稿原本将遗嘱监护只适用于未成年人,但调研中有意见认为成年人在现实生活中也存在需要父母通过遗嘱为其指定监护人的情形和客观需求,这一主张被采纳。② 因此,中国遗嘱监护也可适用于成年监护,但只有在特定情况下才会发生,如成年被监护人没有第 28 条所规定的其他监护人时,其担任监护人的父母通过遗嘱为其指定其他人在自己身故后担任子女的监护人。

---

① 《中华人民共和国民法典》第 30 条:"依法具有监护资格的人之间可以协议确定监护人。协议确定监护人应当尊重被监护人的真实意愿。"

② 参见张荣顺:《中华人民共和国民法总则解读》,中国法制出版社 2017 年版,第 89 页。

（六）临时监护

作为兜底性监护类型,民政部门应当依法对未成年人和成年人进行临时监护的情形通常发生于监护人因各种原因暂时或短期缺位,以及监护人的行为对被监护人的合法权益造成比较紧迫的伤害,监护人的合法权益得不到及时、安全保障的情形。《民法典》对临时监护措施的适用规定了三种情形:(1)当法定监护人的选任有争议而需要有关组织指定监护人时,在指定监护人被确认之前的监护空白期需要提供临时监护措施(第31条第3款)。(2)因发生突发事件等紧急情况,监护人暂时无法履行监护职责,被监护人的生活处于无人照料状态时,有关部门应当为被监护人安排必要的临时生活照料措施(第34条第4款)。(3)监护人实施严重损害被监护人身心健康的行为;怠于履行监护职责,或者无法履行监护职责且拒绝将监护职责部分或者全部委托给他人,导致被监护人处于危困状态;实施严重侵害被监护人合法权益的其他行为等被依法撤销监护资格的,应为被监护人安排临时监护措施,并为其指定监护人(第36条第1款)。

依据《民法典》第31条规定,临时监护人由被监护人住所地的居民委员会、村民委员会、法律规定的有关组织或者民政部门担任。本处对"法律规定的有关组织"缺乏进一步说明。① 同时,由于可以担任临时监护人的主体选择项较多,按照"谁指定谁担任"的原则来确定临时监护人的具体选定较为合适,不仅能简化程序提高效率,也能更好地加强临时监护人与指定监护人之间有效衔接和协调。

（七）国家监护

虽然前文在未成年监护制度内容中已经论及国家监护制度,但在本节成

---

① 在《中华人民共和国民法典》第36条所涉临时监护中,立法就有权申请撤销监护权的有关组织予以明确,分别为:居民委员会、村民委员会、学校、医疗机构、妇女联合会、残疾人联合会、未成年人保护组织、民政部门等,但没有对临时监护措施的责任主体进行明确。

年人监护制度中仍需要再次强调。国家监护同样适用于成年被监护人。依据《民法典》第 32 条的规定,当被监护人没有依法具有监护资格的人的情形,如当成年被监护人没有配偶和子女,父母去世,没有其他近亲属,其他个人或组织也不愿意担任监护人时,就需要国家力量介入,为其他提供保护和支持。未成年监护中的国家监护制度在 2020 年修改的《未成年人保护法》中有重大创新发展,成年监护中的国家监护制度还存在不足之处,尚有待进一步完善。

随着社会的发展,监护不再仅仅是家庭内部问题或纯粹私法领域的问题,现代监护制度早已突破财产法领域进入人身保护领域,监护的社会属性也日益明显,公权力的适当介入对特定情形下的行为能力欠缺者承担监护职责,为被监护人提供最后保护屏障,也体现出立法对政府责任的强化。在中国社会老龄化背景下,伴随经济结构转型和家庭功能变化,成年监护中强调和完善国家监护制度,意义重大。

四、成年监护中监护人职责、权利和法律责任

(一)监护职责

《民法典》规定的成年监护中监护人职责与未成年监护职责从内容范围来看是一样的,都涉及法律行为的代理、人身和财产权利的保护以及其他合法权益的保护,高度抽象概括。鉴于未成年人和成年人身心发育的差异,《民法典》中对成年监护职责的履行作了不同的表述。[1]

1. 明确了成年监护中监护人履职原则

法律明确要求监护职责的履行应"最大程度地"尊重被监护人真实意愿,

---

[1] 《中华人民共和国民法典》第 35 条第 3 款规定:"成年人的监护人履行监护职责,应当最大程度地尊重被监护人的真实意愿,保障并协助被监护人实施与其智力、精神健康状况相适应的民事法律行为。对被监护人有能力独立处理的事务,监护人不得干涉。"

尊重其自我决定,并要求对被监护人在其现有意思能力范围内的行动给予"保障并协助",体现出对传统替代监护态度的转变,更加注重对被监护人自我意愿的尊重与保护。

2. 要求不得干涉被监护人有能力独立处理的事务

法律明确规定,监护人履行职责过程中对于被监护人有能力独立处理的事务,应尊重其自治空间,不得干涉,表明中国立法已经初步具有遵循"比例原则"的先进意识。但对于哪些属于被监护人有能力处理、被监护人不得干涉的事务范围,仍需进一步明确规定。

3. 关于监护职责的相关规定

对于监护职责,《民法典》第34条的规定较为概括,涉及代理民事法律行为、保护被监护人人身权利、财产权利以及其他合法权益等笼统规定。新修订的《未成年人保护法》和《预防未成年人犯罪法》等法律对未成年监护人的监护职责进行了细化和专门性规定,未成年监护职责制度有所发展。而成年监护中监护职责问题,尚未有系统的规定。《民法典》第26条整体明确了成年子女对父母负有赡养、扶助和保护的义务,并将成年子女纳入成年法定监护第二顺位的监护人人选。根据《民法典》分则"婚姻家庭编"的相关规定,国家明确提出对特定主体如妇女、未成年人、老年人、残疾人合法权益平等保护的鲜明立场;要求家庭成员应当敬老爱幼;夫妻有相互扶养的义务,需要扶养的一方对于不履行扶养的一方有权要求其履行给付扶养费的义务。法律同样对特定情况下的扶养、赡养加以规定,即由兄、姐扶养长大的有负担能力的弟、妹,对于缺乏劳动能力又缺乏生活来源的兄、姐,有扶养的义务;有负担能力的孙子女、外孙子女,对于子女已经死亡或者子女无力赡养的祖父母、外祖父母,有赡养的义务。这些规定对成年监护制度形成有效的补充。

另外,2018年修订的《老年人权益保障法》中也对赡养人、扶养人的义务进行了规定,当监护人身份与赡养人、扶养人身份重合时,自当遵循相关规定,依法保护老年被监护人合法权益。

（二）成年监护中监护人的权利

目前,我国《民法典》对监护人的监护权的规定较为粗疏。监护既是职责,又是一项权利,监护权利的实现有助于监护职责的落实。多数国家立法中都明确规定了监护人的报酬请求权、辞任、拒任权等问题,中国现行立法对监护权利的实质内容并无具体规定。监护事务本身的强义务性容易让人产生压力与倦怠,其本身的责任属性如果没有必要的补偿性报酬以及合理的退出机制,一定程度上会抑制监护人的履职热情,不利于被监护人合法权益的保护。

成年监护与未成年监护的重大区别,在于被监护人的经济能力的差异、监护人与被监护人之间亲疏关系的差异以及监护需求复杂性的差异。成年被监护人通常具有一定的经济能力,监护人具有亲权关系的可能性小于未成年被监护人,且监护需求更为复杂多元。所以,通常情况下,成年监护中监护人的报酬请求权、监护解除权、拒任、辞任等权利问题的规定与未成年监护中父母或其他监护人权利相比会有所差异。

（三）监护法律责任

对于监护人的法律责任,《民法典》第 34 条第 3 款规定:"监护人不履行监护职责或者侵害被监护人合法权益的,应当承担法律责任。"这是对基于监护人的监护职责没有正确、全面或有效履行而应对被监护人担负的法律义务。总括性的表达需要有更为明晰具体的规定去展示法律责任的种类和内容,《民法典》第 1169、1188、1189 条有相关规定,具体规则与未成年监护中监护人责任的内容相同,此不赘述。

另外,在前文未成年监护部分也提及《反家庭暴力法》对监护中相关法律责任的规定,如"加害人实施家庭暴力,构成违反治安管理行为的,依法给予治安管理处罚;构成犯罪的,依法追究刑事责任"。这些规定当然适用于成年监护制度中的监护人成为加害人时的情形。当事人因遭受家庭暴力或者面临家庭暴力的现实危险,有权向申请人或者被申请人居住地、家庭暴力发生地的基层人民法院申请人身安全保护令;被申请人违反人身安全保护令,构成犯罪的,依法追究刑事责任;尚不构成犯罪的,人民法院给予训诫、一千元以下罚款、十五日以下拘留等处罚。这些规定与《治安管理处罚法》中监护人相关责任相衔接。中国《刑法》第18条第1款规定,精神病人在不能辨认或者不能控制自己行为的时候造成危害后果,经法定程序鉴定确认的,不负刑事责任,但是应当责令他的家属或者监护人严加看管和医疗:在必要的时候,由政府强制医疗。

另外,成年监护权撤销与恢复以及监护关系终止问题,《民法典》相关规定同样适用于未成年人。

五、关于精神障碍患者精神卫生监护事项的专门规定

精神卫生既是全球性的重大公共卫生问题,也是较为严重的社会问题。《中华人民共和国精神卫生法》对精神障碍患者的监护人在精神障碍的预防、治疗和康复等方面的监护事项进行了规定,同时也对国家监护支持、国家干预等做了要求,为切实维护患者的财产权与人身权提供了有力的法律保障。

(一)明确精神病患者的基本权利

1. 维护精神障碍患者的合法权益是立法目的。依据该法第4、5、27条的规定,精神障碍患者的人格尊严、人身和财产安全、教育、劳动、医疗、隐私以及获得物质帮助等合法权益受法律保护;不得歧视、侮辱、虐待精神障碍患者,不得非法限制其人身自由;非经法定情形不得违背本人意志进行确定其是否患有精神障碍的医学检查。

2. 实行住院治疗自愿原则,防止"被精神病"。① 精神障碍者非在特定情形下不得被强制住院接受治疗。该特定情形即诊断结论、病情评估表明属于严重精神障碍患者并已经发生伤害自身、危害他人安全的行为,或者有伤害自身、危害他人安全的危险,不存在危险不得强制入院。

(二)精神障碍患者监护人在精神卫生事项中的监护职责与法律责任

监护既是权利又是义务。在精神卫生事项中,由于涉及作为第三方的医疗卫生机构及其工作人员,监护人的监护职责可分为对被监护人的精神卫生状况必须加以看护、协助康复、帮助办理出院入院手续等纯粹义务性职责,也包括对被监护人在涉及精神障碍治疗过程中相关事项决定权给予支持或帮助的权利性质的监护职责。

1. 监护人对患者精神卫生事项的基本监护义务

监护人应当履行监护职责,维护精神障碍患者的合法权益;禁止对精神障碍患者实施家庭暴力,禁止遗弃精神障碍患者。该法在具体监护职责上做了明确要求:监护人应当妥善看护未住院治疗的患者,按照医嘱督促其按时服药、接受随访或者治疗(第49条);应当协助患者进行生活自理能力和社会适应能力等方面的康复训练(第59条);为需要住院治疗或需要出院但没有能力办理入住、出院手续的被监护患者办理住院、出院手续等(第36、45条)。

2. 监护人对患者精神卫生事项的监护权限

依据《精神卫生法》规定,监护人对于被监护人的住院及治疗等精神卫生治疗事项有较大的权利,如特定情形下的住院医疗决定权、治疗方式决定权、

---

① 《精神卫生法》第27条:"精神障碍的诊断应当以精神健康状况为依据。除法律另有规定外,不得违背本人意志进行确定其是否患有精神障碍的医学检查。"第30条:"精神障碍的住院治疗实行自愿原则。诊断结论、病情评估表明,就诊者为严重精神障碍患者并有下列情形之一的,应当对其实施住院治疗:(一)已经发生伤害自身的行为,或者有伤害自身的危险的;(二)已经发生危害他人安全的行为,或者有危害他人安全的危险的。"

出院决定权、患者隐私知情权等。

依据第31条,监护人在特殊情况下对被监护的精神障碍患者有强制住院医疗决定权,即经诊断评估患有严重精神障碍患者已经发生伤害自身的行为,或者有伤害自身的危险的,"经其监护人同意,医疗机构应当对患者实施住院治疗;监护人不同意的,医疗机构不得对患者实施住院治疗"。此种经监护人同意而对患者实施住院医疗的,根据第44条规定,监护人还有出院决定权,可以随时要求患者出院,医疗机构应当同意。当然,医疗机构认为不宜出院的,应告知理由,对于仍然坚持出院的,应监护人应当签字确认。

根据第43条规定,监护人在特定情形下对患有精神障碍的被监护人具有治疗方式决定权,即医疗机构对精神障碍患者实施"导致人体器官丧失功能的外科手术或与精神障碍治疗有关的实验性临床医疗"等特定风险治疗措施时,如果无法取得患者关于医疗风险、替代医疗方案等情况的书面同意,则应当取得其监护人的书面同意,并经本医疗机构伦理委员会批准。

另外,第47条规定监护人还有患者信息知情权。监护人对于如实记录在病历资料中的患者的病情、治疗措施、用药情况、实施约束、隔离措施等内容有权知悉,并可以查阅、复制该病历资料。

3. 监护人相关法律责任

依据该法第78—81条之规定,监护人应当承担法律责任的情形主要有:将非精神障碍患者故意作为精神障碍患者送入医疗机构的、监护人遗弃患者,或者有不履行监护职责的其他情形的,歧视、侮辱、虐待精神障碍患者,侵害患者的人格尊严、人身安全的,非法限制精神障碍患者人身自由的,以及其他侵害精神障碍患者合法权益的情形,应依法承担赔偿责任;监护人对患者被医学诊断结论表明应当接受住院治疗的情形予以拒绝,致使患者造成他人人身、财产损害的,监护人依法承担民事责任;在精神障碍诊断、治疗、鉴定过程中,寻衅滋事、予以阻挠的,依法给予治安管理处罚,构成犯罪的,依法追究刑事责任。

（三）国家相关帮助、支持措施

《精神卫生法》明确规定精神卫生工作实行政府组织领导、部门各负其责、家庭和单位尽力尽责、全社会共同参与的综合管理机制,并就相关帮扶、救助措施进行了规定。如在政府相关部门的帮助支持方面,要求民政部门会同有关部门及时将符合城乡最低生活保障条件的严重精神障碍患者纳入最低生活保障;民政部门对"属于农村五保供养对象的严重精神障碍患者,以及城市中无劳动能力、无生活来源且无法定赡养、抚养、扶养义务人,或者其法定赡养、抚养、扶养义务人无赡养、抚养、扶养能力的严重精神障碍患者",予以供养、救助;其他严重精神障碍患者确有困难的,民政部门可以采取临时救助等措施,帮助其解决生活困难。对于查找不到监护人的流浪乞讨患者,由送诊的有关部门办理住院手续;精神障碍患者的医疗费用按照国家有关社会保险的规定由基本医疗保险基金支付;公安机关采取措施,协助医疗机构对被监护人阻碍住院治疗或者擅自脱离住院治疗的患者实施住院治疗;县级以上人民政府及其有关部门、医疗机构、康复机构应当采取措施,加强对精神卫生工作人员的职业保护。

在社会力量的发动方面,要求村民委员会、居民委员会当为生活困难的患者家庭提供帮助,并向政府有关部门反映情况和要求,帮助其解决实际困难;村民委员会、居民委员会及患者所在单位等还应依患者或者其监护人的请求,对监护人看护患者提供必要的帮助;用人单位等应安排患者从事力所能及的工作、参加必要的职业技能培训等。

第四章　中国监护制度的不足

第一节　中国未成年监护制度的不足

《民法总则》《民法典》在立法时汲取了未成年监护的最新研究成果,确立了未成年人最大利益原则以及尊重未成年人自决权即尊重未成年人真实意愿理念,区分了父母监护及其他主体的监护,强调了政府和社会组织在未成年监护中的作用。随后 2020 年修订的《未成年人保护法》进一步完善发展了未成年监护制度,细化了家庭监护的各项职责内容,明确了国家对家庭监护进行指导、支持、帮助和监督的责任,完善了委托照护和临时监护、长期监护制度,拓展充实了监护支持、监督、干预的具体规定,构建了"以家庭监护为主,以监护支持、监督和干预为保障,以国家监护为兜底"的未成年监护制度体系①,进步意义毋庸置疑。但整体来看,中国未成年监护制度仍有令人抱憾之处,监护人资格缺乏必要限制、财产监护职责有待进一步完善、监护权利不明晰、监护监督措施仍有不足等问题仍有待进一步解决。

一、对监护人选任资格缺乏必要限制

目前中国监护法律关系规范性不足,相关立法对未成年监护中监护人的

---

① 参见张雪梅:《新修订〈未成年人保护法〉监护制度亮点解读》,https://www.sohu.com/a/425830651_100200276,2020 年 10 月 19 日。

选任还存在不完善之处,不利于贯彻未成年人最大利益原则。

监护人承担着照管被监护人的重要责任,具备何种条件方能成为监护人,关涉未成年人能否健康成长以及监护制度目的是否能够顺利实现。《民法总则》《民法典》对监护人应具备的条件没有明确规定,只是在第 27 条中笼统规定"有监护能力"。《民法通则意见》对该问题有所涉及,规定从"监护人的身体健康状况、经济条件以及与被监护人生活上的联系状况"等方面对监护人的监护能力进行判断。但是,该规定未将监护人的文化教育水平、德行操守、监护人与被监护人之间固有情感、具备一定认知能力的被监护人本人对监护人监护的认同以及相应范围内的亲属朋友、社区邻居的认同等因素纳入对监护能力的判定条件之中,使得对监护人监护能力的判断不全面,可能造成所选择的监护人并不利于未成年人最大利益的情形。

2020 年新修订的《未成年人保护法》虽然细化了父母或其他监护人的监护职责,明确了委托照护中被委托人的资格,但仍然没有规定父母或其他监护人的资格问题。基于客观事实,天下的父母并不必然都是合格、称职的父母。现实生活中,一些年轻夫妻没有受过必要的岗前培训,缺乏现代婚姻家庭观念和夫妻和睦相处的策略,生育后对子女"生而不养、养而不教或教而不当"的情形并不少见,监护失当、监护懈怠、监护缺位等问题也屡见不鲜;而继父母、养父母对继子女、养子女的监护中也时常暴露一些问题。父母之外的其他自然人、组织监护中监护人的资格要求同样应该给予慎重的综合考虑,以体现和落实未成年人最大利益原则。

二、财产监护职责有待进行必要限制

《民法总则》《民法典》对监护人的监护职责并无详细的规定,从法条表述来看可简单归纳为三个方面:代理法律行为、保护财产权益、保护人身及其他合法权益。这既不同于英美法系的简洁明晰,更不同于大陆法系的详尽罗列,而是采用了高度概括空泛的立法方式,操作性不强,不能对监护职责的履行提供明确的规范与指引。虽然修订后的《未成年人保护法》一定程度上弥补了上述缺憾,对父母或其他监护人的监护职责明确罗列了应当履行的9项职责内容和不得实施的11项行为,为监护人更好地履行职责提供了指引,也利于防止监护权的滥用。但这些规定仍有空泛性的特征,缺乏具体的行为指引。如在财务事务的监护上,虽然修订后的《未成年人保护法》明确提出了监护人应当"妥善管理和保护未成年的财产",但并没有从根本上改变中国在未成年监护问题上一直存在的轻视财产事务的问题①,缺乏对监护人财产监护权的进一步限制性规定。

长期以来,在未成年人财产事务的监护上,中国立法一直不够重视,其原因大致有二:一是未成年人的财产相对较少,没有专门规定的必要;二是忽视了未成年人的独立人格。随着经济的发展,伴随未成年人的财产相较丰富以及个体权利意识的强化,这种情况需要改变。从立法内容看,《民法总则》《民法典》规定"除为维护被监护人利益外,不得处分被监护人的财产",并不具有操作性。并且,财产管理本身也不仅涉及财产处分问题,而是一个综合性问题。比较而言,许多国家均规定监护人有权对未成年人财产进行管理和处分,但在特殊情形下须受到一定限制。如德国法律规定,对通过遗赠等特定情形所获得的财产,法律规定父母制作财产目录提交家庭法院保管,并要保证目录的正确性和完整性;非经家庭法院批准,父母不应以子女的名义开始新的营业等。②

三、监护权利不明

重义务轻权利也一直是中国监护制度的一大特色。现有立法中所谓监护

---

① 参见曹诗权:《未成年人监护制度演进规律与现实走向》,《中华女子学院学报》2016年第2期。

② 参见杨晋玲:《德国父母照顾对中国亲子关系立法的借鉴——兼论儿童最大利益原则成为中国亲属法基本原则的必要性》,《云南大学学报(法学版)》2015年第6期。

人的权利,是指基于监护身份而产生的职责,一方面表现为对内关系,监护人履行监护职责时,被监护人有遵从的义务,体现为教育和生活指导等方面;另一方面表现为对外关系,监护人在对外行使监护职责时,第三人对这种权利不得干涉。对于监护人在监护事务因为勤劳付出是否应当有权索酬,以及是否有权拒任、辞任等问题立法并无涉及。随着遗嘱监护和委托监护的广泛使用,以及监护主体的社会化趋势,监护人是否具有报酬请求权、拒任、辞任权及辞留权等问题亟须进一步明确。

四、未成年监护监督机制不够完善

虽然 2020 年修订的《未成年人保护法》为未成年监护制度确立了权利性与强制性相结合的社会监督体系、行政机构与司法机构相补充的公权力监护监督体系,立法进步较大。但整体来讲,未成年监护监督仍有一定不足,主要表现在三个方面。

(一)监护监督机构的监督职责内容仍然不够明确

1. 行政监护监督机构的监护监督职责范围不明。依据该法规定,民政部门作为未成年保护的专门协调机构,内设职能机构专门负责未成年人保护事务包括未成年监护事务,当然对未成年家庭监护负有监督职责,但具体职责范围如何,法律没有相关规定。

2. 监护监督人的监督职责范围过窄。虽然居民委员会与村民委员会依法被赋予了日常监护监督职责,如对家庭监护的监督职责以及对委托照护的履行情况进行监督。除此之外,立法没有对该监护监督的具体职责内容以及监护监督履行形式等问题加以规定。这不利于监护监督制度功能的正常发挥。

(二)对国家监护缺乏必要公权力监督

国家监护职责的履行,与家庭监护一样,同样需要监督。民政部门是未成年国家监护的监护人,有权在出现法定情形时替代家庭对未成年人进行临时监护或长期监护。没有监督就没有制约。当前,法律并没有就未成年人国家监护明确规定公权力监督机构。如果民政部门自我监督,会存在既当裁判员又当运动员的尴尬局面;如果是居民委员会和村民委员会对民政部门的国家监护进行监督,这种"自下而上"通常只是属于权利性质的社会监督范畴,不具有义务强制性,监督约束性不强。因此,为了强化国家监护的效果,中国立法需要进一步完善未成年国家监护的公权力监督。

(三)监督追责机制不完善

该法对相关主体的监督义务履行的法律后果有所涉及,如国家机关、居民委员会、村民委员会、密切接触未成年人的单位及其工作人员等负有法定监督义务的主体,未履行报告义务造成严重后果时,相关主管人员和直接责任人员将依法给予处分等。但是,对于监督人没有依法履行监督职责损害监护人或未成年人合法权益行为如何承担责任,监督人与监护人串通损害被监护人合法权益时的法律责任承担等问题,均缺乏明确规定。

五、对负有监护等特殊职责的人员实施的未成年人性侵犯罪行为的刑法规制仍然存有不足

未成年人性侵害案件中的人际关系较为复杂。据"女童保护基金"统计,在连续三年统计的儿童性侵案例中,"熟人"作案占比均在七成左右,易于接触儿童的特定职责人员作案占比比较高。根据未成年人身心发展的特点,不同的犯罪主体对儿童进行性侵害行为的性质、影响以及给受害者、社会带来的伤害是不同的。在犯罪主体中,危害性较大的,除了惯犯、恋童癖患者以外,就是未成年人的监护者或者与之具有亲密接触机会的职业人员。在监护关系中,性侵害更易发生、更为隐蔽,造成的伤害后果也更加惨痛。近年发生的社会影响较大的案例更是强烈冲击着人们的道德神经,影响恶劣危害极大,亟须针对

性地强化立法,进行严惩。

在世界范围内,多数国家均对特定职责人员实施的未成年人性侵犯罪行为进行了区别性对待,对于具有特殊关系的群体进行的未成年人性侵害犯罪会加大惩罚力度。如在量刑期限上,德国和法国的量刑一般在 10 年以上;受害者年龄越小量刑时间越长,如若受害者为 12 周岁以下的儿童,此类罪犯将面临 25 年以上的有期徒刑甚至终身监禁,通常也不被允许假释;在惩罚手段上,许多欧美国家对恋童癖或者惯犯群体进行"化学阉割"或通过注射药物抑制其性冲动。

遗憾的是,新通过的《刑法修正案(十一)》对于特殊职责人员性侵未成年人女性的刑法规定适用仍存在不足。如该规定范围有限,只适用于"已满十四周岁不满十六周岁的未成年女性",没有将不满 14 周岁以及已满 16 周岁不满 18 周岁的女性未成年人遭遇的监护人等特定职责人员性侵犯罪行为纳入刑法规制范围,也没有将所有未满 18 周岁的男性未成年人的性权利加以同等保护。另外,考虑到此类特殊职业群体的严重危害性和再犯可能性,法院是否应当出具关于该类主体就业限制的禁令和进行"电子镣铐"定位监控的禁令;是否在刑罚的裁量中提出更为严格的适用条件,如对严重情形者是否进行化学阉割、设置更为严格的减刑、缓刑条件等,都值得进一步思考。

第二节　中国成年监护制度的不足

中国成年监护制度虽在《老年人权益保障法》《民法总则》《民法典》的规定中有重大进步,但鉴于成年人尤其是老年人监护需求的复杂性,仍有不少问题需要今后通过修改或制定特别法、颁发法律解释等形式进一步完善。

一、成年人行为能力制度的不足

监护制度是对行为能力欠缺者的保护和协助,所以,监护制度以行为能力制度为设置的前提和基础。现行成年人行为能力以精神、智力因素支配下的意思能力或辨认能力为构成要件和认定依据,制度设置存在不足,不利于监护制度功能的发挥。

在对成年人行为能力制度进行反思和检视之前,需要深入探讨行为能力的内涵及构成要素,为行为能力制度的研判和重构提供逻辑上和理论上的重要支撑。

(一)行为能力的应然之义

行为能力,从事实状态上讲是自然人处理个人事务的能力,是自然人处理事务的行为应当达到的理性状态。此处的"行为"是自然人的理性行为,不受理性思维控制的纯生理行为不是人类所追求的。行为能力之所以重要,因为它是一个人独立人格的体现,是个体存在的体现,要尊重个体、保护个体就必须尊重并体现个体的不同,尊重每个个体的意愿,这是独立人格的必然之义,故保护和探寻个体意思非常重要。

一个人之所以具有意思,是出于其与外界交流的需要。自然人意思的形成并非全部来源于先天,绝大部分来源于后天,一个刚刚出生的婴儿全部意思可能只与呼吸、饮食或饥饿有关,其更多意思的形成来源于对后天获取信息的理解与辨识。在精神正常的情况下,自然人意思的形成过程,包括其通过交流了解外界、认识外界、分析外界、决定意思的过程,包含了对外界信息的收集、处理、判断、选择决定以及对外界的表达。收集信息依赖于视力、听力、语言以及肢体器官的动静来获得;分析处理、判断选择作出决定依赖人的智力;信息的外界传递与意思表示的实现需要通过语言以及肢体器官的动静来实现,要通过视力、听力对表达环境的确认以及获取对方信息后的进一步分析、判断与信息表达。我们之所以将通过视角获取信息称之为视力,将通过声音获取信息称之为听力,将分析能力称之为智力,是由于所有这些活动均需要身体能量的消耗,没有体力这些能力都无法进行,这也符合并体现了物质第一性的客观规律。精神正常前提下,体力与智力在自然人意思生成及意思实现过程中的作用,可参见下列体力、智力参与自然人意思生成与意思实现流程图。

精神正常前提下体力、智力参与自然人意思生成及意思实现流程图

意思的价值不仅仅在于意思本身,更多在于意思付诸实现后达到的目的,仅仅有言语或行为的表达而不去行动进而实现表达的内容是没有意义的。法律也正是通过调整意思达成的目的而实现对社会关系的规范,故对意思的关注更应注重意思目的的实现。意思可以通过语言、文字或行动表达等多种方式轻易作出,而意思目的的实现主要依赖于人的行为,即履行行为。故而,仅有意思的交流,不注重意思交流后对所达成一致的意思内容的实现,是无法实现个人目的的,仅有意思而不通过具体行动实现意思目的是没有价值和意义的。

行为能力,从法律意义上理解,是民事主体通过自己的行为实现民事权利、履行民事义务的能力。法律的目的在于构建和保护其设定的社会关系,社会关系是人与人之间的关系,而这种关系的建构必须依赖于每一个个体的独立表达,这也决定了意思在法律关系中的重要性。但法律是通过对每个人行为的管理来实现对社会的规范而建立秩序的,意思只有被实现才更具价值,故实现能力或称行动能力与意思能力同样重要。人的行为能力应当包括意思能力与行动能力。

智力和体力,是人类的交流和交往产生社会关系的客观前提。因为个体的差异,每个人的智力与体力均有不同,为了保护个体利益和社会正义,需要确立一个能够保证个体正常交往而不致其利益受损的智力和体力标准,这一标准只能依据正常的多数人的标准确定。考虑到人的生命周期的"纺锤型"规律,对于成长发育的未成年人而言,其智能体能处于从无到大的发展时期,具有不确定性,我们只能以其成年后的行为能力为标准。这个标准就是法律所要考虑的行为能力有无的划定标准问题,由于精神障碍会影响智力的正常发挥,故法律上的行为能力需要考量智力、精神和体能三要素。

可见,行为能力是行为人在具有通常的精神、智力和体能情形下的自主处理个人事务的能力,是每个人自主参与正常社会生活所需要的最基本的法定能力与资格。也即是说,行为能力是独立个体通过正常合理的理解分析、判断选择、决定及执行,对个人事务进行自主的、符合通常预期的处理决定并能够执行的能力。这种行为能力是人的理解认知能力、分析判断能力、选择决定能力和执行能力等多种能力的综合,在原因要素上,除了精神力和智力要素外,还必然要与体能关联。所谓体能,也即行动能力,指行为人通过视力、听力、语言以及肢体器官的动静来获取接收信息、传递交流、表达沟通的能力,以及去独立实现意思决定的内容的能力。它本身应是行为能力概念的应有之义,即通过自己的体能,协助自我理解分析、表达交流和逻辑判断并达成决定,以及自我实现决定内容的能力。

(二)成年人行为能力制度存在的缺憾

根据《民法典》第 21、22、23、24、34、35、144、145 条关于无民事行为能力、限制民事行为能力的界定、法律行为效力的认定、监护职责及其履行等相关规定,中国成年人行为能力制度存在下列不足:

1. 将体能要素排除行为能力之外不符合认知规律和客观事实,不当限缩了监护制度的适用范围

现行行为能力制度将精神、智力因素支配下的意思能力作为类型划分的认定标准,其运作的技术方法,是法律以一种盖然性的拟定方式,从形式上为意思能力有无的判断规定了简单便捷的法定尺度和操作方法,对民事主体的意思能力予以定型。即如果自然人达到一定年龄且精神、智力正常,即具备相应的意思能力,属于完全行为能力人,法律行为有效;没有达到一定年龄或精神、智力不健全者,不具备完全的意思能力,属于限制民事行为能力人或无民事行为能力人,法律行为相应部分无效或全部无效。在这一逻辑判断中,精神、智力是行为能力的两大要素,意思能力成为行为能力的全部内容,意思能力欠缺则行为能力欠缺。根据《民法典》第24条规定:法院经利害关系人或有关组织的申请,认定不能辨认或者不能完全辨认自己行为的成年人为无民事行为能力人或者限制民事行为能力人。该条第2款是法院认定被监护人行为能力恢复的规定:可以根据其智力、精神健康恢复的状况,认定该成年人恢复为限制民事行为能力人或者完全民事行为能力人。可见,中国关于成年人行为能力的认定,是依据当事人的精神和智力情况,以辨认能力(或意思能力)为标准,将行为能力欠缺类型划分为无民事行为能力和限制民事行为能力两种形态,然后再为之设置监护制度。该行为能力制度没有将体能作为考量因素,这不仅违背了基本的认知规律,也与常情不符,将因听力障碍、视力障碍、语言障碍以及肢体障碍等身体障碍无法独立处理个人事务者排除于行为能力欠缺者认定的范围,严重缩小了监护制度适用对象。

首先,意思能力的生成离不开体能的参与与助力,将体能剥离于意思能力之外不符合人的认知规律。意思能力包括理解认知能力、辨别分析能力和选择决定能力等基本内容。其中,理解认知能力是前提,辨别分析能力是基础,选择决定能力是关键。理解认知能力是对特定信息的理解与掌握能力,必然要以信息的获取为基础,要求自然人在与人交往中具有通常的理解沟通能力或表达自己意图的能力,以及通过一定的方式获取信息的体力。这些自然离不开人的语言、听力、视力、肢体等身体器官的参与。如极重度的肢体障碍者或视力障碍者,便不能通过自身行为获得与个人事务处理相关的信息,进而也就无法分析判断作出正确的意思决定。即便是具备理解认知能力,如果不能通过有效沟通表达,意思判断分析的逻辑过程以及选择决定也会无法正常进行。所以,在信息的理解、辨别、选择和决定过程中,除了精神和智力,还需要一定程度的表达沟通能力和肢体功能的正常发挥,需借助语言、视力、听力或肢体的动作才能实现。

可以认为,在人的认知过程中,体能伴随精神和智力同时存在,体能要素甚至贯穿于精神和智力要素运作的全过程,有了体能要素的介入,精神和智力才有存在的基础和运作的能力,这是物质第一性规律的客观内容。故将视力、听力、语言及肢体这些身体能力排斥于意思能力之外、排斥于行为能力构成要素之外是不科学的,违背了人类客观的认知规律。

其次,从实证角度看,行为能力本身就包含体能要素。行为能力是通过独立处理个人事务去实现权利和履行义务的能力,即便在意思能力健全的情况下,也还需要具备相应的身体能力去体现意思,通过履行行为实现意思目的。例如,即便行为人理解能力和决定能力正常,但如果存在较为严重的身体障碍,如因疾病长期卧病在床几乎不能行动、生活不能自理者,便不能实现自我意思决定的内容,不能独立处理个人特定事务进行自我保护,不能通过个人行为去实现权利履行义务,行为能力变成空谈。体能要素之于行为能力的作用,是不可或缺的,否定体能要素的存在,不符合客观事实。

因此,中国现行行为能力制度过度偏重精神和智力状态对行为人意思自治程度的影响,而忽略了意思形成过程中表达、沟通能力和肢体的重要性,以及意思形成后个人独立实现意思内容所需的行动能力的角色和地位,由此导致因听力障碍、视力障碍、语言障碍以及肢体障碍等身体障碍无法独立处理个人事务者不能适用监护制度,严重压缩了监护制度利用者的范围。尤其伴随着中国老龄化社会的到来,潜在被监护人群数量呈绝对增长趋势,被监护对象也呈现多元化和复杂化的发展态势。如果在行为能力界定上固守智力和精神要素,忽视体能因素在行为能力的构成要素中不可或缺的地位与作用,不仅与客观规律和事实不符,结果更会导致成年监护制度的保护对象只能局限于精神障碍和智力障碍者。这不符合人类"纺锤型"生命周期特征的要求,也与成年监护需求现状不相符合,滞后于国际社会成年监护保护对象扩大化的发展趋势。

2. 行为能力欠缺的二元层级划分无法充分适应成年人多元复杂的协助保护需求

虽然无民事行为能力与限制民事行为能力符合智力、精神障碍者行为能力欠缺的通常情形,但这并不能涵盖成年人行为能力欠缺的全部复杂样态。从实证角度看,成年人行为能力的欠缺会因个体差异而有差别,同样是行为能力欠缺,但欠缺的程度又千差万别。从发达国家和地区的经验看,多数国家将行为能力欠缺者不能独立处理的个人事务范围划分为全部(包括绝大部分)事务、部分事务(或一定事务)和特定事务(或个别事务),进而将行为能力欠缺类型划分为限制全部(包括绝大部分)行为能力、限制部分(包括大部分)行为能力和限制个别(或特定)行为能力三种类型。中国二元划分的行为能力欠缺类型具有内在的不周延性,"限制民事行为能力"的字面范围虽然跨度大,但认定中通常指不能处理个人部分事务而不包括特定事务,不能涵盖行为能力轻微欠缺类型,制度设置存有不足:无法为行为能力轻微欠缺需要监护保护的成年人提供制度支持,尤其是不能为因年老而发生体能衰退、精神、心智逐渐耗弱,进而出现低于平均水平或轻度的精神、智力疾患,肢体残障发生的意思实现困难而需要监护保护的老年人提供监护保护。

从原因类别来看,除了精神和智力这两种心智因素对成年人(包括老年人)行为能力健全与否具有重大影响外,人的视力、听力、语言和肢体等器官功能对人的行为能力欠缺与否同样有重大关联。当视力、听力、语言和肢体器官严重退化或损失出现重度或极重度障碍,行为人无法正常处理个人特定或部分事务时,同样需要有相关制度支援满足其权益保护需求。尤其是老年人群体,高龄失能或半失能状态较为多见,老龄残疾化和残疾老龄化现象也较为普遍,年老体弱判断能力渐次衰退和体能渐次下降是他们的群体特征,身心障碍常呈现多重性,体能欠缺也是阻碍其正常、独立处理个人人身事务或财产事务的重要原因。他们的行为能力常因出现逐渐耗弱而非一次性丧失或减弱的动态特性,变动性和差异性较大,会出现不同程度、不同层次的欠缺,无法机械地与上述两种法定类型相对应,不能使用监护制度,但已经产生需要他人的保护和协助才能维持正常生活的监护需求。

所以,行为能力欠缺类型的二元划分不能为现实生活中行为能力具有不同程度欠缺包括轻微程度欠缺的身心脆弱的成年人提供监护制度支持,导致制度供给出现空缺。

3. 对意思能力要素与行为能力的关系理解不够全面,导致监护制度替代决策特征明显

在现行行为能力制度中,行为能力的内涵被意思能力所掩盖和架空,意思能力又完全沦为行为能力的附庸,行为能力的认定就成为对意思能力的认定,忽视了意思能力自身的功能。如我国《民法典》第34条关于监护职责内容是"代理被监护人实施民事法律行为,保护被监护人的人身权利、财产权利以及其他合法权益等"的规定,法定代理是补足行为能力欠缺进行监护保护的主要措施,在监护中被广泛、频繁适用。根据第144、145条规定,无民事行为能力人由其法定代理人(即监护人)代理实施民事法律行为,限制民事行为能力人实施的民事法律行为须经法定代理人"追认""同意",但纯获利益行为或与其智力、精神健康状况相适应的民事法律行为除外。但从实际情况来看,一方面何为"与智力、精神状况相适应"的判断难以把握,内容缺乏可操作性;另一方面代理人的同意权、追认权让本人行为处于效力待定状态,需要法定代理人决策才能确认生效。如此,则代理人处于核心地位,法定代理行为权限太大,本人的真实意愿、残余意思能力并没有被强调和尊重,阻碍了被监护人自我决策、正常参与社会的机会。代理制度的过度适用和权限的模糊性也正表明我国行为能力制度将对行为能力的否定等同于对意思能力的否定,监护制度替代决策特征明显。

如上所述,精神和智力支配下的意思能力欠缺是现行行为能力欠缺类型化的事实理由和分类依据。但是,意思能力与行为能力是不能等同的,意思能力是一种事实判断,行为能力是一种法律认定,行为能力欠缺是意思能力欠缺状态的一种抽象法律描述,是一种民事主体资格不充足的法定状态,它未必全面真实反映意思能力欠缺者的意思能力缺失状态。通常情况下,意思能力欠缺则行为能力欠缺,相应法律行为无效或可被撤销,被认定为行为能力欠缺者的意思自治空间会被否认或严重受限。但是需要注意的是,行为能力欠缺不意味着没有意思能力,意思能力作为复杂的事实状态,其缺失的情形不一而足。尤其是,即便是无行为能力的情形,并不意味着必然没有意思能力,行为人只是无法实现独立的意思自治,不是不能形成一定的意思,他们总是多多少少还保有一定的判断和识别能力,成年行为能力欠缺者更是如此。如精神病人、高龄者,都会残留一定的意思能力,不是没有意识的躯壳。其实,即便是幼儿,他们在法律上属于无行为能力人,但他们从事一些日常生活行为我们能够理解和接受,便是因为他们有一定的意思能力。

监护毕竟是对被监护人自主决策权的限制和干预,因此,如何矫正保护过度,在自治与他治中寻求平衡,从而最大程度实现被监护人的最佳利益,是监护制度改革的终极使命。如果否定或忽视意思能力独立存在的价值,容易造成监护过程中对被监护人残留的意思能力的忽视,容易侵犯其意思自治空间,与最大程度尊重自我决定权的现代监护理念相背离。

4. 行为能力欠缺的认定缺乏实质标准

依据现行行为能力制度,是否"不能辨认"或"不能完全辨认"自己的行为,是判断自然人行为能力是否欠缺的标准。但如前所述,该标准仅考虑精神和智力要素,在认定的原因条件上不够周全,失之过窄;二元类型划分也不够严谨。除此之外,最为关键的问题是,单就其本身的表达来看,如何认定"不能辨认"或"不能完全辨认",缺乏实质内容。在具体认定中,哪些情形出现可以认定为全部丧失民事行为能力,哪些情况属于部分丧失民事行为能力;在部分丧失民事行为能力的场合,依据什么要素判断其丧失的具体程度,进而需要通过监护人对其行为能力进行相应补足,法律并没有明确的规定,从而使监护的适用认定出现困难。

《民法通则意见》第5条对此有所体现,"精神病人(包括痴呆症人)如果没有判断能力和自我保护能力,不知其行为后果的,可以认定为不能辨认自己行为的人;对于比较复杂的事物或者比较重大的行为缺乏判断能力和自我保护能力,并且不能预见其行为后果的,可以认定为不能完全辨认自己行为的人"。在这里,"判断能力"可以与意思能力相对应,"自我保护能力"即为不能保护自己,隐藏着实施标准。但该表达过于隐晦,逻辑并不直观,行为能力欠缺认定的实质内容不明晰,不能为行为能力欠缺的司法认定提供实质标准。

同时,行为能力欠缺认定的实质标准不明,也严重影响着意定监护制度的适用效果。意定监护协议的生效和启动以协议委托人"丧失或部分丧失民事行为能力"为条件。该条件的实质认定标准不明晰,必然导致具有客观监护需求的成年人不能启动意定监护合同,影响意定监护制度的利用率,不利于制度社会经济潜能的发挥。

二、成年法定监护适用范围扩张有限

从20世纪50年代起,为应对老龄化社会所带来的系列社会问题,发达国家积极探求成年监护制度改革,首要变化便是监护适用对象的扩张。整体来看,现代各国成年监护制度都将精神障碍者、智力障碍者、老龄者纳入适用对象,语言、听力、视力、肢体等身体障碍者成为监护制度适用者经历了从排除到承认的立法过程,现在也已基本达成共识。

细观中国立法,新近立法在成年监护对象上虽有较大扩张,但仍以精神、智力为判断要素,只进行二元对象类别划分,导致适用范围仍不能满足实际需求。

(一)《民法通则》对成年监护对象的规定较为狭隘

从对象范围的演变来看,《民法通则》规定成年监护制度只适用于精神病人,紧随其后颁布的《民法通则意见》将"痴呆症人"视为精神病人,纳入监护对象。这样规定有两大问题。第一,仅以"精神""智力"要素作为判断使用对象的规定导致适用对象狭隘,将其他身心障碍的成年人以及大量因年老体弱精神和体力渐次耗弱的老年人排斥于制度之外。第二,将痴呆症视为精神病人的分类是违反医学常识的错误做法。严格来讲,医学上"精神病人"属于精神障碍,而痴呆属于认知上的障碍,属于智力障碍情形,二者分属于不同的障碍类别,有不同的鉴定标准,属于不同的两类民事主体。并且,中国关于"精神病人"一词本身的表达不够规范和准确,带有歧视色彩而且范围不明;将精神病人、痴呆症人的含义与判断标准混淆,导致司法适用中成年被监护对象的范围不能明确界定,司法实践中适用对象任意扩张的现象比较普遍。

(二)《民法总则》《民法典》对成年监护对象的扩张仍然有限

《民法总则》《民法典》将成年监护对象范围进行了一定的扩张,以所有"不能辨认自己行为或不能完全辨认自己行为的成年人"为适用对象。从逻辑表达来看,大大突破了《民法通则》规定的精神病人(包括痴呆症人)的对象范围。有学者认为形成了"全覆盖的成年监护制度"[①],但是,我们认为,从该法相关规定来看,扩展范围非常有限:仍仅以"精神"和"智力"两大要素限定监护对象,只包括智力障碍和精神障碍情形,同样未对身体障碍的成年人加以考虑,原因有二。

其一,成年人行为能力的认定仅以"辨认能力"为核心要素。法律对成年人行为能力欠缺的认定标准是"不能辨认"或"不能完全辨认自己的行为",而"辨认能力"的通常理解只与成年人的精神和智力状况有关。正如立法者所言,行为能力不足的成年人需要考虑智力和精神因素,智力因素具体包括先天的智力障碍、在正常的智力发育期由于各种原因导致的智力低下,以及后

---

① 杨立新:《中国〈民法总则〉成年监护制度改革之得失》,《贵州省党校学报》2017 年第 3 期。

天发育成熟后,由于疾病、意外事故等各种因素引起的智力损伤和老年期智力明显衰退导致的痴呆等。成年人精神健康因素主要是指"因精神疾病引起的认知判断能力不足的情况,不能正常参与民事活动,从事较为复杂的民事法律行为"①。

其二,依据《民法总则》《民法典》第24条第2款规定,法院依据相关主体的申请对行为能力恢复的认定依据来看,是"根据其智力、精神健康恢复的状况"作为确定依据。因此,中国立法对行为能力欠缺的认定依据仍然只坚持精神和智力要素,暂时没有考虑身体障碍情形。

所以,我们认为,《民法总则》《民法典》对成年被监护人在认定范围上虽然使用了一个开放的概念表达方式,但对象扩展在实质上并没有大的突破,仍是从"精神、智力"两大要素和"不能辨认或不能完全辨认自己行为"的意思能力标准来限定行为能力的内涵,被扩展的对象只是在这一特定范畴下展开。所以,其所谓的适用范围扩张,只是从狭隘的精神病人与痴呆症人,扩展到所有的精神障碍患者和智力障碍患者,仍不包括语言、视力、听力和肢体障碍等身心障碍的成年人。

三、成年法定监护人选任制度不完善

（一）法定监护人选任的法定顺位并不必然符合成年被监护人最大利益原则

《民法典》第28条对成年监护在选任监护人时的顺序做了明确规定,但这样的规定有僵化之嫌,不符合成年被监护人的实际需求和最大利益的维护,且偏重亲属监护,社会监护力量的参与激励机制不足。

1. 法定顺位偏于僵化,与成年被监护人最大利益并不完全契合

与未成年监护不同,成年人的监护问题常常与赡养、遗产分割和财产处理

① 张荣顺:《中华人民共和国民法总则解读》,中国法制出版社2017年版,第67页。

等问题纠葛在一起,监护需求较为复杂,对监护人的确定应考虑更多现实因素。法律对监护人选任进行强制性规定,不考虑被监护人与监护人之间可能的利益冲突情形而僵化规定顺位,则有失妥当。如,把本人的配偶列为第一顺位的法定监护人,通常的婚姻关系中自不待言,但在有某种利害冲突的婚姻中,这样的规定反倒不合情理。如正在办理离婚手续的夫妻之间以及有虐待、遗弃等行为的夫妻之间,由于监护人与被监护人的地位和利益冲突对立,如果继续由配偶一方任第一顺序的监护人,则在诉讼中监护人成为当然的法定监护人。这必将损害被监护人的利益,同时也与当事人的对抗性这一基本诉讼法理相悖。

又如在老年人婚姻家庭中,这样法定顺位的规定明显不合适。随着老龄化社会的到来,具有监护需求的老年人数量快速增加,当老年人因年龄原因年老体衰逐渐丧失自我保护能力需要监护时,其配偶本身可能也处于需要监护的状态,自顾不暇何妄谈监护,更勿言老年人的父母、祖父母或外祖父,更属高龄或已经故去。虽然年届七旬的老人照顾其近百岁父母的情况也不少见,但监护质量令人堪忧。而当其万一再遭遇身心障碍需要他人监护时,则其父母的监护需求难以再实现。因此,成年法定监护人顺位的法定不仅在某种程度上违背了意思自治原则,也并不当然能够更好地维护被监护人的合法权益。

2. "组织"被置于最后位,社会监护激励不足

中国立法对成年监护人选任顺序是根据亲属的亲疏关系进行设定,主要通过家庭内部解决监护事务,虽然符合监护的一般私法特征,但是对成年监护的社会属性重视不够。从国际趋势看,各国现行民法典对监护人的顺位均没有作出限定,且认为具有亲缘关系的人未必适合担任监护人。虽然亲属为法定监护人是常态,但家庭形态的核心化降低了亲属监护的必然性。现代各国的通行做法是由单纯的亲属监护转为偏向社团监护或国家监护,监护人可以由非亲属的自然人、社团法人、政府监护机构来担任。虽然同等情形下自然人监护优于社团监护,但如果自然人监护不利于被监护人时,仍坚持法定顺位,

将社团监护的主体顺位列在最后位,甚为不当。伴随中国城市化和工业化进程的发展,家庭和社会结构已经发生了质的变化,监护从家庭内部日益向社会化、专业化、职业化发展。监护立法也应顺应该趋势从家庭法中脱离,监护人选定的唯一标准不是血缘关系,而应该以被监护人个人利益为核心。中国立法将"组织"放在法定监护人最后一位,虽然赋予其参与监护事务的机会与资格,但鼓励社会组织积极承担监护职责的态度仍不够积极。

(二)成年监护人选任制度不完善

1. 缺乏对成年监护人任职资格的法定要求

与父母或其他监护人选任面临的问题相同,立法对成年监护人的选任资格没有明确规定。《民法总则》《民法典》没有将《民法通则意见》第11条对监护能力的司法解释上升到立法层面并进行完善,仍保持抽象概括表达,导致在监护程序开始之初不能将那些不利于被监护人利益的监护人予以排除。因为,中国法律基于亲属间最大善意的乐观推测,推定范围内的人选能够胜任监护人资格,无法在事实上否定那些存在不利于被监护人合法权益保护的监护人的客观存在,如果其自身不主动避让,其后位适格的监护人无法担任监护人,显然不利于被监护人利益保护。因此,立法亟须对法定监护人的任职资格加以明确规定。

2. 指定监护的主体设置不尽合理

目前中国有权指定监护的主体较多,被监护人住所地的居民委员会、村民委员会、民政部门以及法院都有指定权。在监护人选任发生争议时,如果当事人选择了前三者中的一个进行指定,但又对指定不服,可向法院申请重新指定监护人。当然,相关主体也可以越过前述程序,直接请求法院指定监护人。这一规定看起来给予当事人更多选择,但事实上会造成混乱,也容易导致不作为,一旦发生监护纠纷,指定主体太多常会发生推诿,且有法院这一司法主体的保障性存在,其他指定主体基本上也不太会被选择,造成其他享有指定权的主体实际处于虚置状态。

3. 对成年监护人复数性问题缺乏明文规定

关于复数监护人问题,其他国家和地区大多予以认可,如德国、智利、日本、法国、瑞士和中国台湾地区均明确规定监护人的人数可以为复数,对成年人复杂的监护事务给予不同角度和范围内的保护和援助。中国现行立法没有明确规定监护人的人数问题,虽然《民法通则意见》有所提及[1],说明监护人可以为复数。但该项内容没有上升到立法地位,且缺少关于复数监护人的职责分担问题的规定。

从实践层面看,不认可监护人的复数性也与成年人客观的监护需求不相符合,实务中有多个监护人分管被监护人个人事务的情形也并不鲜见。成年人在人身保护和财产处理领域的事务状况较为复杂,单一的监护人往往难以有效胜任监护人角色。而随着社会发展和个人财富增长,以及老龄化社会带来的老龄残疾化和残疾老龄化问题,单数的监护人对被监护人的财产管理、身心关照和法律行为的代理等事项的处理会倍感压力,客观上无法满足成年人对监护事务进行专业化的分工处理的监护需求,单数或复数并存的监护人设置才更有利被监护人利益的最大维护。

4. 对特定情形下成年监护人的任职期限缺乏明确要求

一项职责如果处于无期限的漫长状态,将会产生沉重的负担与压力,让人厌倦懈怠。例如,对于病情严重的痴呆症患者和精神疾病患者,其监护任务极为沉重,如果没有期限约定,则无异于终身负重,让人不堪重负,不利于监护职责的履行。中国目前监护期限问题仅在未成年监护制度中有所体现,监护期限在其成年即 18 周岁届满。另外,在成年被监护人恢复行为能力时原有的监护职责自然终止。但这种情形也只是针对那些能够恢复行为能力状态的成年人。大多数身心障碍患者恢复期限很长甚至终身无望。没有期限的监护不仅

---

[1]　《民法通则意见》第 14 条规定:"监护人可以是一人,也可以是同一顺序中的数人。"

加重监护人的负担,有失公允;也可能违背被监护人在不同阶段的真实监护需求和真实意愿,不利于其最大利益的保护;同时还会造成其他有意愿担任监护职责的适格者囿于法定顺序而处于闲置状态,导致人力资源的浪费。

四、成年监护人职责范围和权利不够明晰

(一)成年监护人职责范围过于宽泛

1. 成年监护人职权范围规定过于概括泛化

中国现行立法偏重监护职责的责任担当,监护责任既是义务,也是一种"权力",但对监护人的职责范围规定过于概括粗疏,只进行了统一的概括式、原则性规定,容易导致监护适用中监护人角色的异化,全面代替被监护人作出各项决定。对于无民事行为能力人和限制民事行为能力人的监护,监护人只是在代理权范围上有所区分,即对限制民事行为能力人的法律行为除了法律代理权外,还包括同意权和追认权,但是这要根据被监护人的精神和智力状况来确定。

而事实上,虽然法律规定限制民事行为能力的成年人可以进行与其智力状况相适应的法律行为,但"智力状况"的边界本身具有模糊性,据此无法判断多大范围内的人身事务或财产事务是与其智力状况不相适应而不能独立处理。并且,据医学鉴定和相关实验表明,某些限制行为能力人缺乏的只是财产管理能力,对其他人身事务仍有处理能力,或者反之。所以,立法如果无视不同被监护人行为能力欠缺程度的差异性以及客观监护需求的差异性而配置统一的监护权限,则会导致保护过度或干预过度,容易对行为能力欠缺者的基本自由和人权造成侵犯,同时也可能造成对行为能力欠缺者保护不足的情形。

2. 对成年监护权限中的特定事项缺乏必要限制

中国立法对于两类行为能力欠缺者的监护制度都缺乏对重要财产事务和

人身事务监护权限的必要限制,造成监护制度出现漏洞。如没有要求对被监护人的财产制作账目清单,也没有要求监护终止时进行财产清算,使被监护的财产无账可查,给监护人侵犯被监护人财产提供了可乘之机。而发达国家和地区从维护被监护人利益角度出发,对于监护人行使被监护人财产方面的代理权或同意权多有限制,对于若干重大财产事务的处理,均规定须有有关机关或人员的批准等。

同样,现行监护人人身事务决定权也缺乏必要规制,对特殊的人身事务尤其是针对医疗行为或强制治疗同意权、对送往特定限制人身自由场所等决定权问题没有限制。这些重大事项极易引起纷争,且关涉被监护人基本人权与自由,对监护人的决定权限进行限制实有必要。

3. 对成年被监护人人身照顾义务强调不足

与未成年监护重人身保护轻财产管理不同,中国成年监护制度沿袭大陆法系传统的禁治产宣告制度,重视财产事务的监护,对成年人的人身监护重视不够。在实务中多将监护人视为法律交易行为的代理人,偏向财产事务代理。虽然立法中规定了监护职责包括人身权利和其他合法权益的保护,但在立法缺乏细化规定的情况下,再加上思维惯性,成年监护中重财产代理轻人身保护的做法一时将难以彻底改变。这种局面对被监护人极为不利,特别是目前中国已经进入老龄化社会,对数量庞大的老年人人身照顾同样应当是监护的重点。各国改革后的成年监护制度中大多增加了监护人的人身关照义务,德国法律规定被照管人的疾病、残障也是照管人的监护内容。中国也应高度注重对被监护人人身事务的监护。

(二)成年监护人权利内容缺乏明确规定

成年监护制度是为了保护被监护人的利益而设立,在本质上更偏向于一种职责,所以法定监护人的身份具有强烈的强制负担性,非有正当理由不得辞职。但是,这种沉重的责任担负在保障被监护人合法权益的同时,也会带来监护保护不力的隐患。所以各国在强调监护人职责与义务的同时,同时也赋予其一定的权利,如报酬请求权、辞任或拒任权等权利,以调试监护关系中权利义务失衡的冲突。

关于监护报酬请求权问题,各国立法有三种态度。以苏联为代表无偿公益性原则,为极少数国家实行,认为是社会义务,不支付报酬;以美国和瑞士为代表的有偿支付原则,美国许多州还专门规定了监护人的费用及开支要求;以德、法和日等国为代表的补偿原则,基于监护人的艰辛及被监护人的财产状况,由监护权力机关决定给予适当报酬。整体来看,采取无偿态度的国家较少,大多数国家都给予津贴或者适当的报酬。许多国家的法律还赋予了监护人辞职或拒任权。瑞士、德国、法国等多个国家都对监护人的拒任权作出了规定,日本及苏联还规定了监护人的辞职权。当然,监护人不论拒任或辞职都必须有正当理由,否则将会受到处罚。《德国民法典》规定无正当理由拒绝担任监护人,监护法院得对其科以罚款且要求其赔偿因延误而可能造成的损害。

相比较而言,中国相关法律规定对监护人的权利缺乏明确规定。立法虽然使用了"权利"二字,但通常理解主要是指监护人基于监护身份而对被监护人以及第三人享有的代理、保护等监护职责中"权力"性质的内容,对职责和义务的强调较多,并没有实质性的特定的"权利"内容与之对应。如对于监护人能否对代理行为之外的其他事务处理获取报酬,能否辞任、拒任等问题没有解决。这些空泛的规定让监护人对自己在成年监护中产生哪些权利并没有清晰的认识。如基于代理行为而产生的报酬请求权以及监护中支出的监护费用,监护人能否从监护财产中直接扣除问题不明确。另外,依法应当担任监护人的法定人选,如果与被监护人有利益冲突或有其他切实的理由不能或不愿担任监护人,能否拒绝担任;已经担任监护职责者能否辞任监护人身份;亲属监护人与其他个人或组织担任监护人对上述事项是否享有同样的权利等问题,均有待进一步明确。

五、成年法定监护制度类型单一

世界范围内,各国纷纷对以全面替代保护的"他治"为特征的成年监护措施进行大规模的改革,实现监护措施的多元化和类型化,以满足不同的成年被监护人个性化的保护和援助需求。当然,各国具体种类的数量和名称各异,但无论何种划分,都是为了最大限度满足身心障碍者的差异性监护需求。中国目前采用的仍是单一监护保护措施,监护制度类型缺乏灵活性与层次性,容易导致保护过度或保护不足,不符合必要性原则和补充性原则的基本要求。

依照常理,行为能力欠缺程度不同,则必然在意思自治能力或行动能力上有所差异,个人事务处理能力、自我保护能力也将不大相同,其所需求的监护保护措施在内容和方式上也必然有不同的层次和程度要求。即便是传统行为能力理论中的"限制行为能力"情形,每个个体被限制行为能力的具体原因和程度也会有重大差异。中国在监护立法上,对现有成年法定监护类型未作区分,对具体个体行为能力的阶段性、相对性和差异性关注不够,没有针对行为能力欠缺的不同状态设立区别性的监护类别。为不同大小的脚提供同一尺码的鞋子,用一种监护类型来统一解决那些不同身心障碍成年人的不同保护需求,会导致本存在保护需求但法律没有为之提供保护、本需要较大范围的保护但被提供较小范围的保护等保护不足情形;也会存在本不需要保护却被提供保护或本只需要较小范围的保护却被提供较大范围保护的保护过度情形。这些使监护制度设置的目的与监护手段比例发生失衡。

当然,监护类型的单一也与中国传统行为能力理论只看重精神和智力要素有着直接而重大的因果关联。行为能力欠缺类型只从精神和智力要素考虑,无视体能也会对行为能力完备与否产生重要影响的客观事实。而这类主体行为能力多属"轻微"欠缺,常需要辅助性的保护和协助监护措施,中国目前立法缺乏相应的法律制度支持。

六、国家代位监护人的设置不够完善

依据现有法律,国家在成年代位监护发生于成年人"没有依法具有监护资格的人"的情形,即监护人缺位或失格,导致监护处于空白期的情形。此时法律规定,国家代位监护的监护人,由民政部门担任,也可以由具备履行监护职责条件的被监护人住所地的居民委员会、村民委员会担任,从而设置了家庭监护为主、国家代位监护为辅的成年监护体制。但这一规定目前仍有下列缺陷:

首先,民政部门代位监护的职责尚缺乏授权规范。民政部门虽然被赋予成年监护中的国家代位地位和职责,但该职责尚缺乏明确具体的授权规范。高度抽象概括的立法表达无法保证国家监护职责的切实履行,不能有效保证被监护人合法权益。

其次,村民委员会、居民委员会国家代位监护主体身份的实现存在困难。虽然在应然状态下由村(居)委会担任监护人具有灵活方便的优势,但事实上,村(居)委会只是社会自治性质的组织,既无专业工作人员,也没有相应财力去担负代位监护的重任,主观上也缺乏担任监护人的积极性。

这些问题原本在未成年人国家监护中同样存在,但目前已经在2020年修订的《未成年人保护法》中得以解决。成年监护中因为尚未修改或制定类似的特别法或通过法律解释,上述问题仍有待解决。

七、成年监护监督机制不健全

成年监护之所以强烈需要健全的监护监督机制,原因主要有下列几点:

1. 监护是为了保护他人利益而设置的制度,在执行职务时难以确保尽到如同对待自己事务的注意义务,懈怠或疏忽都有可能发生,监督实为必须。

2. 成年监护关系的确立多基于人与人之间的信赖关系,而这种信赖关系本身并不稳固可靠,尤其在面临利益冲突情形时尤为明显。成年监护常常与继承、赡养等问题紧密相关,有些情况下,监护人未必与被监护人利益一致,二者之间利益相冲突情形并不少见。没有专门的监督人或监督机构将无法对监护人的行为进行必要的制约与牵制,无法避免损害被监护人合法权益的行为发生。例如,《精神卫生法》赋予了监护人对患者在特定情形下的住院治疗决定权、出院决定权、特定治疗方式同意权,但这些权利的行使仍然过大,容易被监护人滥用,尤其在具有利益冲突情况下更是如此,无法完全排除监护人为了利益与医疗机构串通或勾结作出伤害被监护人合法权益的情形。故而外部的监督约束机制不可或缺。实践中,有些成年被监护人财产数额还比较大,专门监督的需求很高。事实证明,如果没有监督人的介入,监护过程中的失职甚至侵权极易发生,常见的情形如监护人违反法定义务,又或监护人滥用职权虐待被监护人。所以,监护监督机制对被监护人合法权益的维护至关重要。

中国成年监护中的监督除了撤销监护人资格外,并没有其他相关规定。2020年修订的《未成年人保护法》将居民委员会和村民委员会作为未成年监护的监督人,并通过广泛的社会监督以及法院与检察院的司法监督,构成了较为完善的未成年监护监督体系。这一规定是否同样适用于成年监护,没有法律依据。

监护资格的撤销是成年被监护人合法权益的最后保障措施,具有事后救济性和个别性特征。主体虽然广泛,但这种监督并非法律上的强制性义务,具有事后性、临时性和救济性特征,与专门设置特定监护监督人或监督机构进行事前防御性质的监护监督完全不同。强制性的监督手段的缺失,对被监护人合法权益的维护非常不利。所以,在监护资格撤销制度之外,中国迫切需要构建救济性监督与防御性监督相结合的综合性监护监督机制,加强对监护人的事前监督和事中监督,为成年被监护人合法权益的保护提供有力保障。

八、法定监护程序不够完善

鉴于成年监护制度内容涉及人的基本自由、人格尊严、人身保护和财产管理处分等复杂事项,程序的强制保障就十分必要。国际社会高度重视各国对身心障碍患者提供的监护制度是否经过严格的程序审查,是否有严格的程序保障,先后颁发的很多人权保护文件中都有专门规定,要求只有依照法定程序认定身心障碍者行为能力存在欠缺,才能为其任命监护人。① 在此之前,身心障碍者应该被推定为处于完全有行为能力状态。

客观来看,中国成年人法定监护程序主要存在下列问题:

(一)成年法定监护启动程序不完善

在世界范围内,成年监护制度的启动主要有申请主义和职权主义两种模式。申请主义模式由本人或利害关系人向法院申请设置监护,无申请不启动,法院无权自行启动。职权主义模式是依本人申请或法院依职权主动启动监护程序,但申请权仅赋予本人和法院,其他利害关系人不能启动。职权主义虽然更为灵活,但如果本人没有能力申请或此时法院也不知其有监护需求,则本人实际上得不到监护保护。同时,职权主义加大了司法成本,法院工作量增大。

中国成年监护制度的开始以成年人行为能力的认定程序为基础。成年人行为能力认定采取申请主义模式,须经"利害关系人或者有关组织"申请,没有申请,法院不得主动进行认定,无申请无认定,无申请不干涉,监护处于自发启动状态。同时,立法上"利害关系人"具体包括哪些人缺乏明确规定,范围不明。从词语表达的逻辑上看,应该不包括本人,但这与事实不符,也与国际社会通行做法相悖。如《埃塞俄比亚民法典》规定禁治产的申请可由精神病人或精神耗弱人自己提出,或由其配偶或其任何血亲或姻亲提出,亦可由检察

---

① 如《保护精神病患者和改善精神卫生保健的原则》第 6 条规定:"只有经国内法设立的法庭作出公平听证之后,方可因某人患有精神病而作出他或她没有法律行为能力,并因此应任命一名私人代表监护人的决定"。《智力迟钝者权利宣言》第 7 条规定:"智力迟钝的人……必须将其一部或全部权利加以限制和剥夺时,用以限制或剥夺权利的程序须含有适当的法律保障……这种程序必须以合格专家对智力迟钝者具有社会能力的评价为根据,并应定期加以检查,还可向高级当局诉请复核"。

官提出。《瑞士民法典》则规定成年人保护机构应依当事人的申请或依职权，或依法律的特别规定，应选任保佐人。所以，中国也应进一步明确申请人中"利害关系人"的范围。

（二）法定监护设立缺失妥当的公示方式

传统成年监护的前置程序是进行禁治产宣告。禁治产宣告制度因带有一定的歧视性且容易侵犯被监护人的隐私，逐渐被多国所摒弃。为了协调隐私权与交易安全冲突，其他国家和地区大多选择监护登记公示方式。① 监护登记公示方式有效克服了传统司法宣告侵犯当事人隐私权的重大缺陷，能够在保护当事人隐私的同时保护交易安全。

沿袭大陆法系的传统，中国监护开始的前置程序是行为能力的司法认定程序。即对行为能力是否完备或是否欠缺所做的一种程序上的认定，法院裁判结果并不涉及监护人选任或监护措施的选择，所以与监护的设置不直接相关，不存在明确的监护公示形式，也即行为能力认定程序与监护设立之间缺乏程序上的衔接。司法实践中行为能力宣告案件多为对合同能力、婚姻能力、遗嘱能力或诉讼能力等特定能力的申请。事实上，此时被认定为缺乏特定行为能力的人已经产生了需要他人援助、补足自己特定事务处理能力的客观需求，其他的市场主体也需要知晓在今后相同领域内的事务处理应规避相应的交易风险。但此时的行为能力认定程序并没有解决上述问题，成年人行为能力认定程序缺乏与成年人法定监护的形式关联，法院对行为能力认定完毕后，成年监护设立自动开始，处于任意状态，行为能力认定与监护的设立相脱离，也导致监护人的选任只能按照法定机械顺位进行，无法对候选监护人的资格进行

---

① 如德国法要求照管人的权限应记载于照管人身份证明书，并通知有关机关予以登记；法国法要求监护的开始、变更、终止的判决载在出生证上；中国台湾地区的成年监护法也要求法官应依职权嘱托户政机关予以登记；日本新的《监护登记法》规定，家庭法院书记官应将监护裁判通知法务局（司法局），在监护登记文档中进行登记。（参见李霞：《成年行为能力欠缺者的监护》，载梁慧星：《民商法论丛》（第34卷），法律出版社2006年版，第166页）

审查,不利于被监护人合法权益的维护。

同时,行为能力认定程序与监护设立之间的脱节,导致该制度的利用率不高,不仅不能及时满足行为能力不足者对特定事务的保护援助需求,也不能有效维护交易安全。所以完善法定监护启动方式,进行行为能力认定的同时设立监护登记制度,使二者紧密衔接,是解决问题的关键。

(三)行为能力动态审查机制不完善

客观来讲,被监护人行为能力的范围大小并不是恒定不变的,因为其精神状态、智力状况和体能强弱并非僵化不变,会随着时间推移发生变动,也许好转,也许更糟。相应的,被监护人能够处理个人事务的行为能力大小也会随之发生变化,监护人监护职权和监护事务的范围也应随之调整。为了能够使监护措施最大程度地与被监护人实际的行为能力欠缺状态相吻合,实现对被监护人监护需求最大程度的满足,就必须允许当事人根据被监护人行为能力的动态变化灵活申请调整或增减监护人的职权范围,防止对被监护人保护不足或援助过度,这也是必要性原则的客观要求。

对此,各国成年监护制度中均有类似的规定,如德国规定经过五年法院必须对被监护人的情况进行自动审查,进而决定对原有监护类型是否撤销、继续或再加强,即采取职权主义,实行被监护人行为能力再审查的制度化和定期化;日本也有类似规定①。根据美国《老年法》和《身心障碍者美国人法》的规定,定期向法院汇报能力欠缺者的状态,以及定期走访了解能力欠缺者的当前能力状态,是所有类型的监护人在处理监护事务时都必须遵循的基本义务内容之一,没有履行该义务的监护人将会受到法院的撤职和惩罚。

---

① 如《日本民法典》第7、11、144条规定,对于那些由于精神障碍而丧失辨识事理能力并处于动态的人,家庭法院可以依据"根据所规定之人的请求"即"配偶、四亲等内的亲属、成年后见人、成年后见监督人、保佐人、保佐监督人、协助人、协助监督人或检察官的请求","家庭法院进行启动监护的审判,由此认定监护"。

　　关于行为能力动态审查机制,中国法律只涉及被监护人行为能力状态好转或恢复的情况①,没有涉及相应监护措施的变化;也没有涉及行为能力恶化的情形以及相应监护方式和内容的调整与变动。客观上,如果出现被监护人情况恶化或好转,则也需要维持、更换或撤销监护措施或监护人,中国法律缺乏相关的制度规定。

(四)行为能力司法认定程序不规范

　　目前中国关于自然人行为能力的认定程序较为松散,司法实践中程序随意、标准不一致的现象并不少见,尤其是先入为主的主观推定,任意认定为行为能力欠缺,随意扩张监护适用对象。有研究表明,虽然按照规定被申请人是否"精神病人"或"痴呆症人"的认定在实务中应以医学标准进行鉴定证明,但司法实务中医疗鉴定机构并没有严格遵照该标准,常常直接抛弃了"精神病人"这一立法特定对象,将鉴定结论直接确定为"行为人为无(或限制)行为能力人",司法案例中也有将表达意思能力丧失的情况包括在内的情形。②

　　另外,在实质标准的把握上,法院容易流于心理学层面的心理能力欠缺认定,没有从"独立处理个人事务能力"这一实质标准出发对个人具体的事务处理能力进行具体的分析判断,导致鉴定结论并不能为是否设立监护提供有效的依据,有客观监护需求而不能得到监护或不需适用监护却配置监护的情形都容易发生。所以,中国需要进一步明确规范行为能力司法认定程序,严格规范医学鉴定和司法鉴定,法院审查严格把握实质标准,为监护制度功能的发挥提供重要的程序保障。

---

　　① 《中华人民共和国民法典》第 24 条第 2 款规定,"被人民法院认定为无民事行为能力人或者限制民事行为能力人的,经本人、利害关系人或者有关组织申请,人民法院可以根据其智力、精神健康恢复的状况,认定该成年人恢复为限制民事行为能力人或者完全民事行为能力人。"

　　② 参见李国强:《论行为能力制度和新型成年监护制度的协调》,《法律科学(西北政法大学学报)》2017 年第 3 期。

九、意定监护制度存在不足

中国目前对意定监护的立法并不健全,从制度内容来看,除了与成年法定监护一样对监护人职责缺乏必要规范、监护监督制度缺乏外,意定监护的法律地位不明,不能实现与法定监护的有效转换和衔接;意定监护协议订立条件和启动条件过高,制度适用陷入困境;意定监护协议的类型预设、订立程序、解除等问题都处于空白状态。由于意定监护制度缺乏系统性规定,分散的几个零星法律条文很难支撑起其正常的运作体系。

(一)意定监护与其他监护种类的序位和转换衔接不明确

从不同种类的成年监护制度在中国立法中的出场顺序来看,法定监护第一,指定监护次之,意定监护则位居监护类型末端,无法传递出意定监护优先于法定监护和指定监护的明确信息。另外需要注意的是,《老年人权益保障法》已经明确了意定监护优先,但《民法总则》《民法典》相应法条在保留老年人权益保护法关于老年人意定监护制度内容的同时,却没有保留该内容,致使意定监护与其他监护的序位和转换衔接问题不明晰。

1. 对意定监护与法定监护竞合时的处理不明晰

如果成年人已经与亲属之外的其他个人或组织签署意定监护协议,当事后发生了行为能力欠缺的情形时,法定监护顺位中的人也主张自己来担任监护人,此时,成年意定监护和法定监护发生竞合,何者优先适用,应该如何解决,没有定论。

2. 同一监护事项下的数个意定监护协议并存时的选择适用缺乏明确规定

在被监护人就自己的人身、财产或其他合法权益中的同一项事务与多位监护人签订意定监护协议的情形下,哪位监护人的意定监护协议优先适用,属于立法空白。

3. 意定监护协议约定内容与实际监护需求不匹配时,与法定监护的转换衔接缺乏法律规定

意定监护合同属于将来生效的合同,合同约定的监护事宜常常无法与协议生效时委托人行为能力欠缺的具体程度和实际监护需求相一致。意定监护启动时发现约定的职责范围与被监护人实际监护需求不匹配,如何与法定监护相衔接也无依据。

(二)意定监护适用条件过高,适用范围受限

根据现有立法,"具备完全民事行为能力"是意定监护协议委托人的主体条件,"丧失或部分丧失民事行为能力"是意定监护协议启动的实质条件。这样的规定条件过高,大大缩小了意定监护制度的适用范围,难以契合意定监护协议委托人的真实意愿,也影响制度设立初衷的充分实现。

1. 委托人范围规定条件过高,缩小了意定监护的适用对象

行为能力不等同于意思能力,行为能力欠缺未必意思能力欠缺。不允许行为能力欠缺但意思能力健全或意思能力轻微欠缺者自行安排个人监护事务,有违反意思自治原则之嫌。同时,客观来看,那些因为语言、听力、视力或肢体障碍导致仅对特定事务缺乏意思能力者甚至意思能力健全者,但其行为能力已经出现一定的欠缺,已经产生人身监护或财产保护需求,将其排除在意定监护合同委托人范围之外,客观上漠视了这类主体的制度适用需求。

2. 意定监护合同的启动条件规定不合理,不符合被监护人的真实意愿和实际监护需求

事实上,行为能力欠缺的样态和程度较为复杂多样,仅将丧失或部分丧失行为能力作为意定监护协议启动的实质条件,是要求行为能力欠缺达到较高的程度,监护人才开始履行监护职责。这样客观上推迟了意定监护启动的时机,提高了意定监护启动的门槛。实际上,意定监护本是为满足老年人的监护需求而创设,老年人因为年老体衰导致精神、智力、体能逐渐下降,其意思能力逐渐减弱,行动能力也降低,便产生监护需求。如果此时委托人不能启动意定监护协议,接受之前约定好的保护和协助,则协议的签订便成为摆设。

(三)意定监护缺少必要的预设分类

意定监护启动时适用的对象可能是部分行为能力人,也可能无行为能力人,还可能是对某一方面个人事务具有特殊监护需求的行为能力轻微欠缺者。从理论上讲,当事人对今后可能出现不同程度的行为能力欠缺情形进而需要监护的情况都可以在意定监护协议中进行相应的约定,才能满足意定监护协议委托人的监护需求和缔约目的。目前,中国只有一种笼统规定的意定监护协议类型,缺乏对意定监护委托人多元监护需求的人性关怀。并且,事实上,就当事人的法律知识和生活经验而言,其约定的监护未必适用各种监护情形,如此必然导致意定监护制度不能产生应有的功能,而且会因为协议内容不清晰导致履行困难,这些都将使得意定监护的作用大打折扣。法律将意定监护协议内容类型化以供当事人选择,并规定选择不明时的法律适用,或许是最为有效的解决路径。

(四)意定监护协议缺乏必要规范

意定监护的实现首先以意定监护协议的存在为前提,这是其与法定监护的重大区别。意定监护由双方自愿充分协商就权利义务达成一致,双方签订意定监护协议而诞生,为后期监护的履行提供法律依据。但鉴于意定监护协议本身具有一定的身份性,故其又有别于一般的民事协议,意思自治原则需要公权力的必要规制,以实现制度本身的特定目的。所以法律层面上对意定监护协议的相关内容进行必要的规制就成为必然。中国现有法律在这方面存在一定不足。

1. 意定监护协议的设立程序缺乏必要规范

《民法典》第33条对意定监护协议的成立仅规定了书面形式的要求。但意定监护委托协议是否要有形式要件的约束,是否需要登记公示程序等问题缺乏明确规定。

2. 对意定监护人的选任资格缺乏必要限制

与成年法定监护相同,法律同样没有对意定监护人的选任资格进行必要限制,这对被监护人的利益保护不利。

3. 对监护职责内容缺乏必要规制

虽然监护协议在本质上属于委托合同,当事人双方可以自由约定监护事务,但鉴于监护本身的人身属性,对关于委托人重大医疗措施或限制人身自由事项的决定问题以及对财产的特殊处置等问题,与法定监护相同,也应该由法律加以必要限制。

4. 对意定监护的解除缺乏明确规定

与法定监护和指定监护不同,意定监护基于双方协商而设立,且意定监护协议属于附生效条件的协议,成立时间与生效时间通常有较长的间隔,双方均可能因为各种事由解除意定监护协议,也会发生因监护人履行职责不当被强制解除协议的情形,需要法律进行明确规定。

另外,与成年人法定监护相同,中国法律对意定监护同样缺乏监护监督机制。

第五章　发达国家监护制度及其启示

第一节　发达国家未成年监护制度

一、大陆法系国家未成年监护制度

大陆法系国家关于未成年监护采取的是狭义的监护模式。所谓狭义的监护模式,是指对于未成年人,既存在监护制度又存在亲权制度,先由法定监护人即父母对未成年子女进行亲权方面的照管和保护,当未成年人缺失父母亲权方面的照管和保护时,方才启动未成年监护制度。

(一)未成年监护程序的启动

1. 监护程序的启动原因

因为大陆法系国家采取的是狭义的监护制度,所以监护程序的启动原因是未成年人缺失亲权方面的管理、照顾和保护,这时往往需要公权力介入,为未成年人确定监护人。《德国民法典》规定,未成年子女在父母均已去世、父母丧失代理未成年子女在人身和财产方面事务的能力或者未成年子女父母下落不明的,依照法定程序,由监护法院发布命令,为未成年人确定监护人。《法国民法典》规定,如果出现未成年子女在父母均已去世或者虽然父母健在但被剥夺亲权或者父母没有能力行使亲权等法定情形时,监护程序启动。再以日本为例,根据《日本民法典》的规定,出现下列两种法定情形时,未成年子女的亲属或者检察官可依法向监护法院提出宣告剥夺未成年子女的父母双方或一方亲权或者管理权的请求,家庭法院经过审查可以依法宣告未成年子女的父母双方或一方丧失亲权或者管理权。这两种法定情形分别是:一是未成年子女的父母双方或者一方未有效管理未成年子女的财产,可能造成未成年子女的财产出现危机;二是未成年子女的父母一方或双方在行使亲权时滥用亲权或者其行为严重危及未成年人的权益。

2. 监护程序的启动主体

就国家监护程序的启动主体而言,可以分为依申请启动和依职权启动两种模式。

对于依申请的启动程序而言,依法有权提出申请的主体主要有两种:一是官方有关机构,比如德国的福利性社团和青少年局、瑞典的社会福利机构和意大利、法国、比利时的检察官;二是另外一方的父母、亲属和达到一定年龄的未成年人自身,例如日本申请主体为另外一方的父母、亲属。

对于依职权启动而言,有些国家,例如德国和波兰民法典赋予法院依职权自行启动程序的权力。法院处于国家监护程序的中心位置,其他公共机构通常只能启动一些紧急程序。① 例如根据乌克兰《家庭法典》,在特别极端情形下,当未成年人的生命权和健康权遭受严重威胁时,监护委员会或者检察官可以立即将其从父母身边带离。

3. 监护程序的启动遵循的原则——比例原则

在公权力介入启动监护程序方面,根据欧洲委员会家庭法专家委员会发布的《在建立父母子女关系及其法律效果方面原则的报告:白皮书》的建议,即使发生父母危及未成年子女的情形,此时,将未成年子女从父母身边带离,

---

① 参见刘征峰:《以比例原则为核心的未成年人国家监护制度建构》,《法律科学(西北政法大学学报)》2019 年第 2 期。

并不会比让未成年子女继续与父母生活在一起更为恰当。所以欧洲大部分国家针对彻底剥夺父母亲权并送养子女这样极其严厉的措施,在公权力介入时都采取了比例原则。

以德国为例,《德国民法典》规定公权力介入有两种情况,一是父母危害未成年人财产,二是父母危及未成年人生命权、健康权等非财产利益。依据《德国民法典》的规定,公权力只有在穷尽一切合理措施,包括采取公共救济,都不能够消除父母对未成年子女非财产性利益造成危害和消除危险时,将未成年子女从父母身边带离,剥夺父母的照顾权,才有必要。该规定就体现了比例原则。再如芬兰《未成年人福利法》规定,除非存在紧急情况,社会福利委员会不能够直接越过开放型监护措施而将未成年人置于替代监护之下。

(二)监护人的确定

大陆法系国家采取的是狭义监护制度,将未成年人的父母从监护人的人选中予以排除,有关国家机构在未成年人的其他亲属、其他自然人或者法人中,依法定程序确定未成年人的监护人。

依据《德国民法典》的规定,在德国主要由自然人对未成年人进行监护,而福利性社团和青少年局对未成年人的监护则只起到补充作用。[1] 依据《日本民法典》的规定,未成年人的监护人的产生有两种方式:一是指定,也就是遗嘱指定,由最后对未成年人行使管理权和亲权的未成年人的父母,通过立遗嘱指定监护人,在监护人的产生方式中,遗嘱指定处于优先地位;二是法院选任,当通过遗嘱指定无法确定未成年人的监护人或者出现通过遗嘱指定的未成年人的监护人缺任的情形时,根据被监护的未成年人或者未成年人的亲属或者其他利害关系人提出的请求,家庭法院依法定程序选

---

① 参见徐杰:《未成年监护的比较研究——论中国未成年监护制度的完善》,硕士学位论文,华东政法大学,2015年,第25页。

任未成年人的监护人。①

（三）监护职责范围

大部分大陆法系国家法律采取罗列方式规定监护人的权利和义务,也有些国家仅作了较为原则的规定。

以德国为例,立法详细列举了监护人在未成年监护中的一系列权利和义务,比如说日常生活照顾、交还子女、教育、惩戒、居所指定、宗教教育、职业许可等。②《德国民法典》规定,在父母危害了未成年子女的财产或者父母危及未成年人生命权、健康权等非财产利益情形时,公权力应当进行必要干预。根据《德国民法典》的规定,针对父母危害子女财产利益的国家监护措施主要有责令父母提交财产目录和账目、要求父母提供担保、限制父母对子女财产的处置等。针对危害子女人身利益的国家监护措施则至少有以下几方面:责令采取公共救济,禁止临时或者在一定期间内使用家庭住宅或者其他住宅,责令遵守就学义务,严禁父母在家庭住宅周边停留,严禁父母寻找有待确定的、未成年子女经常逗留的其他地方,禁止父母和未成年子女联系或者见面。

《日本民法典》也详细列举了监护人的权利和义务,而且进一步规定,未成年人的监护人享有同行使亲权的人同样的权利和义务。根据《日本民法典》的规定,未成年子女的监护人监护职责范围包括:教育未成年子女、对未成年子女亲自惩戒、为未成年子女指定住所、许可未成年子女经营职业、将未成年子女送入惩戒所、管理未成年子女的财产。当然,为了保护未成年子女的利益,监护人在对未成年子女进行监护时,也要受到监督。《日本民法典》明确规定,如果监护人改变对被监护的未成年子女的教育方式或者变

---

① 参见翟淑芳:《中日监护制度比较研究》,硕士学位论文,吉林财经大学,2011 年,第15 页。

② 参见徐杰:《未成年监护的比较研究——论中国未成年监护制度的完善》,硕士学位论文,华东政法大学,2015 年,第26 页。

更被监护的未成年子女的住所或者将被监护的未成年子女送进惩戒所或者许可被监护的未成年子女进行经营或者撤销之前的许可,都要取得监护监督人的许可。①

瑞士则采取比较原则笼统的方式,即"参照亲权的条款执行"规定监护人的监护权利和义务。

综上所述,不管是详细列举还是比较原则或笼统的方式,都明确规定了监护人的权利和义务。归纳起来,监护职责范围主要表现在两个方面:一是人身照顾;二是财产管理。

（四）监护监督制度

大陆法系国家采取的是狭义监护制度,监护程序启动的原因是未成年人缺失亲权方面的管理、照顾和保护,故未成年人父母在监护人人选之外,有关国家机构将会在未成年人的其他亲属、其他自然人或者法人中,依法定程序确定未成年人的监护人。所以监护人与被监护人有时候并无血缘关系,监护关系完全基于法定。为了确实保障"未成年人最大利益原则",就有必要对监护人进行监督。监护职责范围主要体现在对被监护人的人身照顾、财产管理两个方面,故对监护人的监督也体现在其对被监护人的人身照顾、财产管理职责的履行方面。

传统的监护监督人主要有两种:一是自然人;二是官方机构,如亲属会议和监护法院等。自然人作为监护监督人,一般由具有监护资格的亲属担任。官方监护监督机构则由国家专门规定,如德国、日本等国家早期主要采取亲属会议制度进行监护监督。但随着社会的发展,当今社会,家庭规模变得越来越小,亲属之间关系也越来越疏散,所以很多国家都废除了亲属会议监督制度,但是也有少部分国家,比如瑞士等保留了亲属会议监督制度。现在大多数国

---

① 参见翟淑芳:《中日监护制度比较研究》,硕士学位论文,吉林财经大学,2011 年,第 16 页。

家采取的是官方机构监护监督,由监护行政机关、监护法院和家庭法院等监督监护主体履行相应的监督职责。

以德国为例,德国的监护监督主要由两个机构进行:一是家庭法院;二是青少年局。《德国民法典》规定了家庭法院的监护监督主要表现在三个方面:第一,依据《德国民法典》第 1666 条的规定,当父母无意或者不能帮助未成年子女远离危险,而致使未成年子女受到危害,包括人身、精神或者心理上遭受危害时,家庭法院可依职权要求父母寻求公共救济,并且承担教育义务,而且禁止父母和未成年人见面或者联系。这种要求,体现了对父母照顾权的部分或者全面剥夺。第二,依据《德国民法典》第 1667 条的规定,在未成年子女即被监护人的财产利益受到损害时,家庭法院可以依职权命令父母提供担保、向家庭法院提交财产清单,而且必须得到家庭法院许可,父母才可提取财产。此种命令,亦是对父母照顾权的部分或者全面剥夺。第三,依据《德国民法典》第 1693 条的规定,监护人即父母在事实上或者法律上不能行使监护职责或者行使监护职责受到阻碍时,家庭法院必须采取一定的安置措施以保障未成年子女的利益。

除了家庭法院的监护监督外,在未成年国家和社会监护体系中,德国青少年局也起着非常重要的监护监督作用。① 依据德国《社会法典》的规定,在人身照顾事务中,青少年局可以正式参与到一定的法院程序中,有权向家庭法院和监护法院提供支持。② 德国《社会法典》也规定了青少年局直接向法院起诉的理由:如果青少年局认为只有法院介入,才能够最大程度地降低对未成年子女的危害,才能最大程度地保障未成年子女的最佳利益时,此时青少年局就可以直接向法院提起诉讼。③ 另外,德国《社会法典》还规定了在突发的一些紧

---

① 参见李霞:《论〈民法总则〉中的未成年人国家监护》,《青少年犯罪问题》2017 年第 6 期。

② 参见德国《社会法典》第八编第 50 条。

③ 参见德国《社会法典》第八编第 52 条。

急情况下,为了保护未成年子女的利益,青少年局可以临时采取一些措施,比如将未成年人带离危险地域、为未成年人安排临时居所等。①

在法国,监护监督则由监护法官进行,由监护法官对监护人的监护事务进行监督。《法国民法典》规定,监护措施设定的目的是为了保护儿童,而且监护的责任属于公共性质的。②《法国民法典》亦详尽规定了监护法官的监护监督制度,一方面采取教育性补救措施,在未成年人的健康、安全或者道德品行方面面临危险或者未成年人的教育状况受到严重影响时,为了保护尚未解除亲权的未成年子女的利益,监护法官有权依据相关当事人的申请采取教育性保护措施,必要情形下也可依据职权直接为之。有权向监护法官提出请求保护措施的主体有未成年子女的父母双方或者一方、受托付照管未成年子女的个人或者部门;未成年子女本人或者检察机关也可向监护法官提出保护请求。另外,在法定情形下,为了未成年人的利益,监护法官可依职权授权儿童援助部门代替被监护人的父母行使亲权。③

另外,日本的监护监督由家庭法院进行公权力监督,另外还包括自然人作为监护监督人的监督。

(五)监护追责

当监护人因为过错而损害被监护人权益时,为了保护被监护人,各国法律都规定了对监护人追究责任的机制。例如《德国民法典》规定,当亲权人侵犯子女权益,而行使亲权的另一方父亲或母亲又不愿意或者不能制止损害时,监护法院可以剥夺未成年子女父母的亲权,直至损害消除时,恢复亲权,也可以采取措施来制止损害。根据《日本民法典》的规定,当未成年子女父母双方或

---

① 参见李霞:《论〈民法总则〉中的未成年人国家监护》,《青少年犯罪问题》2017年第6期。
② 参见《法国民法典》第427条。
③ 参见《法国民法典》第427条。

一方未依法行使亲权,侵犯未成年子女的利益时,未成年子女的亲属或者检察院可以向家庭法院提出请求,宣告父亲或者母亲丧失亲权。当然,大陆法系国家的法律同时还规定了监护人以及监护监督人的民事赔偿责任。

(六)被监护人侵权责任的归责原则

1. 过错推定责任原则

当未成年子女的行为侵犯到他人权益时,如何追究监护人的责任,大陆法系国家一般实行的是过错推定责任原则,也就是说此时推定监护人在教育、监督未成年子女的行为等监护方面存在过错,没有履行好监护职责,故而应承担监护责任,除非监护人能够证明自己在教育、监督未成年子女的行为等方面没有过错。

以德国为例,根据《德国民法典》规定,被侵权人在诉讼中只需举证自己遭受的损害与未成年子女的行为存在因果关系,法律就可以推定监护人没有尽到监护职责,监护人就要对被监护人即未成年子女的侵权行为承担法律责任。① 另外根据《德国民法典》的规定,如果监护人能够证明在监护未成年子女的行为中没有过错,将对被监护人即未成年子女的侵权行为不承担法律责任。②

在法国,当未成年子女的行为侵犯到他人权益时,如何追究监护人的责任,主流学说也主张实行过错推定责任原则。根据法国的相关判例,除非父母能够证明自己在监督、教育未成年子女方面不存在过错,否则要对未成年子女侵犯他人权益的行为承担责任。③

2. 无过错责任原则

法国主流学说主张当未成年子女的行为侵犯到他人权益时,实行过错推

---

① 参见《德国民法典》第 832 条。
② 参见《德国民法典》第 832(1)条。
③ 参见《法国民法典》第 1384(7)条。

定责任原则。但在 1984 年的司法判例中,法国最高法院要求监护人,即未成年子女的父母就被监护人即其未成年子女的侵权行为承担过错责任,而没有遵循《法国民法典》的过错推定责任原则。① 该案法官认为,即使根据《法国民法典》的规定,监护人即未成年子女的父母对于未成年子女侵犯他人权益的行为承担的是过错推定责任,但是只要未成年子女的侵权行为和受害人所遭受的损害损失有直接的因果关系,那么监护人即未成年子女的父母将要对其未成年子女的侵权行为承担侵权责任。② 该案法官认为,对于被侵权人而言,只需证明未成年子女的侵权行为和自己所遭受的损害损失有直接的因果关系即可,无需证明监护人在监护方面存在过错。

二、英美法系国家未成年监护制度

英美法系国家关于未成年监护采取的是广义的监护模式。所谓广义的监护模式,也就是亲权和监护合二为一,统一用未成年监护制度加以规范。

(一)监护程序的启动

英美法系国家采取的是广义的监护制度,监护程序的启动无需公权力介入,只要未成年人出生,父母作为监护人的监护程序就自动启动。当父母无法履行监护职责,国家层面的监护才启动。

在美国,根据《收养和安全家庭法案》的规定,除了法案所列举的除外情形外,终止父母权利必须满足前置努力要求。前置努力要求的目标是保持和恢复父母子女关系,具体包括两个方面:首先,在将未成年人寄养之前,采取预防措施或者消除可能导致将未成年人带离家庭的状况;其次,使子女安全回归

---

① 参见孙晓军:《未成年监护责任的归责原则》,硕士学位论文,山东大学,2010 年,第 19 页。

② 参见张民安:《现代法国侵权责任制度研究(第二版)》,法律出版社 1991 年版,第 215 页。

家庭。除非存在极端情形,美国多数州会为处于寄养或者其他形式公共监护之下未成年人恢复与父母的关系提供服务。通常而言,终止父母关系只是最后的救济方式。

在国家监护中,法院处于国家监护程序的中心位置,其他公共机构通常只能启动一些紧急程序。[①] 例如英格兰和威尔士法律赋予了警察在紧急情况下将未成年人带离父母的权力,并规定了紧急保护令制度。

(二)监护人的确定

和大陆法系不同,英美法系国家和地区采取的是广义的未成年监护制度,父母依法自动成为未成年子女的监护人,依法自动享有监护职责。以英国为例,依据英国儿童法的规定,在抚养儿童的人选中,父母是最佳人选,由未成年子女的父母共同对未成年子女承担监护责任。

当未成年子女的父母危及未成年子女利益时,国家层面监护开始启动。以美国为例,美国在未成年人保护方面和大陆法系国家一样,也奉行的是未成年人最大利益原则。美国国家财政对未成年监护予以支持,国家承担着辅助家庭监护的职责,国家监护和家庭监护共同保障未成年人的利益。美国的《收养和安全家庭法案》和《示范监护和保护程序法》等均倡导儿童最大利益原则。《儿童虐待预防及处理法案》则表达了政府财政支持的导向,《儿童虐待预防及处理法案》规定,国家在政策方面,应当提供三方面的服务:第一,加强家庭在预防虐待儿童和忽视儿童方面的能力;第二,尽可能地避免儿童脱离家庭;第三,促进家庭团聚。[②] 另外,国家在保护儿童和家庭方面,应给予财政上的支持、技术资源上的支持和人力上的支持。[③] 作为典

---

① 参见刘征峰:《以比例原则为核心的未成年人国家监护制度建构》,《法律科学(西北政法大学学报)》2019 年第 2 期。
② 参见美国《儿童虐待预防及处理法案》第 2 条第 9 款。
③ 参见美国《儿童虐待预防及处理法案》第 2 条第 12 款。

型的普通法系国家,美国并没有在全美统一适用的未成年监护法律制度,其关于未成年监护制度,主要通过各州的习惯法和宪法关联法等加以规定和体现。

未成年人国家监护主要表现为:一是严格按照司法程序为未成年人指定监护人①,法院指定监护人遵循的也是未成年人最大利益原则;②而且,法院对于父母的指定监护有最终的裁决权。③ 二是在处置未成年人的财产,如赠与、放弃财产利益、创建信托等重大财产处分行为,都必须得到法庭的批准。④ 三是国家辅助监护,美国儿童管理局的主要职责之一就是监护辅助,与监护人进行合作,提供早期支持,帮助监护人履行监护职责,其帮助的内容包括保护和提供儿童福利、少年司法、早期的医疗保健服务。⑤ 通过国家辅助监护,实施困难家庭救助计划,为父母提供抚育教育子女方面的指导,帮助父母履行其监护义务,为未成年子女创建安全稳定的家庭环境。

(三)监护人的监护职责

英美法系国家和地区采取的是广义的未成年监护制度,其关于监护职责的规定较为简洁,一般均规定监护人和亲权人比较一致的权利和义务,例如抚养的义务、教育的义务、人身照顾的义务、医疗的义务等。监护人的监护行为受到国家和社会的监护监督。

(四)监护监督制度

与大陆法系国家和地区相同,英美法系国家和地区也均以司法机关作为

---

① 参见美国《示范监护和保护程序法》第205条。
② 参见美国《示范监护和保护程序法》第204条(b)。
③ 参见美国《示范监护和保护程序法》第203条。
④ 参见美国《示范监护和保护程序法》第411条。
⑤ Gilbert N.,Parton N.,Skivenes M.,*Child Protection Systems:International Trend and Orientations*,Oxford University Press,2011,p.5.

监护监督的中坚力量,并要求全社会对未成年人的监护环节进行监督,从而形成国家和社会的监护监督体系。

以美国为例,监护监督包括社会监督和国家监督。

首先是社会监督,在《儿童虐待预防及处理法案》中明确规定了"强制报告"制度。依照此制度,凡是与未成年子女接触的人,包括邻居、老师、医生、卫生保健人员甚至路人等,如果发现未成年人有遭受家暴、虐待、忽视、遗弃,甚至是被独自留在家中或者汽车里,都有向有关部门报告的义务。由此规定,可以看出美国社会监督的监护监督人的范围非常广泛。

其次是国家监护监督。在美国,国家监护监督主要由儿童服务管理局和法院进行。当儿童服务管理局收到上述社会监护监督所提到的强制报告后,将立即介入监护监督体系,并对强制报告里的案例进行调查取证,评估监护人是否尽到监护职责。如果监护人未尽到监护职责,未成年人的利益受损,儿童服务管理局将立即采取紧急救护安置措施,以最大限度地保护未成年人,甚至可以让儿童脱离原生家庭,暂时由国家行使临时监护权并进行妥善安置。采取的安置措施有两种:一是安置在政府抚养所,二是寄养在普通家庭。随后,儿童福利管理局可到法院起诉监护人,即未成年子女的父母,也就是提起监护人虐待、遗弃、忽视未成年子女的诉讼。接着,法院介入监护监督体系,决定是否终止监护。值得注意的是,在美国,启动、终止父母监护权的司法程序,也必须遵循比例原则,必须穷尽了一切合理措施,并且要求必须出现终止父母监护权利的法定情形,否则不得启动。①

再以英国为例,国家和社会监护监督主体主要有法院、地区儿童保护委员会与收养和寄养联合会。1939 年的《子女监护法》赋予了大法官法庭的法官享有凌驾于父权之上的权力。除法院外,地区儿童保护委员会与收养和寄养联合会,也承担着监护监督职责,他们有权对未成年人被家暴、被虐待、被遗弃

---

① 参见李霞:《论〈民法总则〉中的未成年人国家监护》,《青少年犯罪问题》2017 年第6 期。

等情况展开调查研究,承担着保护和帮助发展儿童的工作,代表社会履行监护监督职责。

(五)监护追责

英美法系国家和地区采取的是广义的未成年监护制度,父母依法自动就成为未成年子女的监护人,依法自动享有监护职责。监护人侵犯被监护未成年子女的人身权利和财产利益时,和大陆法系国家和地区对亲权人和监护人分别惩治不同,英美法系国家和地区则是对未成年人的父母的监护责任进行追究。以美国为例,"忽略儿童",例如未给未成年子女提供食物、住房、义务、医疗条件,甚至是将未成年子女独自留在车内或者家中,均属于侵犯被监护人利益的行为,都将启动相应的法律程序追究父母的责任,更不用说父母言语恐吓、轻微体罚、虐待未成年子女了。根据情节轻重,父母将承担短期失去监护权或永远失去监护权的惩处。[1]

(六)被监护人侵权责任的归责原则

1. 过错责任原则

英美法系国家和地区的司法判例普遍奉行"法律不得推定父母存在监护过失的法律责任"[2]。同大陆法系国家和地区不同,英美法系国家和地区实行的是过错责任原则,父母只有在对未成年子女的监护中存在过错,才会对未成年子女侵犯他人权益的行为承担侵权责任。在诉讼中,被侵权人负举证责任,要证明父母即监护人在对未成年子女的监护中存在过错,否则不能要求父母对未成年子女的侵权行为承担法律责任。

---

[1] 参见徐杰:《未成年监护的比较研究——论中国未成年监护制度的完善》,硕士学位论文,华东政法大学,2015 年,第 28 页。

[2] 孙晓军:《未成年监护责任的归责原则》,硕士学位论文,山东大学,2010 年,第 17 页。

2. 无过错责任原则

在美国的路易斯安那州,当未成年子女的行为侵犯到他人权益时,对如何追究监护人,即未成年子女父母的责任,采取的是无过错责任原则。根据《路易斯安那州民法典》的规定,监护人即未成年子女的父母应当就被监护人即未成年子女损害他人权益的行为承担侵权责任,当被监护人同监护人一起生活,即便是在监护人将被监护人委托给其他人照管的情况下,监护人也要就被监护人损害他人权益的行为承担侵权责任,当然,监护人在承担侵权责任后,可向其他人追偿。[①]　在司法判例中,法院指出,监护人的免责理由不是反证自己在监护未成年子女的行为中无过错,而是通过证明损害是由于第三人的过错、偶然事件或者被侵权人自己的行为造成的。

第二节　发达国家未成年监护制度经验及启示

通过上述两大法系未成年监护制度的研究,总结出以下几方面经验,以期为中国未成年监护制度的完善提供启发与借鉴。

一、儿童利益最大原则贯穿未成年监护制度

目前,世界各国,不论是否已经加入联合国《儿童权利公约》,都奉行《儿童权利公约》的不歧视原则,儿童的最大利益原则,确保儿童的生命权、生存权和发展权的完整原则和尊重儿童意见的原则。未成年人作为独立的个体,受到国家、社会和家庭的尊重,各国在未成年监护制度的设置中均强调对未成年人权益的保障,奉行儿童利益最大原则。

中国作为《儿童权利公约》的成员国,亦应遵循《儿童权利公约》的四个基

---

① 参见《路易斯安那州民法典》第 2318 条。

本原则。《民法典》第 35 条已经体现了未成年人的最大利益原则和尊重未成年人真实意思原则①,但由于监督职责范围、监护责任规定过于宽泛概括,对这些理念的体现不够明确。2020 年修订的《未成年人保护法》对此有所突破与发展,明确提出国家保障未成年人的生存权、发展权、受保护权、参与权等权利;未成年人依法平等地享有各项权利。该法提出应坚持最有利于未成年人原则并细化了具体要求;多处规定强调尊重未成年人真实意愿,原则的操作性加强,也更利于实现未成年人合法权益。这些规定对先进理念和原则的体现更为具体完善,立法进步性明显,高度契合国际公约的要求。

二、监护职责规定明晰

大部分大陆法系国家采取罗列方式明确了监护人的权利和义务,例如《德国民法典》采取的是列举的方式,详细列举了监护人在对未成年监护方面的一系列权利和义务,比如说日常生活照顾、请求交还子女、教育、惩戒、居所指定、宗教教育、职业许可等。② 也有些国家则是较为原则或者笼统的规定,例如《瑞士民法典》规定,监护人的监护职责"参照亲权的条款执行"。英美法系国家和地区对监护事务的态度是主动干预,对监护职责的规定较大陆法系简洁,但各项内容均受到政府和社会的广泛监督。

长期以来,中国对监护人职责的规定在立法技术上较为原则笼统,缺乏内容指引③,不能很好地体现未成年人最大利益原则。2020 年《未成年人保护

---

① 《中华人民共和国民法典》第 35 条规定:"监护人应当按照最有利于被监护人的原则履行监护职责。监护人除为维护被监护人利益外,不得处分被监护人的财产。未成年人的监护人履行监护职责,在作出与被监护人利益有关的决定时,应当根据被监护人的年龄和智力状况,尊重被监护人的真实意愿。成年人的监护人履行监护职责,应当最大程度地尊重被监护人的真实意愿,保障并协助被监护人实施与其智力、精神健康状况相适应的民事法律行为。对被监护人有能力独立处理的事务,监护人不得干涉。"

② 参见徐杰:《未成年监护的比较研究——论中国未成年监护制度的完善》,硕士学位论文,华东政法大学,2015 年,第 26 页。

③ 《中华人民共和国民法典》第 34 条第 1 款:"监护人的职责是代理被监护人实施民事法律行为,保护被监护人的人身权利、财产权利以及其他合法权益等。"

法》在一定程度上改进了上述问题,细化了未成年人父母或其他监护人的监护职责,并督促监护人依法履行。但财产监护权的规定仍有进一步完善空间,人身事务监护方面需要抛弃传统错误认知,强调对未成年被监护人人格独立性和自主性的高度关注与真切尊重,切实保护其合法权益。2020 年修订的《预防未成年人犯罪法》也明确并细化了监护人对在预防未成年人犯罪中的监护职责,如监护人对于未成年人的预防犯罪教育负有直接责任;对未成年人不良行为应当及时制止并加强管教;对未成年人严重不良行为立即向公安机关报告及配合矫治教育措施的实施;和预防再犯罪时协助司法机关及有关部门做好安置帮教工作等。

三、未成年监护监督机制完善

两大法系都设有完善的未成年监护监督机制。例如德国由家庭法院和青少年局进行监护监督,法国由监护法官进行监护监督,日本由家庭法院进行监护监督;美国由儿童服务管理局和法院进行监护监督,英国主要由法院、地区儿童保护委员会与收养和寄养联合会进行监护监督。美国"强制报告"制度要求凡是与未成年子女接触的人如邻居、老师、医生、卫生保健人员甚至路人等,如果发现未成年人有遭受家暴、虐待、忽视、遗弃,甚至是被独自留在家中或者汽车里,都有向有关部门报告的义务。由此可见,美国的社会监护监督不仅主体广泛,而且这种社会监护监督是一种义务,而不是权利。此种立法设置,能够最大限度地保护未成年人的利益。

中国关于监护监督亦有两种:一是社会监护监督;二是国家监护监督。根据《民法典》第 36 条的规定,社会监护监督主体非常广泛,包括"其他依法具有监护资格的人,居民委员会、村民委员会、学校、医疗机构、妇女联合会、残疾人联合会、未成年人保护组织、依法设立的老年人组织、民政部门等"。但这些主体的监护监督属于权利而不是义务,其启动不具有强制性,不能最大限度地保护未成年人的利益。

可喜的是,2020 年《未成年人保护法》第 11、117 条改变了这种状况,要求"国家机关、居民委员会、村民委员会、密切接触未成年人的单位及其工作人员,在工作中发现未成年人身心健康受到侵害、疑似受到侵害或者面临其他危险情形的,应当立即向公安、民政、教育等有关部门报告";上述主体"未履行报告义务造成严重后果的,由上级主管部门或者所在单位对直接负责的主管人员和其他直接责任人员依法给予处分",从而将该种情形下的社会监督变成强制性义务规定,强化了监督效果。另外,还明确了未成年家庭监护监督人是居民委员会和村民委员会,接受民政部门的指引设立专岗专员从事未成年人保护工作,进行监护监督,强化了监护监督的操作性与务实性。在司法监督方面,明确了检察机关的法律监督权,以及提起公益诉讼的权利;法院的监护监督措施主要是撤销监护人的监护资格,为被监护人安排必要的临时监护措施,并重新指定监护人。这些立法发展使中国构建了较为完整的未成年监护监督制度,进步意义毋庸置疑。但目前仍然缺乏监护监督内容以及监护监督的法律责任问题的相关规定。

四、国家监护奉行比例主义原则

从广义来讲,所谓国家监护和社会监护,是指如果原生家庭在对未成年人进行监护时,侵犯到未成年人的人身和财产等利益,那么此时就由国家和社会帮助原生家庭进行未成年监护,甚至是取代原生家庭,而直接由国家和社会对未成年人进行监护的一种制度。[1] 正如学者所言,"尽管父母仍是首位监护人,但国家才是真正的监护职责主体,父母只不过是国家责任的替代者,并受国家的监督和辅助"[2]。虽然各国都意识到原生家庭对未成年人的重要性,并都充分尊重父母的照顾权,并一致认为家庭是保护未成年子女最好的场所,但是当父母无法履行监护职责或者父母监护缺失时,为了最大限度地保护未成

① 参见赵霖:《未成年监护制度公法化》,贵州民族出版社 2009 年版,第 207 页。
② 李霞:《监护制度比较研究》,山东大学出版社 2004 年版,第 24 页。

年人的利益,都高度重视国家监护和社会监护的角色担当,积极介入未成年监护。如设立国家代位监护,未成年人国家监护职责的承担与履行需要建立专门的组织机构来保障实施。从国际社会发展趋势来看,多数国家将监护职务确立为国家公务,设立专职机构执行监护工作。① 例如,美国儿童局下设儿童忽略和虐待司,专门负责对困难儿童的监护职责;英国法院依地方政府申请或者依职权可发出照管令或监督令,将涉及申请的儿童交给指定政府进行照管和关护;德国由监护法院和青少年福利局实际履行对未成年人的国家监护义务。

但公权力介入家庭监护要受到必要约束。根据欧洲委员会家庭法专家委员会发布的《在建立父母子女关系及其法律效果方面原则的报告》中的建议,各国在公权力介入监护程序时均注重干预措施的分层和渐进,且均遵循比例原则,实现对未成年合法权利的最大保护。如在国家和社会充当监护人之前,先对出现监护困难的家庭监护提供帮助和指导,这样一方面有利于未成年人的身心健康发展,另一方面可以很好地维护父母子女间的亲情关系,更加符合儿童利益最大原则和比例原则。在国家介入家庭监护进行干预甚至进行代位监护时,各国大多考虑到被干预的家庭监护存在的问题的性质及其严重程度,进而决定采取相对应的干预措施,避免比例失衡。如德国法律规定公权力只有在穷尽一切合理措施,包括采取公共救济,都不能够消除父母对未成年子女人身权益造成危害或消除危险时,始得剥夺父母的照顾权,将未成年子女从父母身边带离。

比较而言,长期以来,中国立法在依法撤销监护资格前,并没有采取帮助家庭监护的帮扶和支持措施,而是直接撤销监护资格,进行国家或社会监护。这种缺乏衔接过渡程序和分层干预措施的武断做法,可能反倒不利于未成年人子女的身心健康。这种情况在近十年来有了重大改变。《中国儿童发展纲

① 参见李霞:《民法典成年保护制度》,山东大学出版社2007年版,第83页。

要(2011—2020 年)》明确提出"建立完善儿童监护监督制度。……完善并落实不履行监护职责或严重侵害被监护儿童权益的父母或其他监护人资格撤销的法律制度",为监护撤销制度的改革提供了明确指引。中共十八大以来,党和国家高度重视未成年人保护工作,国务院及相关部门多次就未成年人保护问题作出重要批示,建议民政部会同司法部门建立未成年监护行政监督干预与司法裁判衔接的工作机制,最高人民法院进行了积极回应,民政部也多次要求就监护权转移问题采取有力措施保护受监护侵害未成年人合法权益。2014年,最高人民法院、最高人民检察院、公安部和民政部四部门联合下发《关于依法处理监护人侵害未成年人权益行为若干问题的意见》,对未成年监护中的国家干预和临时安置措施进行细化,对监护侵害事件的干预处置措施和工作流程加以明确,并确立了监护资格转移的条件和程序,建立了未成年监护行政干预和司法裁判衔接机制,作用与意义重大①。

2020 年修订的《中华人民共和国未成年人保护法》对此又有重大发展,高度强化了国家对未成年监护的国家支持与干预,完善比例原则,在立法上明确规定国家采取措施指导、支持、帮助和监督未成年人的父母或者其他监护人履行监护职责;国家负有在未成年人的学习教育、就业、心理矫治、物质帮扶等方面对家庭监护提供支持和帮助的法定义务,增加了监护撤销的前置帮扶程序,协助家庭更好地履行监护职责。另外,对不履行监护职责的父母或其他监护人在撤销监护资格之前,也根据情节差异增加了劝诫、制止、训诫、接受家庭教育培训等不同干预措施。这表明中国最新立法成果与国际社会接轨,中国未成年人保护工作取得飞跃式发展。另外,2020 年 12 月 26 日修订的《中华人民共和国预防未成年人犯罪法》以及通过的《刑法修正案(十一)》均鲜明地体现了国家对未成年人监护问题上的适度干预。

---

① 参见张世峰:《〈关于依法处理监护人侵害未成年人权益行为若干问题的意见〉解读》,中国政府网,http://www.mca.gov.cn/article/gk/jd/shsw/201504/20150415808677.shtml,2015 年 4 月 28 日。

第三节　发达国家成年监护制度的改革

自 20 世纪中后期开始,以禁治产和准禁治产宣告为特征的成年监护制度的固有缺陷日益暴露,为应对老龄化社会趋势下成年人尤其是老年人监护需求的激增及其复杂性,发达国家和地区对其成年监护制度进行了大幅度的改革。

一、大陆法系国家成年监护制度改革

(一)法国

古罗马法关于监护制度的规定,是现代民法监护制度的起源。[1] 早在公元前 450 年,古罗马就有关于监护和保佐制度的规定,《十二铜表法》的相关规定即为适例。《十二铜表法》第五表明确地规定了监护与保佐制度,并形成了较为完备的制度体系。法国是最早接受罗马法的国家之一,故而《十二铜表法》对法国成年监护制度的形成具有很重要的借鉴意义。

拿破仑时期所颁布的《拿破仑民法典》,可以说是法国传统民法成年监护制度的典型代表,实行的成年监护制度包括监护和辅助两种。《拿破仑民法典》明确规定,成年监护实行禁治产宣告、准禁治产宣告制度。成年人依据其精神状况不同,被依法宣告为禁治产人或准禁治产人。一旦成年人被宣告为禁治产人或者准禁治产人,则被剥夺行为能力,其独自实施的一切法律行为均为无效。成年人被宣告为禁治产人或准禁治产人后,接着将为其指定监护人或者辅助人。监护人和辅助人的设立要进行公示。[2]

1968 年,伴随着老龄化社会的到来,法国对其成年监护制度进行了现代改革。废除了原来的禁治产和准禁治产宣告制度,由法官根据被监护人的具

---

[1]　参见梁慧星:《民法总论》,法律出版社 1996 年版,第 115 页。

[2]　参见何勤华:《法国法律发达史》,法律出版社 2001 年版,第 42 页。

体情况,对其行为能力进行审查,进而确定其行为能力的不同限制程度,废除了原来的无行为能力的司法拟制。按照成年人行为能力的不同,将原来的成年监护制度的监护和辅助两种类型改为司法特殊保护、监护和财产管理三种。

1. 司法特殊保护

司法特殊保护只是针对行为能力稍弱的成年人。对于那些身体和心理障碍不太严重,如由于身体机能衰退而短期不能自行处理自身事务,需要帮助的成年人,可以进行司法特殊保护。[1]

2. 监护

监护的适用主要针对行为能力比较弱的成年人。如由于身体机能衰退而长期不能自行处理自身事务,需要他人长期代理时,此时对成年人设立监护,就显得尤为重要。但是法官可以在专门医生的意见下,具体确定被监护人哪些行为受限制,限制到哪种程度。[2]

3. 财产管理

财产管理主要针对那些挥霍者、浪费者。由于他们的挥霍、浪费行为很可能使自己陷入贫困进而无法履行家庭义务,或者其挥霍、浪费行为很可能使家庭陷入贫困,这时候在民事上帮助其进行财产管理就非常有必要。[3]

(二)德国

根据改革前的《德国民法典》第 6 条的规定,自然人由于精神疾病或者精神耗弱或者由于浪费或者由于嗜酒成瘾而不能处理自己事务,或者导致自己或者家庭陷于贫困的,将会被宣告为禁治产人。[4] 可见,改革前的《德国民法

---

[1] 参见《法国民法典》,第 491 条。
[2] 参见《法国民法典》,第 492 条。
[3] 参见《法国民法典》,第 508 条。
[4] 改革前的《德国民法典》第 6 条规定:"有下列情形之一者得被宣告为禁治产人:(1)因精神病或精神耗弱致不能处理自己事务者;(2)因挥霍浪费致自己或其家属有陷于贫困之虞者;(3)因酗酒成癖不能处理自己事务者,或致自己或其家属有陷于贫困之虞,或危及他人安全者"。

典》有关成年监护制度,实行的是禁治产宣告制度,自然人一旦被宣告为禁治产人,就必须为其设置监护人。

自 20 世纪 70 年代开始,德国学术界和实务界就开始提出修改旧的禁治产宣告制度下的成年监护制度,自此启动了德国成年监护制度的现代改革,并于 1990 年 9 月 12 日制定并公布了德国《照管法》,该法自 1992 年 1 月 1 日开始施行。该部法律废除了原来的禁治产宣告下的成年监护制度,取而代之的是照管人制度。该《照管法》后来又在 1998 年、2005 年、2009 年进行了三次修改。随着《照管法》的公布施行,德国民法典有关成年监护的相关规定也作出了修改。

该部法律的照管制度相对于原来的禁治产宣告制度,主要有下列变化:

1. 照管对象相对于监护对象发生变化

改革前的《德国民法典》规定的被宣告禁治产人即监护对象为由于精神疾病或者精神耗弱,由于浪费或者由于嗜酒成瘾而不能处理自己事务,或者导致自己或者家庭陷于贫困的自然人。根据现行《德国民法典》的规定,照管的对象为由于心理疾病或身体上、精神上或心灵上的残障而完全或部分地不能处理自己的事务的成年人。①

2. 申请人发生变化

根据现行《德国民法典》第 1896 条,申请人为成年人本人,当成年人本人不能表明其意愿者除外;而旧民法规定的申请人为成年人本人及法律规定的其他人。可见,现行的照管制度,更加符合被监护人最大利益原则,更加尊重被照管人的本人意愿。

3. 监护人或照管人的选任发生变化

根据现行《德国民法典》第 1896 条的规定,照管人产生的方式有两种:一

---

① 《德国民法典》第 1896 条第 1 款:"如果成年人由于心理疾病或身体上、精神上或心灵上的残障而完全或部分地不能处理自己的事务,则由照管法院经该成年人的申请或依职权为其任命一名照管人。该项申请亦可由无行为能力人提出。如果成年人系由于身体上的残障不能处理其事务,则只有经该成年人申请方得任命照管人,但该成年人不能表明其意愿的除外。"

是经该成年人申请,法院为其任命一名照管人;二是法院依职权为成年人任命一名照管人。而改革前的《德国民法典》则是以配偶、父母、其他近亲属顺位指定,父母不得干涉。可见现行照管制度,更加尊重成年人的意愿,注重对被照管人的保护。

4. 保护类型由一元的"照管"制度取代

改革前的《德国民法典》规定了"监护、辅佐"二元保护模式。改革中,将其中第6条、第104条第3款、第114条和第115条删除,从而废除了剥夺行为能力的禁治产宣告制度。同时,将旧《德国民法典》第1910条和第1920条删除,取消了有关身心障碍者的辅佐模式。另外,通过对旧《德国民法典》第1896条及1908条进行修改,规定了统一的成年照管制度,新增加的法律条文体现第1896—1908条。

(三)日本

日本有关"成年监护"一词,使用的是"成年后见"。而"后见",指的是在人的后面照顾、保护、代理、协助被监护人。可见,"后见"一词,充分尊重了被监护人残存的辨认和控制能力,更符合监护本意,故我们充分尊重日本语言习惯,在本章使用"后见"一词。日本属于大陆法系国家,有关成年后见制度的立法,基本上都是学习借鉴欧洲国家的民法典。

1. 日本成年后见制度的起源——禁治产和准禁治产宣告制度

《法国民法典》是日本成年后见制度的立法模板,通过对《法国民法典》的学习和借鉴,日本制定了自己的成年后见制度。1890年日本制定了第一部《民法典》,后来又在1898年学习和借鉴了《德国民法典》第一草案,制定并通过了日本的现行民法典《1898日本民法典》。在《1898日本民法典》的总则中,日本民法建立了成年后见制度——禁治产宣告、准禁治产宣告制度。根据该法第7条和第11条的规定,成年人本人、本人、配偶、四等以内亲属、后见人、保佐人或检察官可以对家庭法院提出申请,请求对身心不健全的成年人、心神耗弱人及浪费人进行禁治产宣告。

2. 日本成年后见制度的现代改革

日本明治维新后,欧洲国家成年监护制度的改革对日本成年后见制度的改革具有巨大的影响作用。例如德国1992年的照管制度、法国的个案审查制度以及1971年联合国大会发布的《智力障碍者权利宣言》,其中的制度内容及指导理念极大地推动和指引着现代日本监护制度的改革。日本于1999年对现行民法有关成年后见制度部分进行了大幅度的修改。修改后的《日本民法典》用新设立的"任意后见制度"和"后见登记制度"取代了原来《日本民法典》民法总则中的"禁治产、准禁治产制度"和亲属编中的"后见制度"。

为了贯彻落实新修订《日本民法典》中的"任意后见制度"和"后见登记制度",2000年4月1日,日本制定并实施了《关于成年后见的法律》《关于修改民法的一部分的法律》《关于任意后见契约的法律》《关于后见登记的法律》《关于伴随施行〈关于修改民法的一部分的法律〉修改有关法律的法律》等法律,伴随着日本成年后见制度的改革,日本又在此基础上修订了300多项法律、法规。

修改后的成年后见制度,用"法定成年后见"和"成年任意后见"两种成年后见制度完全取代了原来的禁治产、准禁治产制度。在法定成年后见制度中,根据被后见人判断能力的程度又分为后见、保佐和辅助三种监护类型。被后见人包括精神残疾者、老年人和智力残疾者,但不包括身体残疾者。法定成年后见制度体现了公权力对成人后见制度的必要干预。成年任意后见制度充分尊重了被后见人意思表示能力,其适用的对象主要是老年人。成年任意后见制度的主要内容为,在被后见人尚有意思表示能力时,预先通过合同或者契约将自己的后见事务全面或者部分委托于后见人。当合同或者契约约定的本人的神智残疾或衰退的事实发生时,由法院指定后见监督人,后见监督人被选任时该委托后见契约生效,任意后见开始,受委托后见人成为任意后见人。

（四）瑞士

2013 年通过的《瑞士民法典》中成年监护法所规定的保佐制度属于其"官方措施"，使用顺序次于"为自己安排照护"，体现出意定优先的立法理念。保佐内部分别进行层级化的制度安排，完全替代了旧法中的监护和保佐。保佐适用的对象包括三类人：一是由于精神残疾，而无法独立处理自己事务的成年人；二是由于精神残疾，而对自己的事务处理能力欠缺的成年人；三是暂时没有判断能力或者暂时失去意识，但又尚未指定代表人的。保佐人的保佐职责范围由官方机构，即监护主管官厅规定。监护主管官厅依据保佐的职责性质决定是否设立保佐。

监护主管官厅依据被保佐人的意思能力强弱及行为能力受限制的程度，从轻到重依次可为被保佐人设立四种保佐措施。

1. 辅助性保佐

辅助性保佐在那些需要照料的人同时需要他人协助处理特定事务时经其同意而设立。也就是说，对于意思能力健全、行为能力不受限制的身心障碍成年人适用辅助性保佐制度。因为此种情况下，被保佐人仍属于完全行为能力人，只是需要保佐人协助处理某些特定事务，所以，此种辅助性保佐措施的设立，需要取得被保佐人的同意。而且，被保佐人不应因为设立了辅助性保佐措施，就失去了自主处理自己日常事务的权利。保佐人就特定事务协助被保佐人时，要充分尊重被保佐人的意愿，取得被保佐人的同意。

2. 代表性保佐

代表性保佐在需要照料的人不能处理特定事务需要他人代表时而设立。此时本人的行为能力是否受限由成年人保护机构根据其需要处理事务的状况来决定。

保佐人为被保佐人的代表人，在保佐的过程中，如果被保佐人没有被限制行为能力，则对保佐人的法律行为承担法律责任。但是《瑞士民法典》同时也规定保佐人禁止代表被保佐人进行担保、大量赠与以及建立财团。①

3. 参与性保佐

需要照料的人在实施某些行为时不具有判断力,为保护其利益需经保佐人同意其行为时,则应设立参与性保佐。② 也就是说,由于被保佐人处理某些事务时,不具有判断能力,需要保佐人参与作出决定,即需要保佐人的同意,否则被保佐人的法律行为无效。在参与性保佐措施中,由于被保佐人在某些方面的判断能力欠缺而导致其在某些方面的行为能力不足,行为能力受到限制。但受限制的范围仅仅限于成年人保护机构赋予保佐人同意权的范围内,被保佐人对其他事务仍然具有独立自主处理的权利。所以说,被保佐人的行为能力只在官方机构认定的范围内受到限制,而不是所有的日常事务都需要取得保佐人的同意。

4. 总括性保佐

总括性保佐适用的对象,是那些持续性丧失判断能力而需要特别照顾的成年人。由于被保佐人丧失判断能力,而无行为能力,所以保佐人保佐的范围,相对于上述三种保佐措施,就比较广泛,包括人身照顾、财产管理和法律交易上的一切事务。③ 另外,根据《瑞士民法典》的规定,在被保佐人有判断能力而无行为能力的情形下,经保佐人的同意后亦可实施三种法律行为:一是被保佐人可以无偿取得一些利益;二是被保佐人处理日常生活中非重要事务,比如买一块糖;三是被保佐人可在取得保佐人同意后承担义务或放弃权利。④

所以,总括保佐中被保佐人虽被依法限制了全部行为能力,但并不必然意味着意思自治的全部丧失。同时,根据第 19 条,其亦有独立行使与人格有关的权利。即便是无判断能力的被保佐人,虽无行为能力,仍得在法所许可范围内以自己行为取得权利承担义务,并行使具有高度人身性质的权利。⑤ 此时,

---

① 参见《瑞士民法典》第 412 条。
② 参见《瑞士民法典》第 396 条。
③ 参见《瑞士民法典》第 398 条。
④ 参见《瑞士民法典》第 19 条。
⑤ 参见《瑞士民法典》第 407 条。

虽然被仍定为无行为能力,但仍具有纯获利益、从事必要之日常生活行为以及与其人格有关的行为。

此外,该法第 397 条还规定了不同类型保佐的结合情形,也就是说上述辅助性保佐、代表性保佐和参与性保佐三种措施可以根据具体情况分类组合,形成多种监护措施。在成年人具有判断能力时,这样灵活处理可以让被保佐人意志自由和利益保护实现最大化。例如,被保佐人可能因参与性保佐而被限制进行巨额贷款的行为能力,但其仍可利用代表性保佐作出放弃遗嘱的行为,也可以利用辅助性保佐措施,让保佐人协助处理一些一般性事务,比如购房信息搜集等。

二、英美法系国家成年监护制度改革

(一)英国

随着人口老龄化的发展,世界各国越来越重视对老年人群体的人权保障问题,正是在这种社会背景下,英国开始了成年监护制度的现代改革。

英国关于成年监护制度的现代改革,主要体现在 1983 年的《英国精神健康法》、1985 年的《英国永久性代理权授予法》、2003 年的《英国老年法》、2005 年的《意思能力法》。

1.《英国精神健康法》

英国最早的有关成年监护制度的法案为 1800 年的《精神错乱者法》,这部法案在 1983 年修改为《英国精神健康法》。该法案规定的监护对象为精神障碍者。根据该法案,法院和公共信托局具有很大的自由裁量权,有权对精神障碍者的财产进行主动保护,而不是依申请才被动保护。如法官可以证明一个人由于精神不健全,无法亲自处理自己的事务,无法经营自己的财产;法官对精神障碍者的财产具有处分的权限,还可以代表精神障碍者签订契约,并强制实施已经签订的契约。该法案建立的初衷是为了保护精神障碍者,但实施效果却不理想,忽视了对精神障碍者人权的保护。为了对精神障碍者进行人权保护,英国卫生部于 1998 年组织有关法律专家和精神障碍方面的医学专家组成修订调研委员会,开始对《英国精神健康法》进行修订。

2.《英国永久性代理权授予法》

在学习借鉴美国的《统一持续性代理权授予法》的基础上,英国于 1985 年制定并公布了《英国永久性代理权授予法》。所谓永久性代理授予,是指在被代理人尚具备意思表示能力时,通过书面合同委托代理人,约定在自己将来丧失意思表示能力、无法处理日常事务时,由代理人负责管理自己的财产事务。1985 年《英国永久性代理权授予法》开启了英国成年意定监护的先河。1986 年该法案在威尔士开始实施。《英国永久性代理权授予法》是英国较为有代表性的成年监护制度法案。

该法案规定了永久性代理权的授予条件:首先,被代理人须为年满 18 周岁的成年人,而且在签订书面合同时具有意思表达能力,能够辨认和控制自己的行为。其次,代理人有两种:一是年满 18 周岁的自然人,并要求代理人无债务危机,没收到破产宣告;二是信托公司。最后,在被代理人丧失意思表示能力时,代理人必须携带书面合同到法院进行登记,否则该合同不能生效,代理人无法取到代理权。

《英国永久性代理权授予法》体现出对被监护人自主权的充分尊重,但其不足之处在于,该法案仅适用于对被代理人财产管理的代理,缺乏对被代理人人身权的保障,与国际人权保障的发展理念还有差距。

3.《英国老年法》

英国 2003 年通过了《英国老年法》,以为老年人提供更加完善和全面的保护体系。该法案尤其重视老年人权益保障,以老年人为保护对象,而且不以单纯的年龄因素作为保护的标准,将丧失或者部分丧失意思表示能力的老年人以及虽然具有意思表示能力,但缺乏关怀而被社会忽视的老年人群体均纳入保护范畴。该法案还赋予老年人比较广泛而充分的权利范围,包括平等权、不受歧视权、个人独立权、受保护权、个人自由权、家庭权利、婚姻隐私自主权、不受野蛮和羞辱的待遇的权利以及财产权。

4.《意思能力法》

1985 年制定的《英国永久性代理权授予法》经过多年的实施,于 2005 年修订为《意思能力法》,并于 2007 年正式实施。1985 年的《英国永久性代理权授予法》仅对本人财产进行管理,而《意思能力法》在此基础上,增加了个人福利等事务,也就是说,《意思能力法》规定了两种永久性代理权:一是财产事务,二是个人福利等事务。为了充分保护被监护人的利益,两种授权书均需到法院进行登记,否则不予生效。

《意思能力法》还明确对意思能力缺乏者的概念进行详细界定。根据该法案,凡是由于智力或者精神残疾而不能在某件事情上作出决定的,即可判断为意思能力缺乏者。也就是说,意思决定能力欠缺是为意思能力欠缺认定的标准。为了充分保障人权,依据该法案,还专门成立了保护法院。

(二)美国

1. 美国成年监护制度的起源

美国成年监护制度在起源上主要受古罗马法和英国法的影响。一方面,美国的成年监护制度最早可以追溯到古罗马时期,具体体现为《十二铜表法》第五表关于监护和保佐制度的规定。另一方面,美国原为英国的殖民地,美国的成年监护制度可以追溯到中世纪和近代的英国成年监护制度。14 世纪爱德华二世统治时期,英国的普通法通过判例确立了一项基本规则:当一个人精神残疾或者智力残疾时,可为其设立代理人。[①] 此处的为精神残疾或者智力残疾人设定代理人的制度,即为英国早期的监护制度。此时的成年监护制度主要是对被监护人的财产进行管理,而不涉及被监护人的人身权益,一直到 1714 年《流浪者法案》的颁布,才开始对被监护人的人身权益进行保护。

---

① 参见罗鑫:《美国成年监护制度改革及借鉴》,硕士学位论文,山东大学,2010 年。

2. 改革前美国成年监护制度的缺陷

在现代改革前,美国各州的成年监护制度大同小异,均规定如果一个人被认定为无行为能力,则剥夺其所有做决定的权利,毫不考虑被监护人残存的意思表示能力。这种制度设置,完全剥夺了被监护人的自我决定权,被监护人可以说是活着的死人,将会导致成年监护制度设立的目的无法实现。[①] 20 世纪60 年代,美国启动了成年监护制度的现代改革。

3. 美国成年监护制度的现代改革

(1)成年意定监护制度的创设

美国成年意定监护制度的设立,主要涉及两个法典,一个是《统一持续性代理权授予法》,另一个是《统一医疗保健法》。美国全国统一州法委员会于1969 年制定了《统一遗嘱验证法典》,又在 1979 年将其修改为《统一持续性代理权授予法》。这两部法典均设立了持续性代理权授予制度,即美国早期的意定监护制度。但其不足在于仅涉及对被监护人的财产事务进行管理,而缺乏对被监护人人身照顾。为弥补这一缺憾,美国全国统一州法委员会又在1993 年通过了《统一医疗保健法》,该法案不仅涉及被监护人的财产事务管理,而且涉及被监护人的人身照顾。[②]

(2)美国成年国家监护和社会监护

除传统意义上由家庭对被监护人进行监护外,在美国,成年监护制度还包括公共监护和社会监护。成年国家监护,顾名思义,是由国家有关机构来作为监护人承担监护职责。当一个人由于精神残疾或者智力残疾行为能力欠缺,同时缺乏经济来源,而又没有家庭或朋友愿意承担监护职责,此时就由法院为其指定政府机构作为监护人。成年社会监护,则是由社会机构来承担监护职

---

① Eleanor M., Crosby & Rose Nathan, "Adult guardship in georgia", *The Quinnipiac Probate Law Journal*, Vol.16, No.3&4. 2003:259.

② 参见罗鑫:《美国成年监护制度改革及借鉴》,硕士学位论文,山东大学,2010 年。

责。社会监护机构有些是营利性质的,有些是非营利性质的。[1]

(三)加拿大

加拿大曾经是英国和法国的殖民地,故加拿大的成年监护制度的起源和发展受到英美法系和大陆法系两大法系的成年监护制度的影响。在加拿大,受到大陆法系影响的主要是魁北克省;其余各省则受到英美法系的影响,尤其是受到中世纪英格兰法律中关于成年监护制度的影响。

1. 加拿大成年监护制度的起源——全面监护阶段

受英美法系和大陆法系的影响,加拿大早期的成年监护制度为全面监护制度,影响其制度的一个是中世纪英格兰的《国王权力法》,另一个是大陆法系的《法国民法典》。[2] 这两部法律都是以父爱主义,也就是家长制主义的旗号,实行全面监护制度。被监护人在此种制度下毫无尊严可言,没有任何自我决定的权利,他们不仅被剥夺了财产权,而且还被剥夺了人身权利。

2. 加拿大成年监护制度的现代改革

(1)部分监护取代全面监护

进入 20 世纪后,人们开始关注被监护人的人格尊严。1978 年加拿大艾伯塔省制定了《非独立成人法》,在此法中,成年监护制度的理念发生变化,首次全面否定了全面监护制度,建立了部分监护制度。[3] 该法案认为,被监护人有可能尚未丧失所有辨认和控制能力,有些被监护人尚存在一定的辨认和控制能力,所以应废除全面监护制度,建立部分监护制度,对被监护人采用最小限度干预原则,以充分尊重其人格尊严。

(2)在部分监护制度中注入意定监护

随着加拿大 1982 年宪法的颁布,一个真正意义上的主权国家由此产生。

---

① 参见武光刚:《中国成年监护制度研究》,硕士学位论文,江西财经大学,2014 年。

② 参见朱雪林:《加拿大成年监护制度研究——兼论对中国成年监护制度的启示》,博士学位论文,吉林大学,2012 年。

③ 参见加拿大艾伯塔省《非独立成人法》第 11 条。

加拿大的《权利与自由宪章》开始注重对平等和自由的保障。随着国际社会上普通法系中英、美各国的持续性代理权的广泛应用,以及大陆法系德国、法国等国禁治产人制度的相继废止,加拿大开始了成人监护制度改革的第二步——在部分监护制度中注入意定监护。20世纪90年代,加拿大魁北克省《魁北克民法典》和安大略省的《代行决定法》中均采用了意定监护,使得尚存辨认和控制能力的被监护人有了自由选择的机会,被监护人的人格尊严和人身自由得到充分尊重。为此,加拿大设立了能力鉴定体系,并建立了公共保佐人制度。这两种举措,为成年意定监护的实施提供了体系和制度保障,高度契合了国际人权保障的发展理念。

(3)辅助监护制度的建立

随着老龄化社会的到来,意定监护制度的缺陷也日益凸显,如何能够最大限度地保障被监护人的利益,如何能使更多的有监护需求的各种身心障碍者都纳入成年监护范围,成为社会普遍关注的问题。在此种强烈需求下,加拿大又设立了辅助监护制度。辅助监护制度与传统意义上的成年监护相比,更加尊重被监护人的自我决定权。在监护的过程中,被监护人仍然存在部分自我决定权,就某些监护事务可以在监护人的帮助下作出自我选择,此种情况,即为帮助型辅助监护。就某些监护事务,也可与监护人共同作出决定,此为共同决定型辅助监护。[①]

①帮助型辅助监护

这种辅助监护模式,专门为完全有决定能力但是具有一定的交流、沟通或者理解障碍,需要他人协助才能作出决定的人而创设,通常是高龄者。由于被监护人具有完全的意思表示能力,所以从保护隐私权的角度,一方面,辅助人往往是比较亲密的家庭成员或者朋友,另一方面,这种辅助监护也不需要官方介入,只需要辅助人和被辅助人双方签订书面协议,且无需向官方登记。另外,帮

---

① 参见朱雪林:《加拿大成年监护制度研究——兼论对中国成年监护制度的启示》,博士学位论文,吉林大学,2012年。

助型辅助监护不适用于财产事务管理,而只适用于人身事务方面的照顾。由于被辅助人本身就具有很大程度的决定能力,因此辅助人的辅助权限范围就比较小。

②共同决定型辅助

这种辅助监护制度主要适用对象为具有一定的意思表示能力或者决定能力,但仍需在他人的帮助下共同作出决定的成年人。由于被辅助人意思表示能力欠缺,所以此种辅助监护需要公权力介入,需要国家进行监护监督。根据被辅助人意思表示能力或决定能力的程度不同,通常由其本人或者家庭成员等近亲属向法院提出辅助申请,由法院为被辅助人指定共同决定人。与帮助型辅助监护制度不同,此种辅助监护的被辅助人意思表示能力或者决定能力有一定欠缺,所以辅助人的权限范围相对较大。另外,和帮助型辅助监护制度相同,此种辅助监护也仅适用于人身事务的照顾,不适用于财产事务的辅助。

另外,二者在监督程序和履行职责方面的要求也不相同。辅助监护有四个基本原则,即能力推定原则、沟通方法与能力无关原则、最小限制干预和维护自主权原则、最佳利益原则。

辅助监护制度与以往所有的监护制度类型相比,最大的突破在于改变了被监护人在监护中的地位。在传统监护关系中,监护人代表本人,被监护人是法定代理人以代理人身份掩盖下的无形存在。但辅助监护制度改变了这一局面,监护人不再是代理人而是辅助人,在帮助型辅助制度中,被辅助人由于具有完全的意思表示能力或者决定能力,所以被辅助人对人身事务具有完全决定权;而在共同决定型辅助监护中,由于被辅助人意思表示能力欠缺或者决定能力欠缺,所以辅助人和被辅助人对被辅助人的人身事务具有共同决定权。这样的制度设计既尊重了本人既有的意思能力,同时扩大了监护制度的保护范围,将高龄失能以及其他因身体障碍无法独立处理个人事务的成年人都纳入监护对象范围,为具有不同监护需求的成年人提供了更多选择。

第四节　发达国家成年监护制度
改革经验及其启示

一、发达国家成年监护制度改革的经验

在老龄化和人权保障的背景下,很多国家和地区的成年监护制度都进行了改革。虽然各国改革的内容不同,但不论是大陆法系国家和地区还是英美法系国家和地区,其成年监护制度现代改革的发展趋势却是相同的,越来越重视对人权的保障。

(一)全面废除禁治产、准禁治产宣告制度

禁治产、准禁治产宣告制度奉行的是早期的法律家长主义原则,在禁治产、准禁治产宣告制度下,成年监护的对象往往是精神障碍者或者智力障碍者,他们一旦被宣告为禁治产人或准禁治产人后,即丧失对自己一切事务的决定权,无任何尊严而言,人身事务和财产事务均由监护人代为管理,自己不能处理。在这种监护制度下,监护人的权限范围非常大,常常出现监护人严重侵犯被监护人利益的情形。由于禁治产、准禁治产宣告制度往往忽视了被监护人残存的意思表示能力,所以,两大法系国家和地区在成年监护制度的现代改革中,均充分尊重被监护人残存的意思表示能力,充分重视对被监护人的人权保障,均废除了禁治产、准禁治产宣告制度,开始转向"权利模式"。①

---

① 2006 年联合国大会通过的《残疾人权利国际公约》确立了国际残疾人人权保护的国际化标准。该公约序言明确认可残疾是一个演变中的概念,残疾具有多样性,残疾是伤残者和阻碍他们在与其他人平等的基础上充分切实地参与社会的各种态度和环境障碍相互作用所产生的结果。公约第 12 条明确要求各缔约国应承认残疾人在法律面前的平等地位,应采取措施保障残疾人享有平等权利;可拥有或继承财产,掌管自己的财务,并应当确保残疾人的财产不被任意剥夺。公约第 19 条确认残疾人的独立生活和融入社区的权利。

(二)意定监护的创设

意定监护是相对于法定监护而言的。在大陆法系国家或地区通常称其为意定监护,而在英美法系国家或地区则通常称之为持续代理或永久代理。称谓虽有不同,但制度设立初衷相同,都是在充分尊重被监护人自我决定权的基础上设定,基于被监护人的真实意思表示而产生,由被监护人通过合同来选任监护人,并通过合同约定监护人的监护职责范围。

日本采取的是任意后见制度。① 美国的成年意定监护制度主要体现在《统一持续性代理权授予法》和《统一医疗保健法》中,监护内容不仅涉及被监护人的财产事务管理,而且涉及被监护人的人身照顾。1985 年的《英国永久性代理权授予法》要求被代理人在签订书面合同时年满 18 周岁且具有意思表达能力,能够辨认和控制自己的行为;代理人可以是年满 18 周岁以上无债务危机和破产宣告的自然人,也可以是信托公司。当被代理人发生约定的情形即丧失意思表示能力时,被代理人必须携带书面合同到法院进行登记才能使合同生效,代理人始取得代理权。此种持续性代理权授予制度被认为是最具有典型意义的意定代理制度。

当法定监护和意定监护出现冲突的时候,是法定监护优先还是意定监护优先,大陆法系和英美法系均秉持意定监护优先原则。这种制度原则设计,充分尊重了被监护人的意愿,充分尊重了被监护人的自我决定权,更加符合国际人权保障的发展理念和发展趋势。相对于法定监护的单一保护模式,意定监护则可由被监护人根据自己将来可能出现的精神状况、智力状况、身体状况,通过契约委托监护人的监护职责范围。故而意定监护体现了对被监护人意愿的最大尊重和最小干预原则。

---

① 日本《任意监护法(2000 年 4 月 1 日)》第 2 条第 1 款规定:任意监护合同是委托人对受托人的委任合同,当事人由于精神障碍而事理辨识能力变得不充分时,本人将自己生活、疗养看护及与财产管理相关事务的全部或一部分委托受托人,并就委托事项赋予受托人以代理权。

（三）成年监护制度的受益者范围扩大

现代成年监护制度的受益者，也就是被监护人的范围更为广泛。以德国为例，改革前监护对象主要是各种精神障碍或精神耗弱而不能处理自己事务者，或者由于浪费、嗜酒成瘾导致自己或者家庭陷于贫困的自然人；改革后为各种身心残障而完全或部分地不能处理自己的事务的成年人。改革前的日本成年监护制度实行的是"禁治产、准禁治产宣告制度"，被宣告为禁治产人和准禁治产人的主要是精神残疾者和智力残疾者；而修改后的日本成年后见制度，被后见人包括精神残疾者、智力残疾者、身体残疾者、高龄者、酗酒成瘾的人，另外还有赌博成瘾的人。①

传统意义上的成年监护对象往往是精神障碍者，但随着老龄化社会的到来，很多老年人出现了身体上和智力上的障碍，旧的成人监护制度无法保障他们的权益。现代成年监护制度的改革，扩大了被监护人的范围，使越来越多的人受益于成年监护制度，更加有益于应对老龄化社会的各种监护问题，符合国际人权保护的发展趋势。

（四）部分监护制度的创设

部分监护对应的是全面监护，在全面监护制度下，被监护人的一切事务，包括人身、财产方面的事务，均由监护人代为行使。全面监护制度完全漠视了被监护人剩余的意思表示能力，这种对被监护人的过度"保护"，实际上是对被监护人人权的蔑视和剥夺。在美国，公众普遍认为全面监护制度是对人权的蔑视、践踏和剥夺，在这种制度下，被监护人在法律上没有任何权利而言。②

---

① 日本2000年对监护制度进行改革，成年监护对象包括精神障碍者、高龄者和智力障碍者，将身体障碍者和赌博成瘾、酗酒成瘾者又排除在外。这只是极少数现象，绝大多数国家成年监护制度都适用于身体障碍情形。

② Lawrence O.Gostin & Anna Garsia,"Governing for Health as the World Grows Older：Healthy Lifespans in Aging Societies",*The Elder Law Journal*,Vol.22,p.115.

正是因为全面监护制度的诟病,大陆法系和英美法系的国家和地区在进行成年监护制度的现代改革时,均对其持否定态度,彻底摒弃了全面监护制度。

以法国为例,1968 年,法国对其成年监护制度进行了现代改革。废除了原来的禁治产和准禁治产宣告制度,由法官根据被监护人的具体情况,对其行为能力进行审查,从而确定其行为能力的不同限制程度,并按照成年人的行为能力不同,将原来的成年监护制度的监护和辅助二元模式改为司法特殊保护、监护和辅财产管理三种类型。再以加拿大为例,1978 年加拿大艾伯塔省制定了《非独立成人法》,首次全面否定了全面监护制度,建立了部分监护制度。①该法案认为,被监护人有可能尚未丧失所有辨认和控制能力,所以应废除全面监护制度,建立部分监护制度,对被监护人采用最小限度干预原则,被监护人的人格尊严应得以重视。

再以中国台湾地区为例,2008 年改革后的成年监护制度新增辅助宣告制度,其适用对象是那些精神残疾或者智力残疾程度比较轻微、意思表示能力不足、无法充分自主处理自己的日常事务的成年人,以及其他经法院审理查明,虽然还不符合监护宣告的条件但是有辅助必要的成年人,在其监护需求范围内提供辅助,充分尊重了被辅助人残余或者剩余的意思表示能力。辅助宣告程序的启动以申请为前提,享有申请权的主体范围广泛,既包括"本人、配偶、四亲等内之亲属",也包括"最近一年有同居事实之其他亲属",另有"检察官、主管机关或社会福利机构",法院受理申请后依职权进行辅助宣告。

部分监护制度,充分尊重了被监护人的剩余意思表示能力和行为能力,充分尊重了被监护人的人权。

(五)监护措施多元化

传统意义上的成年监护制度,实行的是禁治产和准禁治产宣告制度。这

① 参见加拿大艾伯塔省《非独立成人法》第 11 条。

种监护制度无视被监护人剩余的意思表示能力,而简单粗暴地采用他治式对成年人进行监护,监护模式单一。

为了更好地保护有剩余意思表示能力的成年人,各国进行了成年监护制度的改革,改革后的成年监护制度模式不再简单地用他治式对成年人进行监护,而是采用多元化的监护模式。从上述各国的改革历程可以看出,两大法系基本上都将成年监护在体系上分为意定监护和法定监护两种,而对于法定监护而言,又分为一元化的德国模式和多元化的其他国家模式。德国现行的成年监护制度,采取的是照管制度,法院在具体案件中,根据成年人的意思表示能力不同,制定不同的照管措施;除德国以外,其他国家基本上采取的都是多元化的监护类型。

与此同时,监护措施不同,监护人的监护职责范围也就有所差异。以日本为例,改革后的日本成年后见制度,监护模式有"法定成年后见"和"成年任意后见"两种,而对于法定成年后见制度,根据被后见人的判断能力的程度又分为后见、保佐和辅助三种后见模式。在瑞士,根据被监护人意思能力强弱及行为能力受限制的程度,从轻到重依次可分为四种:一是辅助性保佐,二是代表性保佐,三是参与性保佐,四是总括性保佐。中国台湾地区的现代成年监护包括监护宣告和辅助宣告两种。美国现代成年监护包括意定监护、国家和社会监护。法国现代成年监护分为司法救济、监护和辅助三种。加拿大魁北克省现行成年监护分为监护、保佐和辅助三种。

(六)公权力对成年监护制度的介入

公权力介入成年监护制度,首先表现为国家代位监护。传统意义上的成人监护制度,监护人往往是家庭成员,监护制度纯粹属于私法领域。成人监护制度现代改革的一个重大趋势,就是公权力对成人监护制度的介入。例如,《德国民法典》第491条规定,对于在民事生活行为中需要受到保护的人,得置于司法保护之下。再例如法国的司法特殊保护,只是针对行为能力稍弱的成年人,如由于身体机能衰退而短期不能自行处理自身事务,需要帮助的成年人,就可以进行司法特殊保护。再如美国的成年国家监护的启动,发生于当一个人由于精神残疾或者智力残疾,行为能力欠缺,同时缺乏经济来源,而又没有家庭或朋友愿意承担监护职责时。此时由法院在政府机构里为其指定监护人。对于公权力介入,多数国家和地区都是由法院依职权介入成年监护制度。

公权力介入成年监护制度的另一方面,是对监护进行监督。如在英国,2005 年根据《意思能力法》创设了公设监护办公室(Office of the Public Guardian)来对意定监护人进行监督,并创设了保护法院,来对法定监护人进行监督。① 公权力监督的具体内容,主要有两种:一是对监护人履行监护职责的情况进行监督;二是对监护监督人的履行职责情况进行监督。例如,根据《德国民法典》的规定,由家庭法院代表国家来对监护人和监护监督人分别进行监督。通过监护监督人对监护情况的监督,再加之家庭法院对监护人和监护监督人的监督,可以看出监督体制其实是双层设置。而且根据《德国民法典》的规定,这两种监督,都是对被监督者的日常事务进行监督,更加有利于对被监护人人权的保障。在法国,是由监护法官和共和国检察官来代表国家进行监督,其监督的方式包括走访被监护人,以及走访为被监护人提出申请保护的人。②

相对于以往纯粹属于私法领域的成年监护制度而言,公权力介入现代成年监护制度,加大对意定监护人和法定监护人的监督,避免了监护人利用监护权侵害被监护人的财产和人身权益,更加有利于对被监护人的保护,代表着监护制度人权保障的发展趋势。

二、发达国家成年监护制度改革的启示

发达国家成年监护制度的改革经验和特色为中国成年监护制度的构建与

---

① 参见李霞:《成年监护制度的现代转向》,《中国法学》2015 年第 2 期。
② 参见《法国民法典》第 394、388-3、416 条。

完善带来诸多有益的启发和思路。

（一）积极建立现代人权保护监护模式

各国在进行制度改革中积极废除禁治产宣告制度,不再把身心障碍者视为医疗对象接受法律主义下的强制父爱监护,而是把他们看作与健全人一样的平等权利主体,监护过程中充分尊重他们的自我意愿,监管措施由他治特征的全面替代转为自治特征的保护援助。成年监护现代人权模式奉行的原则包括:支持自我决定权原则、最少侵害原则、最佳利益原则和能力推定原则等。此种"人权模式"有助于保护身心障碍者的基本权利和自由,并采取积极措施帮助身心障碍者自我决定权的实现。该模式是 20 世纪中期以来各国现代成年监护制度为解决身心障碍者的人权保障问题作出的积极应对,立法中已有鲜明体现。如今,"正常化、自主决定权"已成为身心障碍者国际人权保障的基本准则。

长期以来,中国基于传统家庭伦理观念的影响和社会保障不足等因素,身心障碍者的照顾主要是以家庭为主的亲属监护,社会化特征不足。21 世纪以来,中国加入《身心障碍者权利公约》,随之 2008 年修改了《残疾人保障法》,对身心障碍者的认知开始从人权角度观察,并审视完善成年人保护制度。2012 年修订的《老年人权益保障法》第 26 条设置了"老年人意定监护"。①《精神卫生法》第 30 条规定,精神障碍的住院治疗实行自愿原则,以防出现"被精神病"的不法情况;第 27 条规定,精神障碍的诊断应当以精神健康状况为依据,除法律另有规定外,不得违背本人意志进行确定其是否患有精神障碍的医学检查;等等。这些立法的变化,标志着中国成年监护制度模式已开始脱离替代性监护模式,承认和接受人权监护模式。2017 年《民法总则》和 2020

---

① 《中华人民共和国老年人权益保障法》第 26 条:"具备完全民事行为能力的老年人,可以在近亲属或者其他与自己关系密切、愿意承担监护责任的个人、组织中协商确定自己的监护人。监护人在老年人丧失或者部分丧失民事行为能力时,依法承担监护责任。"

年《民法典》在成年监护制度上延续了《老年人权益保障法》中关于成年意定监护制度的规定①;奉行尊重被监护人真实意愿的理念,推崇最有利于被监护人的原则,一定程度上体现出成年监护最小干预的人权保护理念②。

但是,虽然中国成年监护立法理念上距离现代人权理念更近了一步,囿于立法正处于改革期,相关配套制度改革尚未全部完成,《民法典》全局性、宏观性的基础性立法的地位和功能,也决定了其不可能对成年人监护制度的内部构造进行更为细致的设置,必须有随后其他相关单行的专门性立法和制度与之回应与体现,如修改《未成年人保护法》《老年人权益保障法》等。现有成年监护制度对《民法通则》相关内容突破性进展不多,《老年人权益保障法》对老年人监护制度的涉及不多,也缺失类似成年监护法等成年监护制度的专门规定,成年监护制度的现代人权理念的体现仍不够充分。中国当前的成年监护制度完善中,须全面建立以"自我决定权"和"正常化"等现代人权先进理念为引领、以自治与他治的协调平衡为目标的新型成年监护制度模式。

(二)全面监护转向有限监护

从各国的改革来看,20世纪50年代以来,国际社会关于成年监护制度改革的重要措施,便是全面监护的废止和有限监护的确立。有限监护或曰部分监护遵循"最小限制"原则而构建,强调对他治的必要约束及对自治的保护与尊重,具有典型的人权保护特征,其先进性是以他治为手段的全面监护制度无法比拟的。

---

① 《中华人民共和国民法典》第33条:"具有完全民事行为能力的成年人,可以与其近亲属、其他愿意担任监护人的个人或者组织事先协商,以书面形式确定自己的监护人,在自己丧失或者部分丧失民事行为能力时,由该监护人履行监护职责。"

② 《中华人民共和国民法典》第30条:"依法具有监护资格的人之间可以协议确定监护人。协议确定监护人应当尊重被监护人的真实意愿。"第35条第3款规定:"成年人的监护人履行监护职责,应当最大程度地尊重被监护人的真实意愿,保障并协助被监护人实施与其智力、精神健康状况相适应的民事法律行为。对被监护人有能力独立处理的事务,监护人不得干涉。"

受大陆法系传统禁治产制度的影响,长期以来中国监护制度设计的重心也呈现全面监护的特点。为了顺应国际人权保障趋势,中国在成年人监护制度方面积极探索。例如,《民法总则》《民法典》相关规定中对监护人履行监护职责的要求,主要表现为三个方面:第一,必须最大程度地尊重被监护人的真实意愿;第二,保障并协助被监护人实施相应的民事法律行为;第三,如果被监护人有能力独立处理个人事务,监护人不得干涉。此项立法内容,尊重了被监护人尚存的意思表示能力,体现了对被监护人人权的保障,在一定程度上表现出有限监护的立法态度,但这仍不是真正意义上的有限监护。关键原因在于,目前立法并没有为不同程度的成年行为能力欠缺者提供区别性的监护类型,成年监护职责范围不明,监护权限高度概括且缺乏必要限制,他治空间仍然很大,对成年限制能力人的监护实则还没有达到受必要性原则制约的有限监护,全面监护特征并没有彻底摆脱。因此,基于人权保护的客观需求,中国在制度改革中应当彻底摒弃对成年被监护人保护过度、干预过多的倾向,在监护类型、监护范围和监护职责设置上均坚持最小限度干预原则,最大程度保护成年被监护人的自治空间。

(三)监护适用对象扩大,涵盖所有不能自我保护的成年身心障碍者

成年监护范围扩大化是各国成年监护制度发展的另一个重要趋势。传统监护制度主要适用于精神病患者,监护内容的实质是管制或监督。现代成年监护制度利用者的范围非常广泛,几乎涵盖所有因各种身心障碍不能独立处理个人事务的成年人,包括精神障碍、智障以及视力、听力、语言和肢体等身体障碍情形,尤其将年老体衰的高龄者的身心特殊性也考虑其中,为各类原因引起的身心障碍者维持正常生活提供人身事务或财产事务方面的保护和援助。

中国成年监护制度的适用者,从立法技术表面上看,包括"所有"无民事

行为能力或限制民事行为能力的成年人,①看似制度适用者的范围很大。但是根据《民法典》第 21、22、24 条的规定,判断一个人是否无民事行为能力或限制民事行为能力,是以其辨认能力作为判断标准的;而其是否具有判断力,又是根据其智力和精神健康状况作为判断依据。② 故中国成年监护制度适用对象只是从《民法通则》规定的精神病人(包括痴呆症人),扩大到所有的精神障碍及智力障碍情形而已,并不当然及于听力障碍、视力障碍、语言障碍和肢体障碍者,也无法涵盖意思能力薄弱的老年人。因为他们无法简单归类于无民事行为或限制民事行为情形,导致不能成为制度利用者。由此,制度保护范围出现遗漏,成年人客观的监护需求不能得以满足,有违公平与正义。尤其是在老龄化社会趋势下,数量庞大的失能和半失能老人以及具有身体障碍的其他成年人,也具有客观的监护保护和协助需求。中国成年监护制度供给仍然小于制度需求,适用主体的进一步扩大是改革的必然趋势。

(四)改变监护措施单一性,转向多元类型化

各国旧制度对脆弱成年人提供的保护措施均将行为能力简单分类,忽视了身心脆弱的成年人残留的意思能力或行动能力的差异性、渐进性和时段性的特点,设置的监护措施过于单一僵化,不能为成年人复杂多元的保护需求提供充分的制度支持。所以,各国纷纷改革,增加监护保护类型,构建多元监护类型,以保护援助具有不同自决能力的成年人,如创设意定监护、增加辅助监

---

① 《中华人民共和国民法典》第 28 条:"无民事行为能力或者限制民事行为能力的成年人,由下列有监护能力的人按顺序担任监护人:(一)配偶;(二)父母、子女;(三)其他近亲属;(四)其他愿意担任监护人的个人或者组织,但是须经被监护人住所地的居民委员会、村民委员会或者民政部门同意。"

② 《中华人民共和国民法典》第 21 条:"不能辨认自己行为的成年人为无民事行为能力人,由其法定代理人代理实施民事法律行为。"第 22 条:"不能完全辨认自己行为的成年人为限制民事行为能力人,实施民事法律行为由其法定代理人代理或者经其法定代理人同意、追认;但是,可以独立实施纯获利益的民事法律行为或者与其智力、精神健康状况相适应的民事法律行为。"第 24 条:"不能辨认或者不能完全辨认自己行为的成年人,其利害关系人或者有关组织,可以向人民法院申请认定该成年人为无民事行为能力人或者限制民事行为能力人。"

护、国家监护、社会监护、保佐和司法保护等不同监护措施。监护措施的类型化对本人自治的范围既作了一般性的规定，又允许他治，从而平衡了他治和自治。①

中国现有的成年监护措施未作类型化区分。依据《民法典》第 21、22、35 条的规定，对成年被监护人的监护分为无行为能力人的监护和限制行为能力人的监护，二者的监护职责范围和监护职权大小并无太大区别，只是限制行为能力人有一定的意思自治空间应被保护和尊重。但该空间范围的规定过于粗疏模糊，仍然容易导致监护人干预过度的情形发生。所以，借鉴域外经验，中国应将监护保护措施类型化，并赋予每种类型不同的职权内容，才能最大程度地契合本人监护需求，达至保护与自治的统一。法定监护的类型化是中国成年监护制度改革的重点之所在。

（五）构建意定监护优于法定监护的二元监护体系

从上述各个国家成年监护制度的现代改革背景来看，成年意定监护制度产生主要有两方面的原因：一是老龄化社会的到来，二是国际人权保障理念的秉承。意定监护基于当事人彼此的合意，本人可以自主决定今后监护履行的内容及方式，体现了对监护开始之前的个人事务选择权最大程度的尊重，与尊重自我决定权理念高度契合，且因为更具弹性而备受青睐，成为各国与成年法定监护并行的独立分支。意定监护制度的核心在于对意定监护协议的必要规范以及对监护协议履行的必要监督。当法定监护和意定监护出现冲突的时候，大陆法系国家和地区与英美法系国家和地区均坚持意定监护优先的立场。

中国自 2000 年迈入老龄化社会，据国家统计局数据，2000 年至 2018 年，60 岁及以上老年人口占总人口的比重从 10.2% 上升至 17.9%。截至

---

① 参见李霞:《成年监护制度的现代走向》,《中国法学》2015 年第 2 期。

2019 年末,全国 60 周岁及以上人口占比为 18.1%。其中,65 岁及以上人口占比 12.6%。预计 2050 年,60 岁以上人口占比超 30%,社会将进入深度老龄化阶段。数量庞大的老年人群体监护需求迫切而复杂。目前中国的意定监护制度缺乏具体配套的程序规范和监督保障机制,成年人在监护问题上的自决权难以有效保障和实现。另外,立法对法定监护与意定监护的顺位问题也缺乏明确态度,不利于意定监护制度功能的发挥。故此,中国的制度改革应该明确规定意定监护的程序规范和监督机制,并通过立法确立意定监护优先原则。

(六)构建健全的成年监护监督机制

纵观各国立法,秉持国际人权保护的立法理念,均在成年监护制度中注入监护监督措施。各国规定的监护监督既包括监护监督人的私力监督,也包括监督机构的公权力监督,而且监护监督人和监督机构职责明确,监督内容侧重于事中监督,具有强制性和预防性。

中国目前只有监护资格的撤销问题涉及成年监护监督问题,但仅是事后救济性措施,属于社会监督的一种,主体泛化且不具有法律强制性,监督容易流于形式。对此,我们应当借鉴国外先进立法经验,进一步强化监护监督程序,从公力监督和私力监督两个层面入手,明确监护监督人及公力监督机构的职责,构建救济监督与防御性相结合的监护监督机制。

第六章　老龄化视域下中国监护制度完善的模式选择及基本原则

第一节　老龄化视域下中国监护制度完善的现实需求

如何在老龄化社会保障、提高老年人的生活质量,保护老年人尤其是失能老年人的法律权益,是许多国家都面临的问题。传统的社会保障制度在保障老年人生活质量方面功不可没,但对于意思能力和行动能力欠缺的老年人之人身、财产的监督保护,并非传统以物质保障为主的社会保障制度所能解决。在老龄化背景下对中国现有法律制度进行研究,完善中国的成年监护尤其是老年人监护制度,保护意思能力或行动能力欠缺的老年人的合法权益,保障社会秩序和交易安全,成为老龄化社会必须要面对的现实需求。

一、老年人在人口结构中的占比持续增加

随着全球经济生活水平的提高和医疗卫生的进步,全世界范围内人均寿命普遍提高,包括中国在内的众多国家都面临着严重的老龄化问题。截至2015 年,中国 60 岁及以上人口已达 2.22 亿,占总人口的 16.1%,65 岁及以上人口达 1.44 亿,占总人口的 10.5%。"十三五"期间,中国 60 岁及以上老年

人口平均每年约增加 640 万,到 2020 年将达到 2.55 亿左右,占总人口的 17.8%左右。与此同时,失能和部分失能老年人越来越多,残疾老年人逐年增加,2015 年失能和部分失能老年人约 4063 万人,持残疾证老人达到 1135.8 万。[①]

随着年龄的增加,老年人的智力和体力呈下降状态,这是无法改变的自然规律。现有的社会保障制度虽能为老年人提供基本物质和医疗保障,但并不能解决老年人意思能力和行为能力减弱所带来的问题。很多老年人因听力、视力、语言表达能力下降与他人沟通存在障碍,部分老年人因脑萎缩而认知能力下降,这些老年人的人身、财产安全亟待保护。

中国已进入了老龄社会,老年人在人口总数中的比例将长期持续上升,老年人群体已成为一个庞大群体。"从 2015 年到 2035 年,中国将进入急速老龄化阶段,老年人口将从 2.12 亿增加到 4.18 亿"[②]。"到 2045 年前后,中国 60 岁以上人口将占到总人口的 30%"[③]。中国用了短短十几年便进入了"未富先老"的老龄化社会。目前,中国社会保障处于起步期,城镇职工和城镇居民基本养老和基本医疗保险较为普及,新农村合作医疗覆盖范围正快速扩大,但农村养老保险几乎才刚刚开始探索,建立社会保障和监护制度结合的老年人保护体系已刻不容缓。

二、中国社会家庭结构的嬗变

中国当前正处于重大的社会转型时期,人员流动增强,原有社会基本结构解构分化,家庭生活方式呈多元化、分散化趋势,农村地区表现得尤为突出。

---

① 参见《"十三五"健康老龄化规划》,国家卫生健康委员会网站,http://www.nhc.gov.cn/rkjcyjtfzs/zcwj2/201703/53164cb31b494359a21c607713451342.shtml。

② 《2019—2025 年中国人口老龄化市场研究及发展趋势研究报告》,中国产业信息网,https://www.chyxx.com/research/201702/493919.html。

③ 《2019—2025 年中国人口老龄化市场研究及发展趋势研究报告》,中国产业信息网,https://www.chyxx.com/research/201702/493919.html。

自清末民国以来,中国农村社会结构经历了多次嬗变,其进程一直持续至今。在新民主主义革命时期,中国传统以血缘纽带所维系的宗法社会已逐渐解体,代之以土地革命后的新型农村集体经济组织。改革开放后,以家庭联产承包制为基本单位的经济社会体制,焕发了巨大活力,推动了经济的高速增长。但随着从温饱向小康的转变和城镇化扩张进程,大批农村富余劳动力向城市转移,青壮年社会成员移居城市,很多乡村仅余留守老年人和留守儿童,成为"空心村"。原有的阖家耕作、日出而作、日落而息的生活方式已一去不返,传统的三世同堂甚至四世同堂共同生活的情形也日趋少见。经济社会生活正在发生巨大的变化,出现越来越多的"空巢老人"。目前,留守儿童问题得到了更多的关注,但留守老人问题也应成为亟待解决的重要问题。随着越来越多的家庭子女与老年人异地生活,分居式养老、购买服务式养老、互助式养老等新的养老模式不断出现。在生活方式和社会经济嬗变的大背景下,完善中国的监护制度,建立起与社会生活方式相适应的老年人监护制度已成为时代需求。

三、中国老年人权益保护状况形势严峻

随着老年人年龄的增加,其体力和精神状况呈下降趋势,认知能力降低,自我管理能力变差,加之部分老年人文化程度不高,法律意识薄弱,与此同时,中国正处于经济社会生活飞速发展、新事物层出不穷、知识信息爆炸的时代,很多老年人缺少对新事物新交易的理解和风险辨别能力,很多诈骗犯罪分子遂将老年人作为犯罪对象,老年人成为诈骗类犯罪的主要受害人群。据《北京市老年维权情况报告》显示,近年来北京市老年人财产安全形势日益严峻,突出表现在:一是投资理财被骗现象较多。近年来,老年人通过民间借贷、P2P 理财、股票投资、收藏品投资等形式进行投资理财被骗的现象愈发突出。二是保健品消费骗局丛生。据公安部 2018 年发布的专项保健品诈骗犯罪情况显示,全国公安机关共破获此类案件 3000 余起,抓获犯罪嫌疑人 1900 余

人,追赃挽损 1.4 亿余元。① 老年人已成为当前诈骗违法犯罪行为的重点目标。诈骗违法活动多发,老年人财产安全形势严峻,部分老年人缺少管理财产和处理财产事务的能力。在此背景下,以立法来完善老年人监护制度,选任适格的监护人,以监护制度保障老年人的人身财产安全具有重要的意义。

四、老龄化社会对中国监护制度的新要求

从《民法通则》开始,中国监护制度一直以行为能力作为确定被监护对象的标准,将被监护人确定为"无民事行为能力人和限制民事行为能力人"。判断行为能力的标准则是能否辨认自己的行为。《民法通则》将被监护人确定为两类:未成年人和不能辨认或不能完全辨认自己行为的精神病人。《民法总则》《民法典》虽抛弃了使用"精神病人"这一既模糊不清又存在歧视之嫌的概念,但保留了以辨认能力划定行为能力,以行为能力划定被监护人的观点,将监护对象确定为无民事行为能力人和限制民事行为能力人。

随着人均寿命的提高,一些退行性疾病如帕金森病、老年痴呆等发病率也随之上升,在此类疾病中,病人的意思表示能力随着病情的发展而逐步下降。依照现有法律规定,能作为被监护人的老年人只能是不能辨认或不能完全辨认自己行为的老年人,他们许多并没有达到立法所规定的无民事行为能力或限制民事行为能力状态,但已经具有客观的监护需求。上述规定的指导思想仍是禁治产制度思想的延续。禁治产制度起源于罗马法,本是为保护家庭财产而设,从一开始就忽视被监护人的自主性。在禁治产制度下,对被禁治产人进行宣告,一经宣告,则被宣告人完全失去相应的行为能力,其行为由监护人代理进行。因禁治产制度忽视被监护人残存的精神意识能力,将被宣告人完全置于失去行为能力之状态,故第二次世界大战后许多国家已废止了该制度。法国于 1968 年废止禁治产制度后,确立包括司法保护、监护和财产管理在内

---

① 参见《北京市老年维权情况报告》,全国老龄工作委员会办公室网站,http://www.cncaprc.gov.cn/contents/10/188597.html。

的监护制度。德国1990年将禁治产宣告制度改为照管制度。在照管制度下，被照管人的行为能力并不因照管而必然丧失，法院可以依据被照管人的能力授权照管人对被照管人的事务进行许可或撤销。

尊重事实和满足社会发展需求是科学立法的态度和目的。中国亦应参照上述国家立法，建立灵活和多层次监护制度。在理念上要完全确立尊重被监护老年人剩余意思能力和自我决定，实现其生活正常化的观念。老年人随着年龄的增长，脑力、身体机能下降，精神和体力呈逐步衰弱的过程中，仍残余不同程度的部分意思能力和行动能力。老年监护中，应改进简单地将被监护人界定为限制行为能力人或无民事行为能力人的做法，可根据被监护人行为能力缺失状况，建立监护层级制度，在个案中确定老年人的失能原因和失能程度，并确定差别性、层级化的监护职责和职权范围，确定监护人可许可和可撤销的处分行为范围。

第二节　老龄化视域下中国监护制度的模式选择

国际社会成年监护模式从早期替代性监护模式转为现代人权观念下的保护援助模式，新近发展而来的支持决策模式因其对被监护人意思自治尊重程度最高而被认为是一种新模式。中国情况比较特殊，制度改革过渡时期有限监护特征仍不明显，被监护人自治空间仍然不够。对于中国成年监护模式的现代构建，应客观借鉴国际社会现有几种模式的合理之处和精华所在，并在充分考量中国国情社情的基础上，进行理性选择。

一、世界范围内成年监护制度的三种模式

（一）早期医疗隔离下的替代决策模式

早期医疗隔离下的替代决策模式，是基于身心障碍的早期医疗认知和法

律家长主义的全面关爱理念构建起来的监护模式。这种模式将行为能力欠缺者皆视为不能自主决策、生活不能自理的病人,由监护人替代其行使财产处置、人身事务和医疗康复等事项的决定权,被监护人被限制或剥夺自主决定个人事务和参与社会的能力和机会。① 在这种模式中,行为能力欠缺者通常被安置在医疗机构或疗养院接受治疗、康复和救济,处于被隔离的状态,无法融入正常人的社会(区),其人身、财产和治疗护理方面诸事务都由监护人进行支配。因此,早期替代性他治监护模式具有机构化特征。如1774年英国的《流浪者法》《疯人院法》均强制将流浪者和疯子集中于统一的机构进行管理。

医疗隔离下的替代决策模式存续了一个多世纪,这与当时的社会历史背景密切相关。从1782年的《撒克逊监护条例》所确立的禁治产宣告制度来看,当时的资本主义社会正处于发展初期,急需稳定的交易秩序和环境以尽快摆脱封建社会的影响,推动资本主义经济快速壮大发展。对于因心神丧失、精神耗弱以致不能处理自己事务的成年人,为避免其在交易中因精神、智力等因素的影响带来意思表达的障碍导致家庭或个人合法权益遭受损失,也为了对方的交易安全,所以法律创设了禁治产和准禁治产宣告制度。先在立法技术上进行权利的剥夺和限制,分别将之宣告为无民事行为能力人和限制民事行为能力人,禁止进行交易,专门为之设置监护人或保佐人,对其欠缺的行为能力进行补足,代为其处理个人事务。这种便于操作的制度模式利于推动构建稳定安全的社会交易秩序,完全契合了当时社会发展之需,社会功利效用不容置疑,所以被各国普遍采用并一直延续到20世纪中期。

伴随着经济迅猛发展,人权意识也随着增长。20世纪50年代开始,联合国和有关国际组织相继通过了一系列身心障碍者人权公约,国际社会对身心障碍的认知从个体的医学认知进入基于人权的社会认知和权利认知。在人权观念的推动之下,尊重自我决定、生活正常化、以被监护人为中心等成年监护

① 参见李霞:《成年监护制度的现代走向》,《中国法学》2015年第2期。

理念应运而生,以否定人格和剥夺主体权利为特征的替代决策监护模式已不能被社会所容忍。与此同时,英、美等国精神病人和智障患者在机构中被虐待和忽视的现象日益严重,引起社会广泛抱怨和指责。自 20 世纪中期开始,"去机构化"、社会融合、社区监护呼声日益高涨,改变替代决策监护模式的需求非常急迫,基于人权视角的监护模式的改革势在必行。

(二)现代人权观念下的保护援助模式

现代人权观念下的保护援助监护模式确认身心障碍者的基本人权和自由,肯定被监护人在社会生活中的平等参与者身份,反对隔离与排斥,要求与健全人平等地享有权利承担义务,维护生活正常化。他治为主的替代决策逐渐转为自治为主他治为辅的援助与保护,不再轻易否定被监护人法律行为的效力,更多地尊重被监护人的现存辨识能力,减少替代做决定的机会。因此,保护援助模式的主要特征是最大程度尊重被监护人的现有意思能力,遵循必要性原则进行有限监护,实现自治与他治的平衡。所谓有限监护,即在被监护人需要的必要限度内设立监护,反对他治,强调自治。如果其能自我安排和决定个人事务,则不得安排相应范围内的监护事宜;如果其不能安排全部或部分事务,则只在相应范围内设立监护,身心障碍者继续享有对其他事务的自我决定权。

各国在修改成年监护制度时,都本着设立监护的必要性原则和被监护人利益最大化原则构建具体内容,改革的重点是确立现代监护理念,扩大监护制度适用者范围;从全面替代监护转向遵循比例原则的有限监护;细化监护类型,明确监护权限与职责范围,尽量以对本人造成最小侵害的方式设立监护内容,设置灵活弹性的多元监护措施以供脆弱成年人、利害关系人或者国家进行选择。不同行为能力状态的身心障碍者,根据不能处理个人事务的不同情形,可援用不同内容的监护措施对个人人身事务和财产事务进行保护和援助。即便在保留了全面监护的某些国家(地区),也都以"但书"的立法方式保护了本人日常生活自主权,并规定该权利不得被撤销,以确保本人可以融入正常人的社会生活。各国均创设意定监护制度,并确立意定监护为主法定监护为辅的二元监护体系,最大程度尊重被监护人对个人监护事务的提前规划和自我选择。在监护监督上设置私力监护监督与公权力监护监督相结合的模式,保障监护目的的实现。在程序方面,各国均坚持能力推定原则,即成年人原则上都应被认定为具有意思能力或行为能力,非经法定程序不得被限制或剥夺。

(三)现代人权理念下的支持决策模式

1. 支持决策模式的内涵

支持决策最早出现于 20 世纪 70 年代加拿大的法律实践中,后来被联合国《残疾人权利国际公约》大力倡导并在第 12 条中体现,成为衡量各成员国履约情况和身心障碍者权利保障水平的重要标准,也成为监护领域的新理念和新模式。

支持决策模式是对替代监护进行反思后的一种新视角,认为以往的全面监护制度、部分监护制度甚至意定监护制度的设置模式均是把被监护人视为被规制的对象,是一种被动接受他人保护的客体,权利主体地位并没有被解放。支持决策模式试图打破这一固有思维模式,改变监护法律关系模式中被监护人的被动身份,赋予其监护关系中的主导地位。即支持者不再是被监护人的代行决定人,其身份仅是被监护人作出意思决定的援助人;而被监护人在监护开始后,在监护人权限内不再是没有决定权的被监护对象,而是与监护人有相同决定权,或者甚至有更多决定权的权利主体。也就是说,监护需求者是与监护人签订辅助监护协议的形式完成对个人能力的补足,是以权利主体而非法律规制对象的角色来接受支持决策。

2006 年联合国《身心障碍者权利公约》第 12 条要求各缔约国遵循支持决策模式,联合国残疾人权利委员会在 2014 年 5 月公布的关于公约一般注释第 1 号(以下简称"1 号注释")中更是要求用支持决策模式取代替代决策模式,认为在推行发展支持决策机制的同时,并存替代决策机制违反了《公约》第12条。① "1号注释"还同时否定了与替代决策密切相关的"最大利益"原则,认为对最大利益的确认与探求,其实是监护人的感受而非被监护人的意愿,有可能损害被监护人的利益,所以要求必须以"对意愿和选择的最佳解释"来取代"最大利益"。支持决策采取"以被监护人为中心"的理念,"意愿与选择"与"最大利益"的区别在于侧重点的转移:前置强调了以"被监护人的主观意愿为中心"的现代监护理念,而后者以"客观结果"为中心。②

2. 支持决策模式运用中的现实考量

(1)各国在监护领域对支持决策模式的态度较为慎重

各国在监护领域如何体现支持决策模式的问题上,均采取比较务实审慎的态度。

首先,"1号注释"要求各缔约国全面废止替代决策监护制度,对所有被监护对象均实现支持决策模式的提法其实也并不现实。事实上看,支持决策模式无法适用于意思能力绝大部分缺失或全部缺失的身心障碍者,其意思自治空间太小,绝大部分个人事务无法决策,他人也无从支持。虽然《公约》强调每个人均有法律能力(包括权利能力和行为能力),否定替代决策,但客观上却确实存在无行为能力人,如处于植物人状态的成年人以及婴儿。所以,大多

---

① 根据《公约》第1号一般性意见(2014),各国落实支持决策时应该考虑下列因素:(1)支持决策应该适用于所有人,而非仅适用于那些高度需要帮助的人;(2)一切形式的支持均应立足于"本人的愿望和偏好",而非假定的"最大利益";(3)本人的沟通方式即使是有限的、非传统形式的,也不应成为其获得支持的障碍;(4)法律必须对本人选任支持者提供便利,国家有义务促进支持措施的创设,特别是对那些被孤立或者没有能力获得支持的人要提供特别帮助,第三方必须有能力验证支持者的身份,而且在确信支持者没有遵循本人的意愿和偏好的情况下对支持者采取必要的行动;(5)资源缺乏不能成为支持决策的使用障碍,国家必须确保在没有成本或只有名义成本的情况下可以使用支持决策;(6)本人需要支持的状况不能用来对抗其他权利,如投票权、生育权、父母亲权等;(7)本人必须享有随时终止或改变支持关系的权利;(8)所有的程序法和实体法中必须有尊重本人意愿和偏好的保障措施;(9)支持条款不能基于对意思能力的评估,应该采取支持所需要的新的、非歧视性的指标。
② 参见王青竹:《成年监护类型解析》,《首都师范大学学报(社会科学版)》2018年第2期。

数缔约国对"1号注释"中要求取消替代决策制的问题,采取了较为谨慎的态度,并未完全采纳该观点,特定领域仍保留了替代决策,但在适用上以"对意愿和选择的最佳解释"标准取代了被"1号注释"所指责的"最大利益"标准,①即遵循公约精神改变了替代监护的评价标准。

其次,依据《公约》精神,除完全没有行为能力的人以外,其他智力障碍者均应适用支持决策。但实际上,从字面含义来看,支持决策只能适用于那些本应作出决策,但因客观身心障碍无法完全决策,或需要借助他人援助来实现决策内容的身心障碍者。正如南澳大利亚公共办公室于2010年启动执行支持决策试点项目的研究报告显示:由身心障碍者和支持者以协议的方式确定支持关系,使身心障碍者能够多方位参与决定过程,但事实上,如果身心障碍者的愿望、喜好和希望能够表达出来,他们就已经作出了决定,对于不能够作出决策的人,支持决策的保护作用有限。同时,针对所有身心障碍者进行支持决策,应需要满足特定的社会条件,例如需要有家庭、非政府组织、有相关知识和意愿的庞大社工人员以及政府相关部门提供有效的安全保护等复杂的支持系统。② 因此,支持决策模式的实现对社会配套资源等方面要求较高,尤其是社会的理解程度和社会健康服务机构对支持协议的认知程度要求较高,这是各国监护制度构建或改革必须考虑和面对的客观事实。

(2)支持决策模式在多国推行,制度经验正在探索

从各国实践来看,辅助监护制度是对支持决策模式的通常体现,即身心障碍者在他人帮助下,表达自己的愿望及偏好,并对与自己有关的事务作出决定。英美法系国家多以辅助协议形式实现,大陆法系国家则多以法定辅助制度方式体现。总体来看,支持决策在各国得到了肯定与支持,至少使身心障碍者在某种程度上参与决策过程,同时也提高了他们参与社会的机会和愿望,有

---

① 参见王青竹:《成年监护类型解析》,《首都师范大学学报(社会科学版)》2018年第2期。

② 参见王青竹:《论成年监护制度的最新发展》,《法学杂志》2018年第3期。

利于其身心健康,又有助于实现其自我价值。但是,支持决策的负面影响也是客观存在的。支持决策过程中有意强迫或无意对被监护人的蓄意顺从都会产生过度影响;同样,经济盘剥或虐待在这一过程中同样无法规避。① 各国也仍在继续探索经验。

但无论如何,对于意思能力轻微欠缺或意思能力健全但行动能力欠缺的人,以辅助监护为特征的支持决策模式无疑是最佳的选择。如加拿大的辅助监护被认为是支持决策模式的最佳代言,也是联合国提出该模式的实践依据。面对老龄化社会和人权保护需求,为了以最小的干预最大程度地支持决策,辅助其正常参加社会,加拿大针对意思能力轻微欠缺或高龄但意思能力健全者,分别为其创设共同决定型辅助监护和援助型辅助监护。前者需要共同向法院申请签发保护令;后者则由双方充分协商签订辅助监护协议,无需登记和公证,且可以随时终止,灵活便易,操作简单,适用性很强。

二、三种不同监护模式的分析与参考

下面对三种模式进行简要分析,以确定各自对中国的参考价值。

(一)对于替代决策模式的分析

对于以全面他治为特征的替代决策模式而言,其本身的弊端自不待言,我们也反对一刀切的监护措施,这也正是当下中国制度改革需要大力变革之处。但对于客观存在的丧失全部或绝大部分意思能力者,处理个人事务的能力基本完全丧失,对其替代决策是万不得已但又最为合适的选择,对特定对象而言其存在的必要性,在中国同样有适用空间。

(二)对于保护援助模式的分析

基于人权理念的有限监护模式或保护援助模式,其主要特征以尊重自我

① 参见王青竹:《论成年监护制度的最新发展》,《法学杂志》2018 年第 3 期。

决定权和维持生活正常化为基本理念,创设意定监护,坚持能力推定原则,坚守比例原则,根据被监护人需求的差异将监护制度类型化,并为之提供不同监护职责范围和职权内容的监护措施,强化监护程序和监护监督,形成了较为成熟的、系统化的保护援助体系。从制度内容上看,该模式能够给中国目前正在进行的监护制度改革提供更多针对性的指引和参考。同时,从制度发展的渐进性和制度借鉴的契合性而言,以人权保障为主的有限监护模式也较为符合当下中国整体的社会发展状况和人权保障需求。况且,从制度渊源看,中国的监护制度借鉴了大陆法系传统民法中关于禁治产和准禁治产宣告制度而设立,当下中国监护制度改革面临的问题恰恰与发达国家于 20 世纪 50 年代后期开始的监护制度改革境遇高度相似,到目前为止,其制度已经经历五六十年的发展变迁和实践验证,借鉴和启迪意义较大。

(三)对于支持决策模式的分析

基于被监护人中心主义的支持决策模式,作为新近十年被热烈关注的新理念和新模式,被联合国相关文件专门规定并高度强调。支持决策模式是通过借助他人的支持和帮助,使本人的残存能力得以充分发挥,使被监护人在传统监护模式中被他人的代行行为所掩盖的人性和自尊得以充分释放和展现,个人自由和价值得以最大实现。所以,支持决策模式所彰显的对人格、自由和尊严最大程度尊重的理念,也应被中国所采纳。

但是,该模式客观上的使用条件要求较高,尤其与社会对身心障碍者的认知、专业工作人员以及社会专门保护机构等社会综合支持系统和政府对公民权利的保护模式紧密相关。结合中国国情,我们认为,目前中国还不适合全面建立支持决策模式,支持决策模式也无法适用于全部被监护对象。主要分析如下:

1. 支持决策模式实际适用范围有限

对于那些客观上无法或不能表达个人愿望和喜好的身心障碍者而言,因为他们不能进行意思表示,就无法决策,也无从支持。正如南澳大利亚的试点项目所显示,如果身心障碍者能表达意愿和喜好,其实已经表达出来。如果其不能表达,支持决策模式并没有发挥作用的空间。

2. 支持决策模式使用效果并不必然达至预期

支持决策模式在本人的利益维护上高度主张意思自治,国家和社会处于极端克制甚至被动滞后的状态,虽凸显对被监护人权利主体的独立性和最大自由,但未必对身心障碍者有利。因为身心障碍者权利实现本身具有被动性,客观障碍使他们需要社会的必要协助和主动保护,过分强调主体独立和意思自治反倒容易出现权利虚置,导致权益保护出现空缺。目前,中国对身心障碍者的各项权利给予平等的权利保护以及众多倾斜性的制度支持,尤其是给予那些支持决策模式客观上不能涵盖适用的对象即因不能"决策"而无法得到"支持"的那些身心障碍者以较高的保护,充分凸显了社会主义制度的优越性。这是采取单一的支持决策模式所不能解决的。

3. 支持决策操作难度较大,中国相应支撑条件不够成熟

支持决策模式下对监护需求者的保护完全依赖于对本人剩余意思能力的评估分析,而意思能力是一项复杂的事实认定过程,需要在专业人员的指导下才能有效进行。在支持决策模式的运作过程中,被支持者很容易被支持者过度影响,因为很多情况下会发生对本人意愿的错误理解与评估,简单预设特定问题框架也会对本人产生不利的引导。这种或许是有意无意甚或是强迫为之的引导,对本人的过度干预显而易见。同时,本人也可能对支持者过度依赖或蓄意顺从而不愿自我决定,完全交给支持者替代决策也完全可能。所以,如果没有专业人员主导和国家专门的保护机构介入,替代决策无法避免发生经济剥夺或虐待等监护侵权行为的可能。目前中国并不具备完善的社会支持系统,专业的社会工作者数量有限,专门的纠纷处理机构欠缺,支持决策的全面实施在技术层面难度较大。在某种意义上讲,支持别人决策,比自己决策更为困难。

综上,我们认为,支持决策模式作为联合国对缔约国提出的一项义务,要求取代监护制度成为对身心障碍者的保护措施,于中国而言尚不能完全实现,

其不能取代监护制度本身,也无法实现监护所具有的对不同程度的行为能力欠缺者提供针对性和差别性保护协助的社会功能。但支持决策模式对于具有较高意思自治能力的行为能力欠缺者非常适用,通过他人支持决策,能够最大程度地尊重其意思自治,并获得充分的人格尊严和个人自由,能够与被监护人利益最大化的统一目的和谐并存。也就是说,监护制度本身的保护协助功能与支持决策二者侧重的角度虽不完全相同,但完全可以基于目的的统一性而在特定对象范围上实现共存和融合,二者不能彼此取代,也不是非此即彼的关系,而是能够取长补短,在特定适用对象上高度契合。

三、老龄化视域下中国监护模式的理性选择:"协助保护"模式

(一)监护模式理性选择的基本立场

模式作为一种参照性指导方略,其科学构建有助于形成优良的设计方案,达到事半功倍的效果。模式在演变发展中彼此间并不必然是一种相互排斥和相互替代的紧张关系,前后者之间常常存在着批评与反思之后的借鉴、继承或发展,在各自的视角下独具特色,在不同层面上相互补充。① 我们认为,基于身心障碍者精神、智力、体能等方面的障碍情形在类别和程度上呈现复杂性和多样性,监护模式也必然呈现多元混合的时代特征。

每一种监护模式的产生,都有其具体的时代背景,都有特定的适用范围,或者重点考虑的群体。伴随人权运动以及社会经济文化的进步,各国成年监护制度模式都是在已有模式基础上的不断反思和跨越,并借鉴不同模式的长处以实现自身的优化发展,中国概莫能外。在关注国际社会发展趋势的同时,中国在选择或完善自己的监护模式时,更要关注本国的社会经济文化水平和

---

① 参见金博、李金玉等:《残疾人保障立法研究》,中国政法大学出版社 2017 年版,第306 页。

主流社会价值观念,在保障制度先进性的同时,应兼顾社会认同感与适用性。所以,我们可以在三种模式中汲取对我们有利的资源,既要体现国际义务,反映最新理念与趋势,也要立足于国情,尊重现实。

(二)中国监护模式的理性选择:包容性、综合性的协助保护模式

尊重和满足各类监护需求是立法应该坚持的基本态度。综合考虑,我们认为,中国监护模式应结合各类模式的可借鉴之处,形成自己的特色,根据行为能力欠缺的不同类型下被监护人客观需求进行相应监护类型配置,形成包容性、综合性的"协助保护"模式。

1."协助保护"模式的内涵描述

"协助保护"模式的内涵描述更为符合中国被监护人的现实保护需求,表达更为严谨合理。"支持"是赞同、鼓励之意,凸显对权利主体的独立性和意志自由的尊重。但是,如果没有相应的社会配套制度支持,对于不能独立处理个人事务的身心障碍者而言,反倒容易导致权利虚置。在中国,身心障碍者自身权利意识并不高,权利虚置或旁落的情形需要重点考虑。并且,"支持"一词也大大弱化了监护人的保护协助义务,而"决策"本身就表明了该模式对身心障碍患者不具有普遍的适用性,因为他们中的大多数恰是失去了相应的"决策"能力进而需要监护制度的保护。相较而言,"协助"一词较为中性,本身具有帮助、辅助之意,一方面没有失去协助者的从属性地位,仍然体现了被协助人的主导性,同时又保留了协助者的义务性。"保护"则是监护制度的内核。所以,我们认为,"协助保护"较之"支持决策"的表达丁中国更为妥当,不仅符合《民法总则》第35条第2、3款提出的监护人应当"保障并协助"被监护人的要求,也是对联合国支持决策模式的一种积极回应。

2."协助保护"模式的核心内容是最大程度协助并保障实现各类行为能力欠缺者现存意思能力

对各类行为能力欠缺的被监护对象,但凡具有一定意思能力者,均应提供

不同程度的支持协助或协助保护,在自治与他治的恰当平衡中实现被监护人利益最大化:(1)对体能障碍但意思能力健全或现存意思能力较高的被监护人提供支持协助,即对已独立决策但需要他人帮助实现决策内容的被监护人,或者对个人特定事项无法独立、正常完成决策需要他人共同参与决策的被监护人提供支持协助,辅助实现其个人意愿和喜好选择。(2)对于存在一定意思能力但不能对个人部分事务作出独立、正常的决策,需要他人帮助决策的被监护人提供协助,并最大程度尊重其现有意思能力和个人意愿;对其不能独立决策、自行处理的事务进行代理、管理和保护,协助并保障其实施与自己智力和精神健康状况相适应的民事行为。

3."协助保护"模式制度构建的重点是对保护援助模式下诸多先进制度和有益经验的学习借鉴

保护援助模式中基于人权视角和遵循比例原则的有限监护措施,是中国"协助保护"模式在监护制度完善中的重要参考。如前所述,发达国家自 20 世纪后半期开始的监护制度改革大潮,其方向一直在努力实现对被监护人自我决定的最大尊重,在比例原则和最佳利益原则的约束下进行制度构建,坚持尊重自我决定权和生活正常化理念,都是从自由、平等、人格尊严等基本人权角度开展的系列制度改革,其本意上在于最小程度干预、最大程度尊重自我决定权,与支持决策模式的旨趣相同。可以认为,支持决策模式也并不否定保护援助模式在内容上已经取得的进步制度改革成果,二者在制度目的上是高度相容的,均以最大程度尊重被监护人自我决定,保障其自由、价值和人格尊严为最终目的。所以,中国"协助保护"模式应积极吸纳保护援助模式中的有益成分为己所用。

4."协助保护"模式认可对特定对象的替代决策,同时尊重残存意思能力

对于客观上行为能力绝大部分丧失或全部丧失的无行为能力人而言,如果已经没有意思能力,则本人已无可能作出决策,失去协助决策的前提,故而替代决策对该类主体必然存在,是其必需的选择。但对于仍残留有一定意思能力的无民事能力者,替代决策模式虽不可避免,但仍应该对其残留的意思能力给予尊重和保护。

四、中国"协助保护"模式下成年监护制度完善的立法重点

依照综合性、包容性"协助保护"模式构建中国的成年监护制度,必然要求最大范围尊重和保护被监护人的意思自治空间,最大程度减少干预,根据被监护人不同需求提供最为适当的协助和保护。制度构建的重点内容主要包括下列方面。

(一)法定监护制度完善的立法重点

借鉴保护援助模式的成功经验,融合协助保护模式的精神意旨,重点进行法定监护种类的层级化构建,针对行为能力轻微欠缺、行为能力部分欠缺和行为能力全部或绝大部分欠缺者分别构建三个层级的法定监护类型,即协助监护、有限监护、替代监护三个类别,由轻到重形成层级化、体系化特征,并分别设计不同内容的协助保护监护权限,适用于不同程度的监护需求者。

立法应坚持必要性原则和补充性原则,充分尊重被监护人现有意思能力和自我决定。立法对上述各种法定监护类型的具体规则设置重点如下:

1. 协助监护主要针对各种身心障碍导致不能独立、正常处理个人特定事务的行为能力轻微欠缺者,其意思自主能力较高,在监护职责设置上重点体现支持和协助特征,最大程度支持并协助其个人意愿和喜好的满足,协助处理个人特定事务。

2. 有限监护针对行为能力部分欠缺者,制度设计尤其注意自治与他治的平衡,同样要求最小干预和最大程度尊重本人真实意愿,在坚持并实现被监护人的"最大利益"理念和原则的具体路径上,重点强调对被监护人"意愿和选择的最佳解释"。但凡能够探寻其个人意愿及偏向喜好,应最大程度尊重和实现;协助并保障被监护人实施与其智力和精神状况相适应的民事法律行为,不得干涉其具有高度人身专属性行为的实施,如结婚、离婚、堕胎等。

3. 替代监护的适用对象是无行为能力人。替代监护作为最后的救济措施,其适用条件必须最为严格。尤其要注意的是,无行为能力并不必然无意思能力,替代性决策并不意味着对被监护人独立主体人格的否定和意思独裁。对那些存有一定意思能力的无行为能力人,同样要给予最大程度的尊重,站在被监护人的立场,对于其能够表达或流露出来的意愿、喜好给予最大程度的满足。与此同时,立法应对无行为能力的成年被监护人的人权和权益保护问题给予特殊关注和明确规定,如除了能纯获利益外,还应尊重和保护其最日常的生活行为自主权,保障具有高度人身性质行为的保留权,等等。

(二)意定监护制度完善的立法重点

目前中国意定监护只有几个零散的简单法条,无法发挥其本身应具有的制度功能。意定监护制度是成年被监护人为满足自己今后产生的协助保护需求而提前进行的处理安排,由双方基于真实意思表达协商成立,是个人事务自我决策的充分体现。意定监护协议作为具有人身关系的特殊委托合同,为保障本人的自我决定和真实意愿得以实现,国家干预和规范性要求不可或缺。意定监护制度完善的立法重点主要有下列几个方面:

1. 为体现"协助保护"模式下的自主决策意旨,也为避免影响自我意思决定,意定监护协议内容中关于监护类型、监护权限等内容必须由委托人单方授权。故此,与法定监护三元监护类型相适应,应增加意定监护协议类型,并明确要求由委托人提前选定协议监护类型,以明确意定监护授权范围,同时也能较好地实现法定监护与意定监护的有效转换和衔接。

2. 降低意定监护协议的被监护人缔约行为能力条件,协助监护的被监护人可以签订意定监护协议委托监护人,以最大限度尊重其意愿适用意定监护;降低意定监护启动的实质条件,使不同程度的行为能力欠缺者均能利用已经签订的意定监护协议对个人合法权益进行协助和保护,实现缔约目的,也能扩大意定监护制度的利用率。

3. 对意定监护人的监护权限进行必要限制,应明确关于被监护人特殊权益的重大人身事务和财产事务的决定权,必须经由监督机构同意后方可实施。

4. 明确意定监护委托协议的程序规范,如成立和生效的要件、意定监护的解除制度等。

5. 明确意定监护优先于法定监护的一般原则。

需要注意的是,无论是法定监护还是意定监护,在进行类型化构建同时,需要进行监护监督机制和监护程序的制度化和规范化构建。构建救济性和防御性相结合的监护监督机制,确立成年人行为能力推定原则,未经法定程序确认,任何成年人不得被否定、限制或剥夺行为能力,在实体和程序两个层面最大程度保障被监护人的人格尊严和真实意愿。

第三节　老龄化视域下中国监护制度完善的基本原则

老龄化社会背景下,老年人成为成年监护制度的主要适用群体。成年监护制度完善的主旨,在于促进所有的脆弱成年人尤其是老年人的保护,在自治与他治的均衡中,通过必要的保护与协助实现其生活正常化目标。为达至这一目标,成年监护制度完善中必须遵循"纺锤型"生命轨迹规律,实行成年人行为能力推定原则,首先肯定所有的身心脆弱的成年人都具有行为能力,非经法定程序不得否定其民事主体资格;充分尊重自我决定原则,实现最小干预,重视社会监护,并以国家监护为必要补充,实现被监护人利益的最佳保护;在制度完善中应结合中国国情,对国际社会监护制度改革中的成功经验积极借鉴,在取舍和扬弃中实现理论发展与制度创新。

一、遵循"纺锤型"生命轨迹规律

行为能力由意思能力和行动能力构成。意思能力包括意思辨认能力和意思决定能力两部分,行动能力是心智和精神因素之外的眼、口、耳和肢体等身体器官帮助意思能力实现和执行的能力。影响自然人意思辨认能力、意思决定能力、行动能力的要素,主要是年龄、精神、智力以及视觉、听觉、表达沟通和体能等因素。[①] 自然人的行为能力从出生到死亡的整个生命发展过程呈现"两头小、中间大"的纺锤型结构状态。

在经济学上,两头尖中间圆的纺锤型结构样态,经常被用来描述一种理想状态的社会收入分配结构,即社会财富的分配较为合理,中等收入者占人口的绝大多数,而高收入和低收入的人数占总人口比例较低。人的生命发展轨迹也呈现纺锤型。自然人在从出生、成长到生命终结的整个历程中,因受身心发育状况、阅历、教育等因素的影响,对事务的分析判断和支配决定能力同样会经历由弱渐强再到平稳发展最后又由强渐弱的发展过程。在人生的不同发展阶段,个人的辨别能力和控制能力也必然迥异。未成年人自出生至成年,身心发育处于动态发展阶段,辨别是非、形成自主意识、参与决策、独立处理个人事务的能力从空白状态逐渐增强。随后的青中年时期,自然人通常情形下身心发育成熟健全,分析辨别、预判评估、自主决断能力强,能够完全参与社会生活,独立处理个人事务,意思能力和行为能力处于饱满状态。随着岁月的更迭,人在进入老年阶段后器官功能逐渐弱化,精神与体能呈现下降趋势,意思辨别和意思决定能力减弱,行动能力也渐次降低,行为能力欠缺程度逐渐增大,呈现差异性、渐次性和层级性特征。

在这一纺锤型的生命轨迹中,老年人行为能力的变化与未成年人截然相反。前者随着年龄增长由强到弱,除了出现极其严重的智力、精神残疾、严重疾病情形成为植物人外,不会出现完全无行为能力的情形;后者随着年龄增长由无到有逐渐增强,会存在无行为能力的年龄阶段。并且,伴随年老体衰,老年人理解辨认能力、分析决定能力以及实现决定能力的降低呈现持续性而非

---

① 此处与前文呼应,从意思能力生成的实证角度来解读意思能力,从而突破传统理论上仅将年龄、精神、智力作为影响意思能力因素的狭隘理解。

一下子结束的渐进状态,单纯的年龄因素也无法准确判断其意思能力和行动能力缺失的具体状况,要综合考虑精神、智力和体能多种因素对其行为能力带来的实质影响。

作为纺锤体两端的未成年人和老年人,虽然二者参与社会、处理个人事务的能力与由强渐弱的相反走向,但却都因为各种原因导致意思能力薄弱或行动能力不足,行为能力都处于不饱满状态,无法正常参与社会和自我保护,因此产生相同的紧迫保护需求,即需要政府提供相应的制度供给,如替代性、代理性、辅助性或支持性等不同程度的"他治"措施,以补足行为能力,援助其正常参与社会生活。此时,在民事法律制度中,唯有代理制度可资利用。但代理制度只适用于财产事务的处理,无法涉及人身保护、医疗看护、精神慰藉等领域,不能对被监护人的权利保护需求作出充分回应。监护制度的设置恰好解决了这一问题。监护制度具有其他制度不可替代的独有功能,具有巨大的社会正当性与合理性。[1]

需要特别说明的是,目前的监护制度设置对于满足未成年人的监护需求尚无重大问题,但对于成年人尤其老年人群体的监护需求而言面临严重的供给不足。老年人群体的意思能力因年老体衰而逐渐耗弱而非一次性终结,常表现为判断力缺失,并不能简单地归结为无行为能力或限制行为能力。随着老龄化社会的到来,老龄残疾化或残疾老龄化现象日益严重,老年人行为能力缺失补足的需求也更为复杂而多元。中国传统家庭结构的改变和家庭养护功能的弱化,也同样增加了科学创制老年人行为能力缺失补足制度的艰巨性和紧迫性。另外,人有旦夕祸福,疾病与突发意外谁都无法完全避开,现代社会也增添了更多不可掌控的风险因素。即便是处于纺锤体中间部分的成年人,虽然行为能力饱满充足,也可能因为疾病、意外伤害而出现各种器官损伤或功能性缺陷,导致意思能力减弱,行为能力不足,个人事务处理能力降低,社会参与程度下降。此时,该类成年人同样需要特殊措施补足其行为能力。

---

① 参见金博、李金玉:《论中国身心障碍者监护制度的完善》,《西北大学学报(哲学社会科学版)》2014 年第 5 期。

满足人类利益保护需求是法律制度创制和发展完善的重要动因。对身体障碍者以及老年人这部分特殊主体的特殊需求,中国其他领域的法律都给予了特殊对待。如《刑法》第十七条之一和第十九条、《刑事诉讼法》第三十五条、《治安管理处罚法》第十四条对老年人及盲、聋、哑身体障碍者给予区别对待。因此,中国成年监护制度完善应当遵循人类生命发展规律,充分关照成年人尤其是老年人因各种因素出现意思能力或行动能力不足时的监护保护援助诉求,设置多元、弹性的监护措施类型,满足老年人特殊的人身关照、财产保护等复杂的监护保护需求,协助实现生活正常化,助其优享生活,安度晚年。

二、行为能力推定原则

行为能力推定,是指凡成年人,除非有相反证据证明,均推定其有行为能力。行为能力推定原则是由成年监护需求者的特殊身心特点所决定的。他们作为独立个体存在的法律资格的起点是有行为能力,这与未成年人都要经历无行为能力、有部分行为能力和有完全行为能力的过程相反。联合国残疾人权利委员会在 2014 年 5 月公布的关于联合国残疾人权利公约一般注释第 1 号中,确定法律能力的含义是享有权利和义务并且可以行使权利和义务的能力,从而可以确定残疾人行使权利和义务的能力即行为能力是不能限制的,并进一步要求对残疾人以自己的意思能力参与法律行为的意愿给予援助。[1] 所以,基于人权保护理念,所有成年人包括身心障碍的成年人,非经法定程序不得被推定为不具有行为能力的人,其所为法律行为首先应被认为有效。成年人的行为能力是否欠缺以及欠缺程度如何,必须且只有经过司法鉴定和法院审查程序认定,才能得以确定。有关主体如果向司法机构申请自然人行为能力缺失,则负有举证责任。法院在对证据审查并经司法程序认定后,裁定自然人的行为能力应否受到限制及其受限制范围大小,进而为其选择相匹配的监

---

[1] 参见李国强:《论行为能力制度和新型成年监护制度的协调》,《法律科学》2017 年第 3 期。

护类型。

行为能力推定原则与《民法总则》《民法典》第17、18条的规定旨趣相同，即年满18周岁的成年人是完全民事行为能力人，可以独立进行民事活动。所以，成年人所为法律行为，都首先应该被推定为是在行为能力健全饱满状态下作出的意思表示，均有法律效力。如果主张其无效，则必须举证，以证明其在具体交易场合欠缺相应的行为能力。需要注意的是，该举证需要遵循严格的标准，即使是被明确诊断为精神障碍疾病的患者，也只能在具体交易场合通过相对人或监护人举证证明其身患精神疾病，进而由法院认定在该疾病病理作用下实施的相应法律行为无效。这样为成年监护制度的适用和身心障碍者的人权保护提供程序上的重要保障，意义重大。

三、最小干预原则

最小干预原则，指"对于当事人自由范畴的干预，应尽可能最少"①，也称必要性原则、最小侵害原则、禁止超量原则等。其要旨在于，为了实现妥当的立法目的，法律所用的手段必须选择对个体权利最小侵害的方式。在数手段同时并存的情况下，手段的取舍必须遵循该原则，这是民主法治国家保障人权实现过程中应当严格遵循的基本准则。

作为法律家长主义的重要体现，成年监护制度一开始就具有浓厚的法律强制关爱特征。事实证明，这种关爱会发生过量或不足的情形，这也是现代发达国家成年监护制度改革的重要动因。成年监护制度的构建或改革，应以最小干预原则为标准，来调和保护目的与手段之间的张力，才能在保护成年身心障碍者福祉的同时，又防止法律父爱过度。成年的身心障碍者一般都会残留一定的意思能力，因年老体衰而智力和体能渐次减弱的老年人尤其如此，他们甚至是意思能力健全但体能严重耗弱而无法处理个人特定事务，此时的自我

---

① 陈新民：《德国公法学基础理论（下册）》，山东人民出版社2001年版，第359页。

判断能力即意识能力仍然较高,最小干预原则的遵循就显得尤为重要,监护设立只能在成年监护需求者需要的必要限度内进行。如果监护制度的介入出现手段与目的比例失衡,则必然出现两个极端,要么比例不足导致保护不足,要么比例过当导致保护过度,出现包办替代成为他治,这都背离了成年监护制度的设立初衷。

依照最小干预原则,监护人的设立、监护职责范围或监护类型都只能以实际监护需求为原则。各国在修改成年监护制度时,都本着设立监护的最小干预原则进行具体制度内容的构建:监护的设立以自然人具有监护需求即存在监护必要为前提,如果自然人还有能力独立处理自己的事务,则没有设立监护的必要性;如果其有能力独立处理部分个人事务,则相应范围就没有设立监护的必要,或只对其不能处理的部分事务设立监护,其他个人事务继续由其自我决定。也就是说,只在必要的监护职责范围内,以给监护需求者造成最小限制、最少干预的方式设置监护职责,此范围之外则属于被监护人自主决定的私人空间,不得设立监护。所以,在最小限制原则下,监护使用者只是在必要时候处于监护人的监护之下,但非必要之时不受监护人干预,仍享有自我决定的自由与权利,从而避免保护过度带来的完全控制或过度限制,令其享受到最大限度的自由与人格尊严。

中国成年监护制度这一民事立法中同样有必要适用最小干预原则。民法中的成年监护制度是中国宪法规定的公民基本权利在民法领域的具体实践,无可争辩地具有私法和公法双重色彩。所以,在对身心障碍者这一特殊群体进行民法领域的保护立法时,应奉行最小干预原则,对其设置的保护措施须在最小侵害达到保护目的的诸手段中进行选择,实现最小程度的干预和最大程度的自治。

四、补充性原则

补充性原则是指公权力介入监护是以没有其他方法能够为本人提供同样

良好的保护和照顾为前提,即私力为主公力为辅,意定监护优先于法定监护。在近代市民社会,公权力原则上不得介入私力自治领域。但如果监护使用者的私力救济并不能解决问题,则需要国家公力补充,但应坚持与恪守补充性原则,要求权力导入应具有补充性、非主导性或被动性。各国改革后的新成年监护制度的保护方式都呈现出"保护援助"的特征,反对全面替代监护。德国防老授权制度也是补充性原则的最好体现,对于监护人之选任虽然是职权主义,但如果本人已经具有法定代理人,或依本人的意思已有任意代理人时,法院不能再为本人任命监护人。此所谓私力自治为主公力监护为辅,意定监护为主法定监护为辅。《瑞士民法典》第 389 条更是明确地将补充原则和比例原则作为官方措施的指导性原则。① 所以,公力监护作为私力救济不足时的备选项而存在,表明国家在监护制度上的替补作用。

同时,补充性原则在监护层面上还表现为公力监督,由国家设立监护监督机制对监护人监护职责的履行行为进行监督约束。为了避免被监护人的合法权益反遭监护人侵害,监护监督是国家的当然义务。但同样要求公权力的介入应是补充状态,要避让对私力的干扰和替代。所以,"在导入职权主义时,重视补充性原则就成为特别必要的观点"②。

补充性原则体现了国家对被监护人自身意见的充分尊重,以及在保护监护使用者合法权益方面的最后补充和监督作用,有利于被监护人合法权益的最大保护和协助。完善中国成年监护制度也应当将补充性原则贯穿其中。

五、最佳利益原则

最佳利益原则,是指在处理与被监护人有关的监护事务时,必须以被监护

---

① 《瑞士民法典》第 389 条:"有下列情形之一者,成年人保护机构得命令采取官方措施:(1)家庭、其他密切关系人、私人的或公共的服务机构所提供的帮助,对于需要照料的人而言,尚不充足,或有不充足之虞;(2)需要帮助且无判断能力的人,没有或者没有完全的自我照护能力,且法定措施对于需要照料的人而言,尚不充足者。所采取的官方措施,须为必要和适宜。"

② [日]田山辉明:《成年后见法制研究(上卷)》,(东京)成文堂出版社 2000 年版,第 56 页。

人利益为出发点,从最有利于被监护人本人利益保护的角度,考量何种选择和决定对本人最为有利,从而最大程度地符合被监护人本人的真实意愿和选择,最大程度地避免对被监护人可能造成的损害。该原则体现了对被监护人权益的充分保护,也为判断监护人是否恰当地履行了监护职责提供了考量标准,被多国所采纳。

需要注意的是,最佳利益原则最早常常与法律家长主义密切关联。发达国家早期的监护制度充满了"强制爱"的法律家长主义色彩,即法律以父亲的身份对于处于弱势地位的身心障碍者如精神病人安排监护措施如管束和监督,客观上看侵害了对被监护人的自由,但却是最大程度地保护其合法利益。法律家长主义虽然出发点良善,却容易招致对被监护人合法权益的侵犯。同样,法律家长主义中所隐含和依循的最佳利益原则在自治与他治的协调上容易失衡。但最佳利益原则的缺陷并没有阻碍其在监护领域的地位,被现代不少国家所采用,最关键的原因是在其发展中已与法律家长主义相脱离且受制于比例原则,即在最小侵害原则约束下的最佳利益原则,才能真正实现对被监护利益的最大程度的保护,这就从形式和实质两个层面保障了最佳利益原则的实现,也为被监护人的利益保护提供了量化的指导标准。

为避免评价主体错位与评价标准的模糊,是否最佳利益的衡量,常常需要法官和监护人将自己的脚放在被监护人的鞋子里,本着最大的善意,根据社会通常标准同时考虑被监护人的特殊个体差异,进行综合考量。为了实现最佳利益,成年人在有意思能力时曾经表达过的,或者有部分意思能力者现在所表达出的个人意愿、价值观、信仰、喜好等因素必须给予尊重,这样能体现被监护人真实意愿和个人选择后的利益取舍和判断,才符合最佳利益原则。中国在立法中也要注意从形式和实质两个方面保障被监护人的最佳利益得以实现。

六、尊重自我决定权原则

意思自治是私法领域的基本原则,监护制度是民法的一个重要组成部分,也应当最大程度地尊重被监护人的自主决定权。尊重自我决定权原则主要包括三个方面的内容:(1)尊重被监护人在行为能力欠缺之前作出的关于未来个人监护事务处理的预设性决定和安排,这正是意定监护制度产生的基础理念,能够体现以人为本的价值理念,对身心障碍者的保护更加注重人权。(2)在监护过程中,各类身心障碍的人格主体地位、基本自由与尊严应该像健全人一样得到充分的尊重。无论采何种类型的监护措施,被监护人都不应当被剥夺进行日常生活必需的行为能力、单纯获益行为的行为能力以及进行具有高度人身性质行为的行为能力。进行社会正常生活的基本前提是进行必需的最基本的日常生活行为,无论何人,一旦被剥夺这些权利,都将无法维持最基本的生活。(3)被监护人行为能力的具体状况并非定态,其精神、智力状况和体能会随着时间推移发生或好或坏的变动,则其行为能力状况也会随之变化。此时,监护人监护职权的范围也应该相应调整增减,以求最大限度地与被监护人实际的身心状态和监护需求相吻合。各国成年监护制度中均有相应的规定。

长期以来,中国监护制度通过行为能力认定制度限制或剥夺被监护人的行为能力,忽视被监护人剩余的意思自治能力,虽然《民法总则》较《民法通则》有所改变和进步,明确了"尊重被监护人真实意愿"。但如前所述,其并非一项独立的原则,且缺乏具体制度的呼应,不仅背离现代监护制度发展潮流,也滞后于中国当今社会发展需求。所以中国在制度完善中应当坚持以人为本的理念,在制度具体内容中充分体现尊重人权、尊重被监护人自主决定权理念。

七、国家和社会责任原则

长期以来,中国在监护问题上一直呈现出重家庭轻国家、重亲属轻社会、重私力轻公力、重扶养轻监护、重身份伦理轻法律规制、重单位基层义务轻政府公益保障等特征,监护问题在很大程度上停留在私域性、家庭性、亲属性和自治性的水平,国家或社会在未成年人和成年监护中应有的权力、义务和职责、责任仍处在相当后位的状态①。然而伴随着中国社会的结构性变迁和经济转型,包括施行了三十多年的计划生育政策的影响,以及社会人口流动的加快,传统家族式家庭逐渐解体,"核心家庭"成为社会主流,亲属的减少导致对亲属之外的社会监护人的需求增加;"失独家庭"成为中国特有的词汇,家庭监护、亲属监护面临很大的困境,进而导致成年人和未成年监护责任的承担日益从家庭走向社会和国家。尤其是老龄社会背景下老年人的财产管理、人身照顾、安养、治疗和护理成为综合性社会问题,监护的社会性、公益性问题日益明显。未成年人、成年监护迫切需要社会和国家来分担监护责任。

我们应转变传统的家庭监护观念,增加社会监护。监护问题不仅是监护人的个人责任和家庭责任,也是国家和社会的责任。虽然《民法典》中增加了国家监护和社会监护的规定,但整体力度还不足够,处于家庭监护和亲属监护的后续顺位之下,公权力监督和救济仍滞后于社会发展之需,2020年修订的《未成年人保护法》对该问题进行了积极回应,大大强化了国家代位监护和国家对家庭监护的指引、支持、帮助和监督。中国成年监护制度的完善也必须鼓励社会组织参与监护候选人,大力培养社会专业监护法人;同时还需要适当强化国家的公权干预,明确专门的监护监督机构及其职责,强化社会、法院、检察院等部门的监督力度。

八、借鉴中取舍和创新相结合原则

目前中国失能、半失能老年人已达4063万人;2017年中国残联调查数据显示,中国现有残疾人大约8500万。面对这样一个庞大的正在接受监护或可能需要监护的人群,中国《民法典》《老年人权益保障法》等现有的法律制度供给明显滞后于社会发展之需。老龄化社会以及身心障碍者权利保护问题在全

---

① 参见曹诗权:《未成年人监护制度演进规律与现实走向》,《中华女子学院学报》2016年第2期。

球具有共同性,他们的监护需求也基本相同。就成年监护制度而言,如何更好地体现尊重自我决定和生活正常化理念,如何尽可能寻求他治与自治的平衡,一直都是困扰各国成年监护制度发展的内在瓶颈问题。发达国家和地区的成年监护制度历经百年多的发展,在实践中不断优化发展,无论是其所蕴含的价值理念,抑或是其制度构造都可以为中国成年监护制度的构建提供良好的借鉴与启迪。无论是英、美,还是德、法和日等国,它们的制度虽不相同但又各有千秋,均与其国情相适应。中国也有自己的国情和社情,如何取长补短,有效借鉴国际社会已取得的改革成果和有益经验,构建与中国社会发展相适应的成年监护制度,是我们必须面临的问题。务实但不封闭,借鉴但不照搬,在取舍扬弃中进行制度的整合与创新,是我们在进行制度完善时应该保持的科学态度。

第七章　老龄化视域下中国
监护制度的完善

第一节　中国未成年监护制度的完善

近年来,中国在未成年监护方面有了长足进步,在《民法典》之外,新修订的《未成年人保护法》更是对未成年家庭监护和国家监护做了重大发展,构建了一套以家庭监护为主、国家监护为辅的较为完整的未成年监护制度,意义重大。但不能否认的是,中国未成年监护立法目前在监护理念、监护人资格、监护人权利、监护监督等方面仍有进一步完善的空间。

一、全面贯彻未成年监护先进理念

（一）全面贯彻未成年人最大利益理念

"儿童最大利益"理念首先确立于 1989 年联合国《儿童权利公约》,随后被各国作为有关未成年人立法的基本原则,"把儿童作为独立权利主体来对待、保护""承认儿童享有自治权",已经成为当今各国对"儿童最大利益原则"的共同理解和实践①。儿童与成人一样是独立的法律主体,享有独立于父母

---

① 　参见曹贤余:《儿童最大利益原则下的亲子法研究》,群众出版社 2015 年版,第 62 页。

或其他成人的平等权利。所有关于未成年人事务的处理,无论是立法、行政、司法机关的工作人员,还是有关组织或个人,抑或是基于亲权的父母和其他近亲属,都不能基于自己的立场,武断地代替儿童作出自认为符合其"最大利益"的决定,而是应该从儿童的视角,作出最符合其心理需要和身心健康成长的判断和选择。

监护对未成年人的权益实现具有至关重要的影响,任何单位或自然人在处理监护事务时,都应充分征询并尊重未成年人的意见。无论是8周岁以下的无民事行为能力的儿童,还是8周岁以上限制民事行为能力的未成年人,但凡有一定的意思能力者,即具有一定的辨别、理解和表达能力,均应征询并充分尊重其意见。尊重未成年人自决权是现代各国未成年人最大利益理念的鲜明体现。当然,不能否认的是,由于未成年人心智尚未发育完全成熟,辨认和判断能力尚不充分,也易受外界环境和他人的干扰和影响,基于其最大利益考量,有关主体对其意见应按照其年龄和成熟程度给予适当的看待。

作为《儿童权利公约》的缔约国之一,中国也积极践行公约精神,在立法中贯彻儿童最大利益原则,不歧视原则,确保儿童生命权、生存权和发展权的完整原则,尊重儿童自决权原则。《未成年人保护法》第3、4、19条中有明确的体现。"徒法不足以自行",目前中国监护制度正处于法律修改完善时期,仅在立法时的制度设计中遵循未成年人保护基本原则的要求是不够的,更要在执法中也全面、彻底体现"尊重未成年人真实意愿"和"未成年人最大利益"理念。

(二)全面贯彻未成年国家监护理念

未成年人国家监护理念具体内容包括基于未成年子女利益最大原则的国家监护辅助原则、国家监护干预和监督原则等,是国家对未成年人保护立法的基本准则。未成年子女利益最大原则也即基于最有利于未成年子女生存和发展的要求,综合判断作出最有利于子女的决定;国家监护辅助原则即是国家需要为监护人和未成年人提供人身和财产帮助;监护监督原则是指公权力介入监护职责的运作进行必要规制,并监督未成年监护的始末。① 显然,国家监护理念不是狭义的国家代位监护,而是一个综合体系,它包括了监护人选任的公权干预、公权监护支持保障制度、监护评估制度、国家公职监护和社团监护中的公权监督等制度②。

家庭监护固然具有其他监护形式无法比拟的优越性,能为未成年人提供最为适宜的成长环境,但随着中国社会经济结构的转型和家庭结构、规模和观念等的深刻变化,未成年监护停留在家庭自治的较低层次必然导致监护保护不力,也与国际社会未成年监护公法化和社会化的大趋势相背离。从义务主体角度讲,监护权的义务性、公益性和社会属性决定了监护事务中家庭、国家和社会三者的共同责任。在现代风险社会,单纯依靠父母或家庭来承担监护职责、实现监护制度功能的理想过于美好,当家庭或亲属难以承担并实现监护责任时,国家必须责无旁贷地进行支持帮扶或代位补救。

从内容来看,《民法典》对国家监护在立法层面上做了确认,但涉及国家监护的规定主要是临时监护(第 31、34、36 条)、代位监护(第 32 条)。可见,中国立法所规定的未成年人国家监护制度是不完整的,尤其缺乏监护支持和监护监督制度。令人惊喜的是,2020 年修订的《未成年人保护法》对监护评估③、监护支持④和监护监督制度⑤均有所发展,但由于新法多是框架性、指引性的宏观

① 参见李霞、张艳:《论〈民法总则〉中的未成年人国家监护》,《青少年犯罪问题》2017 年第 6 期。

② 参见梁春程:《公法视角下未成年人国家监护制度研究》,《理论月刊》2019 年第 3 期。

③ 《未成年人保护法》(2020 年)第 99 条:"地方人民政府应当培育、引导和规范有关社会组织、社会工作者参与未成年人保护工作,开展家庭教育指导服务,为未成年人的心理辅导、康复救助、监护及收养评估等提供专业服务。"

④ 《未成年人保护法》(2020 年)第 7 条第 2 款:"国家采取措施指导、支持、帮助和监督未成年人的父母或者其他监护人履行监护职责。"

⑤ 《未成年人保护法》(2020 年)第 43 条:"居民委员会、村民委员会应当设置专人专岗负责未成年人保护工作,协助政府有关部门宣传未成年人保护方面的法律法规,指导、帮助和监督未成年人的父母或者其他监护人依法履行监护职责,建立留守未成年人、困境未成年人的信息档案并给予关爱帮扶。居民委员会、村民委员会应当协助政府有关部门监督未成年人委托照护情况,发现被委托人缺乏照护能力、怠于履行照护职责等情况,应当及时向政府有关部门报告,并告知未成年人的父母或者其他监护人,帮助、督促被委托人履行照护职责。"

要求,配套的机构、措施、设施等尚缺乏具体跟进,可操作性不强,在具体落实和执行效果仍有待进一步考察,需要进一步强调国家干预的多元性和专业性。

需要特别说明的是,全面贯彻未成年人国家监护原则强调的是家庭自治监护或亲属监护不足、监护缺位或监护侵权时的公法补充、监督或救济,并不是要取代或否定现行家庭自治或亲属监护为主的监护制度,否则便是本末倒置。同时,监护权不仅涉及私法领域监护人和被监护人之间的身份、财产权利和义务,在家庭监护缺位或失位时,更涉及公民的生存发展权利,这在公法意义上类似于宪法规定的劳动权、教育权,属于公民的基本权利。[①] 所以,国家对未成年监护的干预应遵循两个原则:法律保留原则和比例原则。前者要求国家干预于法有据,以法律手段进行;后者要求国家干预在时点、方式与程度上与未成年人权益保护需要相对称,保持比例协调。

二、明确父母及其他监护人的任职资格

未成年监护中应贯彻被监护人利益最大化的理念和原则,在监护人的选任上,应当尽可能多方面考察监护人的资格,以确保其能胜任监护职责,最大程度地保护未成年人的合法权利。一般情形下,父母基于亲权担任监护人时,其履行监护职责的目的即为未成年人身心健康成长,其能够很好地担任监护人角色。但不排除特定情形下有些父母自身具有人格缺陷或没有责任担当意识等因素,不能担任监护人,他们可能会实施一些背离人性的行为,无法为未成年人提供基本的身心呵护与关爱,继父母、养父母监护失责或监护侵害行为同样无法避免。而在遗嘱监护、委托监护中,监护人的选择范围一般会脱离亲属关系的限制扩大到其他的个人或组织,其能否妥当地担负起监护职责、最大程度保护未成年人合法权益,更需要慎重考虑。所以,立法上明确对未成年监护中监护人的资格进行必要限制是非常重要的。

---

① 参见但淑华、黄晶:《成年监护的实证考察与制度反思》,《中华女子学院学报》2016年第2期。

未成年人的健康成长和发展除了基本的物质条件保障外,还需要良好的关爱氛围和健康积极的身心引导,需要对其财产权利和人格尊严给予最大程度的保护与尊重。所以对监护人的资格要求,除了基本的经济条件外,还需要结合年龄、健康状况、心理状态包括有无精神疾病、品行状况、感情成熟度等多方面因素综合考虑。借鉴域外经验,可用排除法罗列监护人选任的消极条件。有学者建议下列人选不适宜担任未成年监护中的监护人:无民事行为或限制民事行为能力人;患有严重疾病危害未成年人利益或无法正常照料未成年人者;因受有期徒刑以上的刑罚而正在被监禁者;因滥用监护职责而丧失监护资格者;品行恶劣、有吸毒、酗酒、家庭暴力等恶习者;本人或近亲属的利益与未成年人利益存在冲突者;下落不明者等。① 我们认为,这一建议考虑较为周全,应该予以采用。并且,父母并不当然都能胜任合格的监护人,对于父母担任监护人的情形,也要客观考虑父母的身体健康、经济能力和品行状况。

三、进一步完善父母或其他监护人的职责与责任

虽然《未成年人保护法》细化丰富了父母或其他监护人的监护职责,但鉴于未成年人身心发育的特殊性以及监护事务的琐碎复杂性,未成年监护中人身监护和财产监护职责的履行仍有需要完善之处。

(一)人身监护中应摒弃传统错误认知,充分尊重未成年人自决权

人身监护事务要充分体现对未成年人独立人格的尊重,以及对其生存发展利益的完整保护。必须摒弃监护人将未成年子女视为没有独立思想的传统错误认识,充分尊重未成年人自决权,认可并尊重其意思表达和喜好选择。故而监护人在照料和教育未成年人时,应充分关注他们能够作出独立的、有责任

---

① 参见曹诗权:《未成年监护制度研究》,中国政法大学出版社 2004 年版,第 315—316 页。

意识的行为的能力增长,并尊重、满足这种增长的需要。根据未成年被监护人的心智发育状况,与之充分协商并尊重他们在交友、外出、接受教育以及准备就业等问题上的表达、选择与决定;有策略地进行未成年人性教育和性安全教育;监护人和被监护人负有沟通交流和相互帮助、体谅的义务;充分尊重他们的个人隐私等。

(二)细化财产监护职责

实践中应改变轻视财产监护的意识和态度,首先明确未成年人享有独立的财产权,监护人对未成年人的财产管理进行保值并增值,也属于监护人履行通常注意义务的当然内容,使用其财产进行新的风险投资等行为则不应允许。对监护人关于财产事务的监护权限附加必要限制,包括要求监护人应尽善良管理人之注意义务,使用、处分被监护人的财产应当基于被监护人的利益考虑;监护人代理被监护人进行财产交易时禁止监护人自己作为受让人;在未成年人接受遗产继承或赠与时应编制财产目录,接受监护监督机构的要求必要时将之提交并进行报告。父母作为监护人时,应当妥善保管子女财产,但上述义务可以豁免。

四、进一步明确未成年监护中父母或其他监护人的权利

(一)关于父母或其他监护人的拒任或辞任权

监护人的拒任权或辞任权,是指被确定的监护人如果有正当理由或者客观原因不能履行监护职责时,应当允许其拒绝或辞去监护职务。但是,鉴于监护的强义务性,辞任或拒任需要具备正当理由。我们认为,考虑到未成年人身心脆弱的特殊性和呵护关爱下健康成长的特殊需求,以及亲权与监护权的本质差别,不同身份的监护人享有的权利各不相同。

1. 父母享有监护变更请求权,但不享有拒任、辞任权

基于亲权与监护权的混同,父母对未成年人的抚养、保护和照顾的法定义

务不能免除，也不得拒绝或推辞。所以未成年人的父或母即便出现不能履行监护职责的客观情形，首先应与其他具有监护能力的法定监护候选人进行协商变更，协商不成有权向法院请求变更，由法院启动指定监护程序①，而不能拒任或辞任。

2. 父母之外的其他近亲属监护人，享有监护变更请求权，并享有拒任权和辞任权

对于法定监护人范围内未成年人的祖父母、外祖父母和成年的兄姐等亲属，在未成年人没有父母或父母不能履行监护义务时，对未成年人负有的抚养和照顾监护义务并非基于亲权。如果出现特殊情形不能担任或不能履行本应担当的监护职责时，应享有监护变更请求权以及辞任、拒任权。此时的变更请求权是指因监护人个人情况变化导致不能或便于履行监护职责时，可以请求法院将监护人变更为同一顺位的其他有监护资格的人。此处的辞任权是指因监护人个人情况变化导致无能力履行监护义务时，在监护变更请求权之外，也可以向法院请求辞去监护人身份，并请求法院指定新的监护人。法院应当按照法定监护顺位指定其他有监护资格的人为监护人，在新的监护人选定之前根据情况还可以为被监护人指定临时监护人，避免被监护人陷入因有监护资格的主体相互推诿合法权益处于无人保护的危困局面。拒任权则指在法定监护或指定监护中具有监护资格的主体因出现特定情形不能承担监护责任时拒绝担任监护人的情形。

3. 亲属之外的其他个人或组织基于自愿担任监护人的，应当享有变更请求权和辞任权

亲属之外的其他个人或组织基于自愿担任监护人时，本是出于自愿而承担监护职责，故不存在所谓拒任问题。在自愿担责的情况下，如果不允许其在

---

① 虽然法律规定的有权指定监护的主体包括被监护人住所地的村委会、居委会、民政部门及法院，但我们认为应改变这种多元主体并存的局面，唯有法院享有监护指定权。具体理由和建议详见第三章第二节及本章第二节关于成年监护制度问题与完善的相关内容。

出现特殊情况时卸下监护职责,则于情于理都不妥当。所以,这类主体如果出现上述不能履行监护职责的情况,应该赋予其辞任的权利。当然,该类主体获得监护人身份本身需要经过被监护人所在的村民委员会、居民委员会或民政部门的同意,故其首先应向当初作出同意决定的部门或组织提出辞任的请求,如果被拒绝或没有得到及时回复,有权向法院提出辞任请求。有关部门或组织应及时向法院请求指定临时监护人,法院在审理中也可依职权主动为之,以及时填补监护人临时落空的情况下被监护人权益保护处于空白期的情形。组织担任监护人时,因发生重大变化导致其不宜或不能履行监护职责时,其有权向有关组织及法院要求辞去监护义务。

同时,近亲属之外的其他个人或组织基于自愿担任监护人的,也享有监护变更请求权,但发生情形较为特殊。依照监护的法定顺位,该类主体担任监护人一般表明此时被监护人没有其他适格的近亲属能够担任监护人。但在监护职责履行中,如果被监护人的近亲属具备了监护资格而同时监护人自身出现不能履行监护职责的客观情形,则监护人享有监护变更请求权,可以与之进行协商或请求法院将监护人变更为具有监护资格的近亲属,也可直接向法院请求辞去监护义务。另外,在被监护人没有出现不能履行监护职责的情形下,如果被监护人的父或母具备或恢复了监护资格,监护人也有权请求变更监护或辞任。

(二)不同监护主体的报酬请求权

关于未成年监护中监护人的报酬请求权问题,同样要区分不同身份的监护主体进行区别对待。

1. 父母担任监护人时的报酬请求权

父母担任监护人时,鉴于亲权与监护职责的高度竞合,其对未成年子女的监护属于法定义务,无权索要报酬。如其承担监护责任有客观的经济压力或其他现实困难,可向民政部门或社会保障部门请求最低生活保障金或其他的专项支持辅助。

2. 近亲属担任监护人以及近亲属之外其他人自愿担任监护人时的报酬请求权

近亲属担任监护人以及近亲属之外其他人自愿承担监护职责者,享有报酬请求权,但报酬请求权的行使以"正当性""适当性"为原则。无论是法定监护还是指定监护,既不能否认监护人付出的辛劳,也不能忽视和排除他们因为承担监护职责而加重经济负担的客观现实,包括因为被监护人身心障碍而付出的医疗和护理费用等。并且,该类主体并不负有基于亲权而对被监护人进行抚养、照顾和保护的法定义务,因此适当的补偿机制有利于减轻监护义务给监护人带来的生活压力。为了更好地保障他们履行监护职责,应赋予该类监护人报酬请求权。经费来源首先以被监护人的财产支付,没有财产或财产不足,则通过设立政府专项基金或由国家财政补贴来加以弥补。建议政府设置监护补贴制度,对该类监护主体因承担监护职责而产生的经济困难进行补偿。社会保障部门对当事人的申请进行审核后,根据其家庭经济状况,并同时考虑抚养照顾的未成年人身心状况是否具有特殊情形,参照最低生活保障金的发放条件发放监护补贴。

3. 委托照护和遗嘱监护中的报酬请求权

对于委托照护和遗嘱监护,由于监护法律关系的双方身份可能突破家庭和亲属的范围,补偿机制存在的必要性更大。但鉴于监护的义务属性以及这两类监护本身具有一定的意定性,应以双方自愿协商和适当补偿为原则。即由双方协商或遗嘱约定,自行解决监护费用及报酬的支付问题,是否付酬及如何支付都由双方协商确定。报酬的来源首先从被监护人的财产中扣除,没有财产或财产不足,则由委托人或立遗嘱人补足。如果委托人或立遗嘱人没有财产,且监护给监护人带来较大的生活负担的,监护人则依法可请求监护补贴,具体情形同近亲属或近亲属之外的其他人担任监护人的情形。

五、进一步完善未成年监护监督制度

未成年监护监督制度的进一步完善,主要涉及下列方面。

(一)进一步明确监护监督机构的职责范围

对于监护监督,必须明确监护监督机构的职责。参考各国立法例,中国监护监督机构的职责应主要包括:(1)对监护行为进行日常性监督,但对非监护行为不得监督;(2)特定事项中被监护人与监护人及其利害关系人的利益相冲突时,代被监护人作出决断;(3)要求监护人进行重大财产事务代理或管理行为时,应先向监督人报告并征得同意;(4)随时要求监护人提供监护事务报告或被监护人财产目录,还可以对监护事务或被监护人的财产状况进行调查;(5)在监护人空缺时,及时请求法院指定;(6)紧急情况下对被监护人的财产进行管理;(7)监护人起诉被监护人时,代理应诉;(8)对监护人懈怠、渎职或者侵害被监护人权益的行为及时向有权机构反映,申请对其进行纠正、惩罚或撤销监护资格。

(二)进一步完善未成年监护司法监督机制

1. 明确检察院作为国家代位监护的专门监督机构

明确将检察院设置为国家监护监督人,对于民政部门的国家临时监护、长期监护中存在的问题进行监督,强化国家临时监护以及国家长期监护的监护效果,贯彻未成年人最大利益原则。

2. 设立家事法院(法庭)

应在法院内专设家事法院,统一处理监护人选任、监护人变更、撤销以及监护纠纷事务。

(三)完善监护监督的责任追究

监护监督人的监督行为应当围绕被监护人利益最大原则来行使。负有法定监督义务的监护监督人如果不履行、不恰当履行监督职责或滥用监督权,法院应当予以劝诫、警告、制止、训诫、撤销监护监督人资格;给被监护人造成损害的,还应当承担相应的赔偿责任;如果监护监督人与监护人串通损害被监护人利益的,应当承担连带赔偿责任;构成犯罪的,依法追究刑事责任。

六、最新立法成果中未成年监护国家干预的新发展

(一)预防未成年人犯罪监护职责履行中国家干预的新发展

近些年来,青少年犯罪率居高不下以及犯罪低龄化等问题较为严重。大量案件表明,未成年人实施犯罪行为之前,多有不良行为或违法行为,且其早期不良行为或违法行为多数没有得到及时有效的干预。2020年12月26日,十三届全国人大常委会第二十四次会议修订通过了《预防未成年人犯罪法》。本次修订最大的进步,在于立法确立"坚持分级预防、提前干预"原则,对未成年罪错行为进行了更为科学的层级划分,尽可能地完善了对于未成年人罪错行为的保护处分措施;以正式干预方式,明确和细化了监护人、学校和社区对于未成年人不良行为的教育、干预责任;细化了对于未成年人罪错行为的教育与矫治;废除"收容教养"的概念表达,将有关措施纳入专门教育,建立专门矫治教育制度。这些国家干预措施对家庭监护提供了重要支撑,成为保障未成年人身心健康发展的有力举措。

从立法趋势来看,国家对于罪错未成年人管教体系更为严密合理,对于未成年人的不良行为、严重不良行为或重新犯罪等问题的监护问题,坚持提前介入、分级干预,干预措施也更为细化、多元与科学,对未成年人的保护更为系统化、综合化和专业化,国家责任得到极大彰显和凸显,最有利于未成年人原则得到进一步体现。

(二)进一步完善对负有监护等特定职责人员性侵未成年人行为的刑法规制

为加大对未成年人犯罪中"熟人"犯罪的打击力度,尤其是对能够密切接

触到未成年人的特定职责人员如监护人、医生、教师等针对女性未成年人实施的性侵害行为的打击力度,《刑法修正案(十一)》集中调整涉性侵、猥亵未成年人的刑法规定,增加规定"已满十四周岁不满十六周岁的未成年女性负有监护、收养、看护、教育、医疗等特殊职责的人员,与该未成年女性发生性关系的,处三年以下有期徒刑;情节恶劣的,处三年以上十年以下有期徒刑"。但该规定仍然存有一定的完善空间。

为了更好地保护未成年人的性权利,加大在涉及未成年监护中存在的性侵害犯罪的打击力度,我们提出下列几点意见:

1. 突破立法仅对女性未成年人的监护人、医生和教师等特定职责人员所实施的性侵害犯罪行为加以刑法规制的情形,将男性未成年人在监护、医疗或教育等领域面临的性侵害也纳入刑法规制范围,对所有未成年人的性权利在同等情况下给予同等保护。

2. 应明确将未满 14 周岁以及已满 14 周岁不满 18 周岁未成年人的监护人、收养人、看护人、教师、医生等具有特定看护职责的群体对之进行的性侵害,均应明确纳入刑法规制。

3. 根据犯罪对象年龄差异,设置轻重有别的法定刑,如上述特定职责人员对不满 14 周岁未成年人(儿童)的性侵犯罪的法定刑在同等条件下应比已满 14 周岁的未成年人性侵害犯罪人从重处罚或立法上增加一档法定刑。

4. 确立未成年人性侵犯罪人信息查询与社会公告相结合的信息披露制度,除了严格执行《未成年人保护法》所确立的性侵等违法犯罪人员信息查询制度外①,还应将性侵儿童情形恶劣的或儿童性惯犯者的信息如犯罪人身高、体重、照片、前科、住址信息、是否佩戴过电子脚镣等信息,公示于互联网系统及社区公告中。这样有利于进一步提高民众对儿童性侵害犯罪的科学防范意识。

---

① 参见《未成年人保护法》(2020 年)第 98、62、116 条之规定。

5. 加大对未成年人性侵害犯罪人的惩处力度。如对未成年人性侵者不得宣告缓刑,不适用社区矫正;对于累犯和情节特别恶劣再犯概率较大者通过注射药物进行化学阉割;设置更为严格的减刑、假释门槛,经评估,危险性未消除的,不得减刑和假释。完善法院禁令制度,法院可视情节发布限制此类人群择业范围的禁令和佩戴"电子脚镣"的禁令。儿童性侵犯罪人在服刑期满后就业时不得就职于医院、学校等与儿童相关的工作岗位。应当规定对未成年人实行性侵害的犯罪者佩戴"电子脚镣",通过电子追踪或 GPS 定位进行 24 小时定位追踪,对其定位监控,一旦接近学校等儿童经常活动地方就发出警报或向家长、老师发送预警。如此才能密织防控网络,彻底斩断伸向无辜儿童的罪恶黑手。

第二节　中国成年监护制度的完善

针对中国现行制度的不足,经过理性借鉴与务实考量,我们认为,中国成年监护制度的完善,需要从下列十个方面展开。

一、完善成年人行为能力制度

(一)行为能力齐备与否的准确界定

行为能力是成年监护制度设立的理论基础和制度前提。理论基础的科学厘定,对制度构建有着决定性的影响。中国现行行为能力理论,仅依据精神和智力两个因素将"辨认能力"作为行为能力认定的标准,是对行为能力的误读,内涵界定过于狭隘,使用功效大打折扣。故此,理论上必须正本清源,正确界定行为能力及其欠缺,并进行科学的层级划分,同时明确行为能力欠缺的认定依据、认定标准以及认定方法,为中国监护制度的改革和发展奠定科学的理论基础。

1. 科学确定行为能力的完备及其欠缺

如前文所述,法律上的行为能力应同时包括意思能力和行动能力两大内容,涵盖精神、智力和体能三大要素。精神、智力和体能任一要素的缺失或出现障碍,便可能导致理解认知能力、辨认分析能力、选择决定能力或行动能力的降低,进而对行为能力的有无及其程度产生影响。精神和智力对人的行为能力的影响直接且重大,精神或智力要素的缺失通常会导致行为能力的缺失。而体能要素对行为能力的齐备同样不可或缺,听力、语言、视力和肢体等器官功能直接参与意思的沟通表达,甚至决定着意思表示内容的传递与实现,如果不具备这些身体器官的行动能力,行为人通过自己的行为去履行义务行使权利的能力根本就不存在。所以,只有三项要素都齐备且正常、健全,才呈现具有完全行为能力的完备状态,才能正常独立处理个人事务,具备自我保护能力。所谓无民事行为能力或限制民事行为能力,其实是一个人在精神、智力或身体方面出现损伤或障碍,进而不能独立处理个人全部事务、部分事务或特定事务,不能自我保护的情形。

因此,我们认为,所谓行为能力欠缺,实质上是"独立处理个人事务的能力"欠缺,或者说,行为人因各种精神、智力障碍或体能障碍,达到不能正常、独立地处理个人事务的程度。该实质认定标准中,"个人事务"包括有关个人的生活利益的一切事项。在性质上,既可以是法律行为,也可以是事实行为;在时间上,可以是持续性的行为,也可以是一次性行为;在内容上,可以是财产领域的事务如财产管理、合同代理,也可以是人身领域的事务如健康护理、生活照护和人身保护等;在范围上,可以是所有事务,也可以是部分事务或特定事务。

这里所说的"处理",其词源上有四个意思,即:(1)安排事务、解决问题,如处理日常事务;(2)处治、惩办,如依法处理;(3)指减价或变价出售;(4)用特定的方法对工件或产品进行加工,可见其外延丰富。我们认为,只要为了其本人合法利益的行为,一切与个人事务相关的行为如保存、利用、加工出卖、出租、赠与、担保、贷款、投资等财产管理处分行为,管理日常生活、同意医疗方案、安排康复看护、进行人身保护等人身照顾行为,不一而足,都可以称之为处理。

这里所说的"欠缺",从程度上看,需要达到不能处理个人事务的程度。"不能",如果仅就行为人主观能力而言,是一种客观不能,而非主观不愿。至于"欠缺"的原因,从各国关于监护对象的规定来看,虽然表达不同,但要求是因为各种"身心障碍"因素,而非与身心障碍因素无关的原因如被限制人身自由、被恶劣天气阻断行程等事由。

所以,可以看出,个人事务处理能力欠缺是对行为能力欠缺的事实状态的描述,行为能力欠缺是法律上相对应的一种拟定状态。行为人因为各种身心障碍导致个人事务处理能力欠缺的程度,直接决定着行为能力欠缺的程度,二者关系呈正态走向。

故而,行为能力的判断,或曰行为能力欠缺与否及其程度的科学判断,首先必须将行动能力与意思能力同时纳入行为能力判断要素,将体能、智力和精神三者从"灵肉结合"的角度综合判断,才能正确得出关于行为能力是否欠缺以及何种程度的欠缺的结论。但凡客观上发生对人的智力、精神、语言、听力、视力、肢体器官的功能损伤或障碍,通常便会对个人认知、辨识、表达、交流沟通、选择决策和执行决定等能力要素产生影响。如果这些影响导致行为人不能独立处理个人事务,则为行为能力欠缺。从实证角度看,可能引起成年人行为能力欠缺的原因,可能是年龄、疾病、意外事故或伤害等,但都可归类到精神、智力、身体器官功能的损伤或障碍。故此,当成年人因年老、精神、智力和体能日益耗弱,包括精神障碍、智力障碍、视力障碍、听力障碍、语言障碍和肢体障碍,影响了意思表达沟通、意思识别判断、意思选择决定或意思传递与实现等而无法自主处理个人日常事务中的特定事项、部分事务或全部事务,不能正常参与社会时,行为能力即为欠缺。

通常情况下,精神和智力对行为能力有着决定性影响,因为二者对人的理解识别、辨认分析和选择决定能力有着最为直接和决定性的正向关系。体能是指听力、语言、视力和肢体这些身体器官功能的正常发挥,对行为能力的存在同等重要。但体能欠缺,精神和智力并不必然欠缺,尤其是肢体的欠缺,其对人的个人事务处理能力的影响在性质上不同于精神或智力的欠缺,对人的分析辨别和选择决定的能力的影响,通常会小于精神要素或智力要素的欠缺时所带来的影响,行为人剩余的意思自治空间相对较大。换言之,体能障碍导致行为能力欠缺时,并不必然影响行为人的意思识别判断能力。所以,在行为能力欠缺的认定和层级划分中,要尤为注意二者对行为能力欠缺的影响力的差异,遵循比例原则,避免将对体能欠缺者的行为能力欠缺范围扩大化,造成保护过度,侵犯私人自治空间。

精神、智力和体能是行为能力的三大要素。体能要素的加入,增加了行为能力欠缺的认定要素,让因为听力、语言、视力或肢体障碍不能处理个人事务的成年人成为监护制度的利用者,具有以精神、智力为要素的行为能力理论无法比拟的优势。

行为能力欠缺者,需要为之提供监护制度对其欠缺的能力进行补足,通过设立监护人对其人身事务或财产事务进行保护协助。但监护制度的启用,毕竟是对他人生活和自由的一种干预,故而需要依法科学认定。基于人权视角,对于成年人,应该坚持行为能力推定原则,即年满 18 周岁者均推定具有完全行为能力,除非有证据反证,否则非经法定程序不得被限制或剥夺。

2. 成年人无行为能力类型存废的思考

在行为能力欠缺的类型上,中国不少学者主张取消"无行为能力"类型,以体现对被监护人的人格尊重和残存意思能力的保护。理由是,根据法律规定,对成年无行为能力类型,其法律行为均由代理人代为实施,自己实施的法律行为均无效,这样不仅带有严重的歧视性色彩,还无视并剥夺了无行为能力人最基本的人格尊严和日常生活自主权,让其实际上沦为他人治理的工具。

但是,我们认为,这样的指责在归因上有偏差,且取消无行为能力类型未必对该类被监护人的利益保护有利。首先,无民事行为能力人的法律行为当然都无效,这一结论应该是共识。但这并不阻碍其最基本的日常生活等事实行为的实施,也并不当然被剥夺具有高度人身属性的权利的行使。如果这些行为最终被限制,应该属于立法理念和相关配套的制度安排不合理,而非无行为能力类型本身的存在所导致。其次,在本人丧失全部或绝大部分事务处理能力的客观事实面前,让其划入限制行为能力类型,既无实际意义,也不当然能获得更多保护,反倒会因为保护不力带来伤害。将因年龄原因如幼儿或因精神、智力或身体障碍不能正常处理个人全部或绝大部分个人事务的特殊群体纳入无行为能力人范畴,进而进行替代监护,不是基于剥夺或限制,反而是一种站立在被监护人实际保护需求的立场上的一种正当手段,是必要且有益的。

并且,应该注意的是,无论是大陆法系国家还是英美法系国家,在学术文献中"无行为能力"这一词语依然频繁出现,它毕竟是讨论监护制度的基础样态之一。正如有学者所言:尽管有些国家在法律条文中成功地回避了"无行为能力"一词,但词语的回避不意味着对"无行为能力制度"的回避,监护制度对行为能力欠缺者的补足功能依然未改……至少从目前来看,无论是制度设计还是理论研究,"无行为能力"与监护的关系都难以割裂。①

所以,我们认为,"无行为能力"类型的存在是必要的,《民法典》也保留了该类型。因为它契合社会现实,符合8周岁以下的幼儿、儿童和成年持续性植物人、极重度的智力障碍者和精神障碍者等主体事实上的能力状态和客观监护需求。我们需要做的是,如何克服该类型的制度缺陷,通过其他制度安排来弥补其不足之处,体现出对无行为能力人人格尊严和利益的尊重和保护。其实,没有行为能力并不意味着没有任何的意思能力,对被监护人残留的意思能力应给予尊重;没有行为能力也仍具有人格尊严,纯获利益以及高度人身性质的事务仍有权行使,最基本的日常行为应予以尊重和认可。

---

① 参见王竹青:《成年监护类型解析》,《首都师范大学学报(社会科学版)》2018年第2期。

（二）科学界定行为能力欠缺类型层级及认定依据与原则

1. 科学界定行为能力欠缺类型层级数

中国现有行为能力欠缺类型分为无行为能力和限制行为能力两个层级，不能反映行为能力欠缺多种样态的复杂情形，会导致对行为能力欠缺者保护不足。考察发达国家成年监护制度中关于行为能力欠缺类型的划分，可以发现，多数国家根据行为人的精神、智力等状况分为限制大部分行为能力、限制部分行为能力和限制个别行为能力三种类型。这种三分法既能满足行为能力欠缺者的合理归类区分，又便于监护制度的针对性设置，可以避免二分法不能有效识别行为能力类型的缺陷，又能避免四分法类型过于繁多不能准确区别的困扰。我们完全可以借鉴，并在此基础上进行扬弃与创新。

综合考虑精神、智力和体能要素对个人独立处理事务能力的影响程度，个人事务处理能力的欠缺由轻到重可分为：特定事务处理能力欠缺、部分事务处理能力欠缺以及全部或绝大部分事务处理能力欠缺三个层级。据此，中国自然人行为能力欠缺类型由轻到重划分为三个层级：行为能力轻微欠缺、行为能力部分欠缺和无行为能力（包括绝大部分欠缺和完全欠缺行为能力）。

在该分类中，保留了传统民事行为能力类型中的无民事行为能力类型，并摒弃现行立法中的"限制行为能力"的表达，更为客观明确，也不存在负面色彩。"行为能力欠缺"一词本身的内涵较为广泛，包容性很大；在范围上，欠缺的行为能力可能是其人身事务处理能力和财产处理能力中的大部分、一部分或特定事务。在种类上，可以是人身和财产能力都欠缺，或仅欠缺人身行为能力与欠缺财产行为能力中的某一类。在类型层级上，通过"量"上的区别即"无""部分""轻微"来表明不同的欠缺程度，轻重有别，彼此衔接，可以涵括行为能力欠缺的所有样态以及今后可能出现的其他情形。

2. 科学确定行为能力欠缺类型的认定依据

行为能力欠缺三层级划分的具体认定，需要根据精神、智力或体能的不同障碍情况对行为能力缺失程度进行确定。中国现行立法仅依据精神和智力障碍状况对行为能力欠缺程度进行简单划分,存在操作性、适用性不强的问题,并且也没有考虑体能障碍对行为能力欠缺状况的影响。立法应对智力、精神和体能障碍的不同情况进行区别分析,以判定其对行为能力影响的程度,进而根据该程度以确定行为能力欠缺三层级的具体可操作的标准。

中国 2011 年 5 月 1 日实施的《残疾人残疾分类和分级》国家标准(以下简称《国家标准》),将身心障碍分为视力障碍、听力障碍、语言障碍、肢体障碍、智力障碍、精神障碍和多重障碍共 7 种障碍类型,并对各类障碍由重到轻划分为极重度、重度、中度和轻度四个等级,这为我们确定自然人行为能力欠缺程度提供了科学的参照依据,也为行为能力轻微欠缺、行为能力部分欠缺和无行为能力的具体认定标准的确立提供了重要依据。

3. 认定行为能力欠缺类型的原则

《国家标准》毕竟不是针对行为能力欠缺人而设定的标准,需要我们在周全考量分析的基础上进行科学判断以划定标准。适用《国家标准》认定身心障碍者行为能力欠缺类型时,应遵循以下原则:

(1)从严原则。恪守最小侵害原则,尽可能平衡自治与他治,各类身心障碍者行为能力欠缺认定门槛要高,标准要从严,避免对行为能力欠缺者的补救措施过度,导致对不需要监护的人使用了监护、对需要协调监护的人选择了有限监护或对需要有限监护的人提供了替代监护。

(2)工具排除原则。各类身心障碍者,但凡通过借助辅助工具,无论是器械还是科技手段,能够实现基本的个人事务处理,维持基本的社会参与和简单的自我保护,则不考虑纳入行为能力欠缺类型的认定,不需要启动监护制度予以保护。

(3)多重障碍从重原则。行为人如果患有多重障碍,则行为能力欠缺程度认定时按照对行为能力影响更大更重的障碍因素作为判断依据,即多重障碍因素并存时以最重类别的分级确定障碍等级。

（三）行为能力欠缺类型具体认定标准

如果行为人发生精神、智力障碍,则基于精神、智力因素来认定其行为能力欠缺类型。由于《国家标准》对精神、智力残疾的认定标准非常明确,直接可兹参考,故这两类主体具体行为能力欠缺类型的认定相对简单。

身体障碍中的语言障碍、视力障碍、听力障碍和肢体障碍等体能因素对行为能力的影响较精神障碍和智力障碍要小,行为人意思自治程度较高,其中肢体障碍尤为特殊,行为人大部分情况下意思能力健全。为避免对本人自决权造成侵犯,稳妥起见,身体障碍情形下行为能力欠缺类型的认定标准应区分对待。具体来讲,某项身体障碍因素的单一存在一般不会给行为能力带来重大影响,一般不考虑纳入行为能力欠缺类型,但特定情形下的重度和极重度的身体障碍情形,将可能严重导致个人特定事务处理能力减弱,需纳入行为能力轻微欠缺类型。如果肢体残疾对事务处理能力的影响特别严重,可以纳入成年人行为能力部分欠缺和无行为能力类型,具体情况需要综合判断该种障碍对特定事务处理能力的具体影响程度,通过"灵肉结合"来综合判定。

年老体衰这一因素对行为能力的影响较为复杂,故而老年人行为能力欠缺类型的认定也较为复杂。对于老年人群体,许多人并没有出现上述残疾(即身心障碍)情形或达到相应程度的残疾等级(如痴呆),而是意思能力和体能的逐渐衰弱,行为能力欠缺呈现渐变性、差异性的特征,不能依据行为能力认定的一般原则去适用于老年人主体人群,只是部分人出现了特殊情形,对特定的个体需要个例处理,故而无法适用残疾分类分级的国家标准,而是要结合其精神、智力和体能的欠缺情况综合考虑。

需要注意的是,成年人行为能力状况并非恒定,即便被认定为某种程度的缺失,也可能会随着时间推移和个人情况变化或好转、或恢复甚或欠缺更多。司法程序应该设置行为能力动态审查机制,以便及时调整监护措施,给本人提供最为适切的协助和保护。

1. 成年人无行为能力的认定标准

成年人无行为能力是指成年人缺乏全部或绝大部分事务处理能力的情形,并非指行为人没有任何意思能力这一种情况。导致成年人缺乏全部或绝大部分事务处理能力的原因可能是精神障碍、智力低下,也可能是体能太弱。体能的因素有可能是肢体障碍所致,也可能是老年人随年龄增长身体机能退化所致,故应当从精神、智力、肢体障碍和年龄这几个方面考虑,分别确定成年人无行为能力的认定标准。

(1)极重度精神障碍和重度精神障碍

依据《国家标准》,极重度精神障碍的特征是"生活完全不能自理,忽视自己的生理、心理的基本要求;不与人交往,无法从事工作,不能学习新事物;需要环境提供全面、广泛的支持,生活长期、全部需他人监护"。很显然,极重度精神障碍者缺乏全部事务处理能力,应归属于无行为能力者类型。

重度精神障碍的特征是"适应行为重度障碍;生活大部分不能自理,基本不与人交往,只与照顾者简单交往,能理解照顾者的简单指令,有一定学习能力;监护下能从事简单劳动;能表达自己的基本需求,偶尔被动参与社交活动;需要环境提供广泛的支持,大部分生活仍需他人照料"。可以看出,重度精神障碍者缺乏正常生活的绝大部分处理事务的能力,为充分保护其利益,宜将其归属于无行为能力者类型。

(2)极重度智力障碍和重度智力障碍

依据《国家标准》,极重度智力障碍的特征是"不能与人交流、不能自理、不能参与任何活动、身体移动能力很差;需要环境提供全面的支持,全部生活由他人照料"。极重度智力障碍彻底丧失独立处理个人事务的能力,应归属于无民事行为能力类型。

重度智力障碍属于"与人交往能力差、生活方面很难达到自理、运动能力发展较差;需要环境提供广泛的支持,大部分生活由他人照料"。根据其特征,重度智力障碍不能处理个人绝大部分事务,亦应归属于无行为能力者类型。

（3）多重极重度和重度身体障碍情形

在行为人具有多重极重度和重度身体障碍的情况下,行为人接收信息能力的严重下降,个人事务处理能力亦必然严重下降。如行为人既存在极重度或重度视力障碍又存在极重度或重度听力障碍和极重度或重度视力障碍的情况下,即行为人既是聋哑人又是盲人的情况下,无法从外界有效接收信息,就不可能产生正确的意思能力,加之不能充分地表达,故其仅有的意思也无法有效地使用和与外界交往。故建议将既聋又哑且盲的成年人归属于无行为能力者类型。

对肢体残疾一级或肢体残疾二级的盲人和聋哑人(即极重度或重度肢体残疾的盲人和聋哑人),其信息接收或表达能力严重受限,加之基本没有实现意思的活动能力,从对其保护的角度,亦应将其归属于无行为能力者类型。

对于其他多重重度及以上身体障碍的情况,鉴于行为人有一定意思能力,故不将其归属于无行为能力者,以尊重其现有的、残存的意思能力。

（4）老年不能正常辨认和生活完全不能自理

老年人身体衰老,身体器官功能出现退化,有的老年人突出表现为大脑萎缩导致智力降低不能正确辨认事物,有的表现为肢体无力不能行走,有的表现为年老多病行动困难,等等,这是人类无法改变的自然规律,我们可以统称为年老体衰或年老多病。每个老年人的衰老过程并不相同,但多数人存在一个渐进的过程。为了加强对老年人的保护,如果老年人达到了不能正常辨认和生活完全不能自理的程度,其处理个人事务的能力基本上缺失,应将这种情况的老年人归属于无行为能力者类型。

现实复杂多样,有些成年人没有到达老年(中国目前对老年人的界定标准为年满60周岁)也有可能出现不能正常辨认和生活完全不能自理的情况,尽管可能是极其少见的情况,今后也应将其归属于无行为能力类型。

2. 成年人行为能力部分欠缺的认定标准

从智力、精神、体能三个角度来认定成年人行为能力部分欠缺情形,具体情况和认定标准包括以下几种情况。

(1)中度精神障碍

依据《国家标准》，中度精神障碍为"适应行为中度障碍；生活上不能完全自理，可以与人进行简单交流，能表达自己的情感。能独立从事简单劳动，能学习新事物，但学习能力明显比一般人差。被动参与社交活动，偶尔能主动参与社交活动。需要环境提供部分的支持，即所需要的支持服务是经常性的、短时间的需求，部分生活需由他人照料"。这种情况下，行为人精神障碍导致难以形成对其有利的正确的意思，应归属于行为能力部分欠缺类型。

(2)中度智力障碍

中度智力障碍"能以简单的方式与人交流、生活能部分自理、能做简单的家务劳动、能参与一些简单的社会活动；需要环境提供有限支持，部分生活由他人照料"。考虑到这类障碍情形只能够处理个人简单事务，对个人复杂事务欠缺独立处理的能力，这种情况下，行为人智力障碍同样导致难以形成对其有利的正确的意思，亦应归属于行为能力部分欠缺类型。

(3)重度肢体障碍

对重度肢体障碍者，为了尊重其残存意思能力，建议将其归属于行为能力部分欠缺者类型，具体包括以下情形：

①肢体残疾一级和肢体残疾二级者。① 这种情况下，行为人体能几乎丧

---

① 《国家标准》规定的肢体残疾一级的标准为"不能独立实现日常生活活动，并具备下列状况之一：a)四肢瘫：四肢运动功能重度丧失；b)截瘫：双下肢运动功能完全丧失；c)偏瘫：一侧肢体运动功能完全丧失；d)单全上肢和双小腿缺失；e)单全下肢和双前臂缺失；f)双上臂和单大腿(或单小腿)缺失；g)双全上肢或双全下肢缺失；h)四肢在手指掌指关节(含)和足跗跖关节(含)以上不同部位缺失；i)双上肢功能极重度障碍或三肢功能重度障碍。"在肢体残疾一级情况下，行为人虽然具有意思能力，但因为身体肢体障碍将严重影响体能，导致实现意思的能力极度缺乏，个人事务处理能力严重下降，行为能力绝大部分丧失，应当将其归属于无行为能力者类型。肢体残疾二级标准为"基本上不能独立实现日常生活活动，并具备下列状况之一：a)偏瘫或截瘫，残肢保留少许功能(不能独立行走)；b)双上臂或双前臂缺失；c)双大腿缺失；d)单全上肢和单大腿缺失；e)单全下肢和单上臂缺失；f)三肢在手指掌指关节(含)和足跗跖关节(含)以上不同部位缺失(一级中的情况除外)；g)二肢功能重度障碍或三肢功能中度障碍。"

失,虽有意思能力,但基本无法实现其意思,其行为能力宜认定为部分缺失。

②视力残疾一级和视力残疾二级者。

3. 成年人行为能力轻微欠缺的认定标准

轻度的智力和精神障碍会影响人的思维,导致行为人对特定事务的处理能力有所欠缺。严重的肢体障碍,不仅会影响人的体力,还会影响身体其他器官功能的发挥,从而导致特定事务处理能力的缺失,具体包括以下情况:

(1)轻度的智力障碍

轻度智力障碍①情况下,较为复杂的事务需要他人的帮助。从保护他们生活正常化的角度,宜将其归入成年人行为能力轻微欠缺者类型,以避免其权益受到损害。

(2)轻度的精神障碍

轻度的精神障碍指精神残疾四级②的情况,将其归入成年人行为能力轻微欠缺者类型,才能保护其权益免受到损害,也能更充分尊重其现有意思能力。

(3)其他严重肢体障碍的多重残疾

肢体残疾三级③的盲人或聋哑人,肢体残疾三级者可以通过安装假肢等工具手段,对缺失的身体机能进行一定的弥补,但仍然不能与身体机能完全健全的人相比,如果此时其同时不具有视力、听力或语言能力,在多种障碍叠加

---

①　《国家标准》规定的轻度智力障碍为"能生活自理、能承担一般的家务劳动或工作、对周围环境有较好的辨别能力、能与人交流和交往、能比较正常地参与社会活动;需要环境提供间歇的支持,一般情况下生活不需要由他人照料"。

②　精神残疾四级是指:WHO-DASⅡ值在 52~95 分之间,适应行为轻度障碍;生活上基本自理,但自理能力比一般人差,有时忽略个人卫生。能与人交往,能表达自己的情感,体会他人情感的能力较差,能从事一般的工作,学习新事物的能力比一般人稍差。偶尔需要环境提供支持,一般情况下生活不需要由他人照料。

③　肢体残疾三级标准为"能部分独立实现日常生活活动,并具备下列状况之一:a)双小腿缺失;b)单前臂及其以上缺失;c)单大腿及其以上缺失;d)双手拇指或双手拇指以外其他手指全缺失;e)二肢在手指掌指关节(含)和足跗跖关节(含)以上不同部位缺失(二级中的情况除外);f)一肢功能重度障碍或二肢功能中度障碍。"

的情况下,虽然其意思能力基本健全,但其实现意思的能力大大缩减,需要假借他人之手获得特定的帮助,才有可能获得正常的生活。因此,从尊重其现有意思能力的角度考量,我们应当将这种情况的成年人认定为行为能力轻微欠缺者。

(4)老年重度体衰者

即使老年人身体衰老没有达到不能正常辨认和生活完全不能自理的程度,但是在其生活部分不能自理的情况下,其无法进行正常的生活,权益也存在更多被侵犯的可能。年老体衰是自然人身体综合机能的衰退,通常仅凭一项指标难以判定其处理事务的能力情况,应当综合考虑各项身体指标加以认定。我们建议,在老年人重度体衰严重影响正常生活时,将其认定为成年人行为能力轻微欠缺者,以切实保护其利益。

需要特别强调的是,鉴于老年中度、轻度体衰者意思能力不受影响,身体功能下降不会严重影响其正常生活,且通过辅助工具等可以进行一定的改善,为了充分尊重其意思能力,不宜将其认定为成年人行为能力轻微欠缺者。

另外,老年人身体机能衰退通常是一个渐变的过程,通常很难划分特定事务处理能力欠缺与部分事务处理能力欠缺的情况。为充分尊重老年人的意思能力,故对老年人不设定行为能力部分欠缺类型,如果老年人身体状态出现严重恶化,符合无行为能力的认定标准,则其由行为能力轻微欠缺者成为无行为能力者。这是出于对老年人现存意思能力的充分保护而进行的特别规定。

(四)行为能力欠缺的认定方法

行为能力欠缺类型由法院根据相关标准认定,其他机关无权认定。具体认定时,根据行为人身体的具体情况,可以直接适用行为能力欠缺类型相应的认定标准时,由法院直接认定;如果根据行为人身体的具体情况不能直接适用行为能力欠缺类型相应的认定标准或者行为人存在多种行为能力欠缺的因素时,法院可以委托专业鉴定机构作出行为人处理事务能力情况的鉴定结论,该结论可以作为法院认定行为能力欠缺类型的参考依据。

　　在认定方法上,不能仅进行一般医学意义上的心理上没有意思能力(精神、智力)或不具有体能来认定,而是一定要结合实质条件,从精神、智力和体能三个维度,与特定事务处理能力相关联。认定中一般都是针对特定行为能力是否欠缺进行认定,需要结合行为人就该特定事务的处理能力来界定。如把"无能力管理财产"的司法认定实质界定为"不能理解、分析、判断、选择与管理财产有关的决定,或者不能预见该决定将带来合理的、可预见的后果,或者能够作出该决定并能预见到该决定所带来的后果,但不能执行该决定"。又如,把"无能力管理人身护理事务"的司法认定实质界定为"不能理解、分析、判断、选择与其自身健康护理、衣食住行、卫生或安全有关的决定,或对决定所带来的正常合理的、可预见到的结果不能预见,或者已经作出决定并能预见正常后果,但不能执行该决定"。同样,如果能够理解、分析、判断、选择与治疗、进入护理机构、人身照顾服务有关的决定,并能够预见到是否做决定所带来的后果,还能够执行该决定,则就具有该类事项的行为能力。否则,就会出现不同程度的欠缺。

　　在行为能力欠缺与否及其具体程度的认定中,精神、智力和体能都不仅仅是普通心理学意义上的一种浅层的意识活动或通常意义的身体动静,而是承载着特定的内容,要与个人能否处理相应的事务能力相结合。行为人对该类事务没有行为能力,不意味着对他类事务也缺乏行为能力,如虽无缔约能力,但可能有遗嘱能力和结婚能力。相关研究早就证明,即便是非间歇性的精神障碍患者,很多情况下他们仍然对某些事物有着或多或少的认知能力或判断能力,而对出现一定程度的好转或缓解的精神障碍者行为能力的评定更是医学上较难的问题,应综合判断其具体民事法律行为是否受精神症状的影响。①

---

① 　参见马俊驹、余延满:《民法原论(第四版)》,法律出版社 2010 年版,第 89 页。

(五)坚持行为能力标准,并强化意思能力的作用

鉴于现行行为能力以意思能力作为划分依据,但二者又并非总保持一致,即便行为能力欠缺但仍会残留一定的意思能力,行为能力类型化便有简单僵化之嫌,故而有不少学者建议在监护制度的设置尤其是监护制度类型化问题上,应与行为能力理论脱钩,即主张"去行为能力化",以意思能力为标准,通过个案认定来确定行为人具体需要什么样的监护类型。① 但是,我们认为,这样的观点并不妥当。首先,意思能力欠缺只属于监护制度设置的重要原因但并非全部。单纯以意思能力的欠缺来判断监护需求,只适合特定类别的身心障碍者如精神障碍和智力障碍,无法涵盖体能障碍者,使得监护制度的保护对象出现重大遗漏。再者,意思能力的认定是一项复杂而琐碎的事实判断,如果不进行立法技术上的类型化处理,每一个体的监护均要通过个案审查认定,一方面极大地增加了司法成本,同时也要考虑是否具备高素质的司法认定者。目前中国显然并不具备这样的现实条件。

反过来,重新构建后的、同时以意思能力和行动能力作为构成要素的行为能力制度在内涵界定上更为准确,在外延上呈现开放的态度,这不仅使法律概念的发展保持与时俱进的特征,满足社会发展需求,同时也可以解决制度体系内的自洽性问题,与《民法典》中坚持行为能力标准作为监护制度设立基础的规定相一致,不会弱化新法改革的意义。并且,《民法典》作为纲领性、总括性的基础民事法典,是关于监护制度的宏观布局与基本原则和一般性规范。它的功能和定位决定了其并不能为监护问题提供更为具体、周全的制度设计。

---

① 在民法典修订过程中,针对法定监护制度的类型化改革,许多学者主张将监护制度类型与行为能力脱钩,将意思能力作为监护制度类型化的标准和依据。(详见李国强:《中国成年监护制度运行中的问题及立法修改趋向》,《当代法学》2014 年第 6 期;李国强:《论行为能力制度和新型成年监护制度的协调——兼评〈中华人民共和国民法总则〉的制度安排》,《法律科学》2017 年第 3 期;申政武:《中国现行成年监护制度的缺陷及其改革的总体构想》,《学习论坛》2013 年第 3 期)

在法律制度体系上,可以通过制定、修改特别法,抑或通过颁发立法解释、司法解释等形式,对监护之于特定对象的适用要求、原则或规则进行专门立法。正如 2020 年《未成年人保护法》修订中对未成年监护制度的重大发展一样。

所以,对行为能力的准确理解,立法可以通过颁发司法解释的方法,对丧失或完全丧失行为能力的认定标准进行扩张解释,在明确实质内涵的同时,增添体能要素,从而体现理论的更新及制度的完善。在监护的设置和类型化问题上,行为能力欠缺程度的差异仍是前提和依据,精神、智力或体能障碍导致的行为能力欠缺程度的差异决定了监护需求的差异,据此才能提供个性化的监护内容。通过认定行为能力类型,一方面可以简化意思能力认定的复杂过程,化解举证难题,同时也实现了对行为能力欠缺者的特别保护,并提醒交易安全。这样的操作比较符合中国目前的实际情况。以意思能力标准取代行为能力标准作为监护制度及其类型化基础和依据的主张是不可取的。

在监护领域,在理论上或立法上区分行为能力与意思能力的意义十分必要,其实质区别在于法的稳定性与灵活性的取舍。坚持意思能力标准更能实现法的灵活性,坚持行为能力标准则更有利于维持法的安定性。如何取舍与偏重,当取决于各国的实际情况。如德国和法国的理论和立法分别采用意思能力标准和行为能力标准,但前者对法官的自由裁量能力要求也更高,后者较为稳妥但难免僵化之嫌。从上文分析可知,意思能力与行为能力的关系十分复杂,同时兼顾法的安定性和灵活性的完美学说和立法解决方案很难找寻,只能在有所偏重的同时进行兼顾,以最大程度克服内在缺陷。所以没有最完美的学说与立法,只有最适合某一国家实际情况的做法。如果将意思能力欠缺作为监护的前置基础和分类依据,则强调的是法律的灵活性,但要求法官对意思能力的认定具有较高的素质。如果以行为能力欠缺作为监护的前置基础和分类依据,则看重法的稳定性和操作的便宜性,但需要同时更多关注意思能力本身的价值,以弥补行为能力欠缺标准的僵化带来的弊端。

意思能力具有协助行为能力共同实现监护制度目的的功效,能够有效克服制度僵化带来的不利后果,更好地配合成年监护制度并推动其发展。在中国坚持以行为能力欠缺作为监护设置和类型化依据的立法背景下,意思能力的独立存在便具有特殊的价值与意义,能够警醒立法和司法认定中更关切身心障碍者残留的意思能力,有利于对行为能力受到限制的被监护人真实意愿的探究与尊重,最大程度体现对被监护人自我决定权的尊重,避免监护人保护过度。

二、进一步贯彻现代成年监护理念,完善法律原则

成年监护制度旨在保护因各种原因不能自我保护的特殊成年人的合法权益。鉴于成年监护需求者身心障碍的特殊性,现代成年监护理念要求监护制度的设计应充分尊重被监护人的自主选择权,帮助和协助被监护人形成自己的意思决定或实现意思决定的内容,维持被监护人的正常生活。中国成年监护理念在《民法总则》《民法典》中确立了最有利于被监护人原则、提出尊重被监护人真实意愿,一定程度上吸纳了国际社会先进制度理念。但由于配套的细化制定设计还没有跟进,在成年监护职责、监护监督等方面还缺乏明确要求,现代成年监护理念的体现还不够鲜明,有待后期立法进一步贯彻现代成年监护理念,完善法律原则。

(一)"尊重自我决定权"理念制度化

尊重自我决定权,是基于被监护人留存的意思能力的客观事实提出的基本要求,是各国监护制度的基本指导思想。该理念强调监护事务自我安排的自主性和优先性,并要求在监护人的选任和监护职责的履行中都应最大程度地尊重被监护人的现有意思能力。

中国亟须在制度原则和具体内容中充分体现尊重人权、尊重监护使用者自主决定权理念。法律应从以下三个方面进一步完善:

1. 明确确立"尊重被监护人真实意愿"原则或直接明确表达"尊重被监

护人自我决定"原则,将"尊重被监护人真实意愿(自我决定)"法律规范内容上升到法律原则的高度,以确立其重要地位。

2. 明确规定成年意定监护优先于法定监护的一般原则。意定监护在法条中的出场顺位也许并不重要,关键是立法在意定监护与法定监护竞合时的明确选择。

3. 在成年法定监护的启动条款中,明确提出要尊重监护适用者的真实意愿,使监护制度更加契合其现实需求。

(二)"生活正常化"理念制度化

"生活正常化"监护理念,其核心内容是认可并尊重身心障碍者独立生活和融入社会的权利。身心障碍者不再是社会福利被动的救济对象,而是应以权利主体角色,平等地参与社会生活。所以,"生活正常化"理念带给身心障碍者一个广阔的空间,让他们可以超越身体与心智的限制参与社会生活,实现作为社会人的价值所在。

"生活正常化"理念对于老龄化社会尤其重要,老龄残疾化和残疾老龄化的社会现实要求我们必须客观面对老年人群体无法正常融入社会、实现自我价值的各种障碍因素。国家应从法律层面、医疗层面、社会保障等各方面保障身心障碍者的平等融入,消除歧视,反对隔离,实现机会均等,帮助他们积极参与社会生活,参与与自身利益密切相关的决策过程。与此同时,"生活正常化"理念还要求任何一类监护措施都不得限制或剥夺本人自由实施与其日常生活有关、与高度人身性质有关的行为能力以及纯获利益的行为能力,否则,干预必然过度,私人领域将受到侵犯,本人便被剥夺或限制了正常生活的机会和前提条件,与监护制度设立初衷相悖。因此,建议中国从以下方面将"生活正常化"理念制度化:

1. 针对立法过于空泛的问题,可借鉴域外立法,在无民事行为能力的制度设计上,将日常生活行为保留权、高度人身性质行为保留权和纯获利益行为保留权三方面的内容明确加以规定,以示强调,凸显对其独立人格的尊重。

2. 正常化理念还要求本人可以根据自身行为能力欠缺程度的变化申请调整监护职权的范围。在本人不能申请时,应由国家启动行为能力定期审查机制,以求监护职权内容与本人的实际监护需求高度契合。

3. 针对精神和体能渐次减弱的老年身心障碍者生活正常化的客观监护需求,应该将之纳入行为欠缺类型,提供协助监护;对于其他因为身体障碍不能正常处理个人事务的成年人,也应该根据其行为能力具体欠缺程度为之提供相应层级的监护协助,帮助其正常融入社会生活。

三、进一步扩张监护适用范围

中国成年法定监护制度适用对象的扩张,不仅有来自于国际社会成年监护制度利用者范围极大扩张的示范引领,更是根源于中国老龄化背景下数量庞大的老年人客观的监护需求。监护对象的扩大化将使民事法律在现代社会发展进程中彰显出更多的人性关怀,是私法领域在老龄化社会趋势下将成年监护制度与社会养老保障体系进行有效对接的积极应对。

(一)对监护需求者实质特征进行科学界定

《民法通则》将监护制度的适用范围限定为精神障碍者(含痴呆症者),例举类别单一,失之狭隘;且将痴呆视为精神障碍,混淆类别,实为不当。《民法总则》《民法典》将监护对象限定为"不能辨别或不能完全辨别自己行为的成年人",看似范围较宽,但实质标准认定出现偏差,仍以意思能力为准,排除体能对行为能力的重大影响,严重限缩了监护对象范围。因此,立法应当科学界定体能在行为能力中的作用。

在具体立法方式上有两种选择:一种方式是将所有的适用对象进行明文列举,这是目前各国的通行做法,操作起来明白简单。另一种方式是将行为能力欠缺者的共同特点进行高度概括并结合实质内容进行描述,内涵明确,外延可合理扩张,适用性更强。结合中国实际,建议采用具体列举的形式+实质特征描述的方式进行立法。结合前文论述中对行为能力理论的重新解读,应将成年监护对象描述为"因年龄、疾病、先天因素或意外伤害等原因导致精神、智力或身体出现障碍情形而不能正常处理个人事务的成年人"。这样明文列举有利于司法适用,实质特征描述又可避免使用范围过宽,即都要求这种身心障碍达到了行为人不能正常、自主地处理个人事务的状态。

（二）将身体障碍者纳入监护范围

现行立法已经将精神障碍和智力障碍情形纳入监护对象范围,但身体障碍即语言障碍、视力障碍、听力障碍、肢体障碍情形却被排除在外,其关键原因是认为这类主体精神健全或曰意志健全,能够对个人大部分事务自主决定。但从客观需求看,即便他们意志健全,客观的语言、视力、听力或肢体障碍因素关系到意思的交流沟通和意思的实现,进而可能会对辨别、分析、决定能力产生一定障碍,或者对意思决定的执行能力有重大影响,进而导致不能正常自主处理个人事务。如先天性的聋哑人等有表达交流困难的人,他们或许心智健全但客观上由于意思表达沟通能力存在的困难和障碍,无法对个人事务的处理形成正确的分析判断或选择决定,相应范围内的正常生活无法维持。又比如,高位截肢者或患有几乎不能行动的疾病者,对于超出体能范围的事务不能进行通常情形的自主处理和自我保护,必然产生监护协助和保护需求。

另外,从制度供给来看,上述这些身心障碍者只有委任代理制度可供利用,委托他人代理法律行为。而委托代理中基于意思自治和契约自由,双方权利义务关系通过协商约定,法律不加控制。但囿于体能或表达沟通能力的阻碍,本人无法也无力对受托人的代理行为进行符合本意的授权或进行有效的监督,这反倒会造成另外一种障碍;而单独的代理和赡养制度也许无法满足行为人财产管理和人身保护方面的保护与协助需求,可他们又不符合法定的狭义的监护制度适用条件,权益保护在制度供给上出现漏洞,有监护需求却无相应制度援助的情形难言合理与公平正义。

所以,无论从身心障碍者现实的客观需求来看,还是从中国现有法律制度供给来看,将身心障碍者纳入成年法定监护制度适用者,具有客观的必要性与正当性。

(三)将年老体弱的老年人(非痴呆症患者)纳入被监护对象

根据纺锤型生命轨迹规律,老年人会随着年龄的增长心智渐次衰退,体能逐渐下降,判断能力也随之降低。虽然立法者已经在相关说明中将"老年期智力明显衰退导致的痴呆"纳入监护对象,但还有大量的老年人,即使是没有罹患老年痴呆症,也因为身体机能的退化确实会出现心智衰退症状,体能严重降低的情况也是客观事实。他们客观上缺失一定的意思能力或体能,无法正常自主处理个人的部分事务或特定事务,客观上也需要借助他人的辅佐或援助。但在法律上,此时他们的精神、智力或体能状态很难符合传统民法行为能力缺失认定的条件,很难确定为"完全丧失或部分丧失行为能力",依据现行规定被排斥于制度适用者之外。

现实中,老年人关于继承、赡养等事项的财产管理和人身事务尤为复杂。而此时委托代理、扶养和赡养等制度同样无法为利益纠葛复杂的财产处理、人身事务、医疗看护、身心慰藉等事项的解决提供妥当的安排,但老年人又不被允许利用成年监护制度进行保护和援助,导致客观的保护援助需求缺乏相应的制度支持,合法利益的维护面临阻碍。所以,在老龄化社会背景下,具有监护需求的老年人群体应首先被纳入监护对象。当然,如果监护措施安排恰好是老年人需求的,所谓的过度保护或干预过度的情形便不会发生。民法中的监护制度便是以恰当的方式为老龄化社会相应问题的解决贡献着自己的一份力量。

四、完善成年法定监护人选任制度

(一)修改法定监护人顺位,明确监护人选任资格

为了实现被监护人利益最大化,选任监护人时,应充分尊重本人的真实意愿并综合考虑其自身的身心状态、生活和财产状况,以及监护人选的健康状况、性格、职业、宗教、品行等各方面因素,并且开展相关的调查评估,结合各种因素决定最终监护人选。建议从如下方面完善:

1. 修改法定监护人顺位

建议将成年监护中监护人第一顺位修改为:配偶、父母、成年子女,通过增加同一顺位的多重选择项以避免在特定情况下单一的法定主体作为监护人可能损害被监护人利益的情况发生。成年人的年龄范围跨度较大,包括了18周岁以上的所有成年阶段,故而成年监护中法定监护人的范围和顺位需要综合考虑多种情形,以确保制度的适用性和可操作性。对于青年成年人而言,父母和配偶均可作为监护人,而子女则可能年幼无力承担监护责任;有时候,青年成年人没有成婚,尚无配偶可言,只有父母作为监护人。对于老年人而言,其配偶不一定具有监护能力,父母更不具监护能力,通常情况下,由成年子女监护更为适合,但也存在没有子女的情形。可见对所有成年人规定统一的监护顺位和同一顺位的单一选择,都有不足,难以适应成年人复杂的监护情况。对此,有两种方案可供选择:一是泛化监护顺位,使多个亲属关系居于同一顺位以适应复杂的监护情形;二是针对不同年龄阶段的成年人分别规定不同的监护顺位,以适应不同年龄成年人的监护情况。我们认为采用第一种方案更为便捷有利,如此可以根据成年被监护人的具体情况选定最为适当的监护人;如果存在多个具有第一顺位监护资格的人,他们之间可以通过协议确定,实现监护意愿的最大公约数,也有利于形成有效监督,对被监护人最为有利。当然,也可能存在同时具有第一顺位监护资格的人之间相互推诿的情形,此时可通

过法院指定来确定最终的监护人。

2. 明确特定情形下配偶监护权的变更

在夫妻感情不和的情况下,配偶担任监护人是极不适合的,会存在监护人利用监护权利损害对方利益的可能。现有立法对此没有作出应对,实在不妥。立法应当明确规定,在配偶担任监护人与被监护人利益冲突时,配偶应主动要求法院变更监护人,其他有监护资格的人也有权要求法院变更监护人。

3. 增加成年人的其他亲属为第二顺位监护人

中国家族观念经历了两千多年封建社会的发展,根深蒂固,亲属监护较其他主体监护仍有不可替代的优先选择性。尽管独生子女家庭目前占多数,但是有外甥、侄女等亲属存在的成年人为数也不少。而由于计划生育的原因以及成年人本身的年岁较大,当其需要监护人时很有可能恰恰没有近亲属。故除了上述建议修改第一顺位的监护人外,建议在将兄弟姐妹设置为第二顺位监护人的同时,增添关系稍远的亲属如外甥(女)和侄子(女)、伯姑舅姨、堂兄弟姐妹或表兄弟姐妹等三代以内的旁系血亲为第二顺位监护人,他们比其他非亲属的个人或组织担任监护人通常情形下应该更有利于被监护人,法律应当为这种情况留下适用的空间。

4. 明确监护人的消极资格

为了保障监护的质量,最大程度实现被监护人最大利益原则,应在监护人资格选任环节严格把关。建议法律明确例举监护人的消极条件,将不符合监护人选任资格的情形明文规定。综合分析考虑,应将下列情形排除于监护人选任范围:在监护事务中被法院免职者;对本人提起诉讼之人及其配偶、直系亲属;下落不明之人;无支付能力人,不愿意担任监护职责者。如果具有上述情形但已担任监护人,则当然应变更监护人。

立法应当明确监护人选任时考量的因素,这在多个人均有监护资格而且对担任监护人存有争议时,尤其重要。选任监护人应当尽可能"尊重本人真实意愿",法院在对资格审查时,应基于被监护人的最佳利益,优先考量其意见,斟酌一切情状,考量如下因素:被监护人身心状态与生活及财产状况;被监护人与其配偶、子女或其他共同生活人之间的感情状况;监护人之职业、经历、意见,以及与被监护人的利害关系;法人类监护人的事业种类与内容,法人及其代表人与被监护人之间的利害关系等。

（二）明确法院作为唯一的监护指定机关

针对中国有权指定监护的主体较多、容易虚置的问题,应参照现代各国立法例,直接由法院受理和解决监护争议,即赋予法院监护事务决定权的唯一地位,由法院依职权选任适格的监护人。事实上,中国行为能力认定程序本身也是由法院进行的。建议在法院内部设置家事法官或家事法庭,专职审理监护方面的事务,有权任免、更换监护人,并对监护中的重大事项如被监护人送达限制自由场所、严重危及人身健康的重大医疗行为、重要的财产处分等享有决定权,并有权对监护人的失职行为或滥用监护权的行为采取司法制裁措施。

（三）激励社会监护力量加入,大力发展法人监护

1. 明确社会监护中社团法人监护的地位

应明确规定孤儿院、福利院等专门的社会公益组织作为法定监护的监护主体地位,而不是使用含混不明的"组织"。孤儿院、福利院在实际上就担负一定的监护职责。政府应加大财政拨款,强化社会福利组织的专业化建设。大力扶持职业监护法人,即法人监护。法人监护包括事业单位法人以及具有公益性的社团法人接受法院的指定、被监护人的请求或者被监护人的委托而担任监护人的情形。随着老年人口的激增、人口流动性的加快以及家庭监护缺位日益严重等原因,法人监护将在未来发挥越来越重要的作用。

2. 大力发展监护信托制度

在中国,失独和无子女家庭有着较大数量,这些家庭面临的情况是有财产而无亲属监护和养老。监护信托制度可以很好地解决这类家庭的监护和养老

需求。监护者可以将监护权信托给其信任的第三者或专业的信托机构,法院也可将监护指定信托给信誉良好的信托机构,对监护事项中的财产管理进行信托管理,同时为这些家庭提供专业的养老服务,以更好地维护被监护人的利益。

(四)明确复数监护人的职权行使规则

通常情形下,监护职责既包括人身事务的照料、日常生活行为的保护,又包括财产事务的代理与管理,内容范围较广。在一个监护人对一个被监护人进行监护的情形下,如果要履行好监护职责,在理想状态下,监护人应当与被监护人寸步不离才行,但这显然是无法做到的,监护职责对监护人而言,往往负担过重,难以很好完成。复数监护人显然更有利于被监护人的利益,法律应当鼓励复数监护人的情况。但监护人人数太多,往往会导致监护不明,中国有句古语"和尚多了没水吃"即为此意,容易形成监护人之间的推诿不清,反而对被监护人不利。监护人应以两人为妥,既可以改变一个监护人负担重的局面,又不至于监护人职责不明。因此,建议立法应明确"监护人可以是一人,也可以是两人"。如果具有法定第一顺位监护资格的人超过两人时,则由具有第一顺位监护资格的人协议确定两人或一人作为监护人,协议不成时,通过指定监护程序确定监护人。指定监护时,原则上应指定两名共同监护人,这样对被监护人最为有利。

在确认复数监护人共同担任监护人时,应当同时明确监护职责的行使原则。复数监护人在选任时应当明确是共同执行监护事务还是分别执行监护职务。如果约定有分工,则按照分工执行;没有约定或约定不明的,则视为共同执行。除一般监护事项外,重要监护事务需要取得监护人一致同意方可执行;监护人意见不一致时,监护人可以请求成年监护局或成年人保护局或法院作出裁决。共同作出决定的监护行为违法或侵权时,由共同监护人承担连带责任。

五、完善成年监护中监护人权利义务和职责范围

（一）明确监护人权利

中国法律已经明确了监护人有法定代理权、有保护监护人人身和财产及其他合法权益的权利。但是仅有这些权利，对监护人而言尚不足够。

成年监护与未成年监护相比，被监护人行为能力不足的情况更加复杂多样，监护事务内容也相应更为繁杂，成年被监护人因为客观的身心障碍需要治疗或护理等原因导致监护责任更重，同时监护人的社会化特征也更为明显，监护人与被监护人的身份关系更为松散。另外，成年被监护人一般也都拥有一定的财产。所以，成年监护中监护人是否享有监护费用请求权、报酬或补偿请求权、拒任权、辞任权或辞留权等问题就更具有研究探讨的必要，法律有必要对此加以明确规定。但与未成年监护一样，不同监护主体因为与被监护人的亲疏关系不同或二者身份关系不同，各自权利内容也不相同，需要区别分析。

1. 配偶、子女担任监护人时的权利

配偶、子女担任监护人时对成年被监护人不享有拒任权、辞任权、辞留权及报酬请求权，但享有监护变更请求权，依法支出的监护费用有权从被监护人财产中扣除。

依据法律规定的亲权规则，配偶与本人具有相互扶养的义务，成年子女对父母负有赡养、扶助和保护的义务，这些内容与监护职责的内容高度混同，义务的法定性和强制性不容置疑。这些人无论是因为法定还是指定而取得监护资格，对被监护人进行人身保护、财产管理及代理法律行为等监护职责便属于法定义务，不得拒任、辞任，也不得索要报酬，但成年被监护人主动、自愿给予适当补偿的除外。同时，对于监护过程中依法支出的监护费用，监护人有权从成年被监护人财产中扣除，但需要制作财产账目清单，并保留相关证据。该监护责任也不存在所谓期限的限制。如果发生特殊情形导致配偶、子女确实无

法履行监护职责,如因高龄、疾病或残疾而无法正常履行监护职责,则可以与法定范围内的其他具有监护资格的监护候选人进行协商,协商不成则有权向法院请求变更监护人。法院经过调查评估后可同意变更,并指定新的监护人。

2. 父母作为监护人时的监护权利

父母担任成年子女的监护人时情况较为特殊。严格来讲,父母对成年子女不再具有法定的抚养照顾义务。但如果该被监护人身心障碍属于先天性或者在未成年时期即为开始,其又无配偶或成年子女等其他监护人,则父母便是其法定监护人,法定义务不可推脱。此时父母与上述配偶、子女担任监护人的情况相同,此不赘述。

但是,如果父母基于指定监护或者父母与配偶、成年子女通过协议获得对成年子女的监护资格,此时,鉴于父母与成年子女之间本不具有法定的扶养和照顾义务,父母有权向有一定财产的被监护人索要一定的报酬,法院征得被监护人同意,或依职权裁定给予适当的补偿。如果监护职责的承担导致家庭经济陷入困境,则有权向政府请求监护补贴。

指定监护时父母有权要求附加一定的期限,可借鉴国外立法,以 5 年为期,可以连任。在监护过程中,如果客观发生不能履行监护职责的情形,父母有权辞任。无论何种情形下的辞任,都应提前请求法院重新指定监护人,避免被监护人合法权益的保护在监护人变更的过渡期出现空白状态。

3. 其他亲属、个人或组织的监护权利

不论是指定监护还是法定监护,其他亲属、个人或组织获得监护人资格时,都有权对具有一定财产的被监护人请求一定报酬,以适当补偿其辛劳;监护过程中依法支出的监护费用,也有权要求从相关财产中扣除,但应制作财产账目清单并附相关证据。因监护产生严重经济负担时,可依法请求监护补贴。该类监护人出现正当事由不能履行职责时有权拒任、辞任,他们同样有权要求设定监护期限,具体制度设计同上述第二种情形。

需要强调的是,监护作为一项责任,监护人拒任或辞职都应当有正当理

由。从国外立法例看,拒任、辞任的正当事由主要包括下列几种:高龄(通常指 65 岁以上者);因疾病或残疾而无法正常履行监护职责;有 2 名以上学前儿童或家务特别繁忙;已担负监护职责的现役军人;住所偏远、搬迁不便处理监护事务等。

需要注意的是,其他个人或组织担任法定监护人后因出现特定情况要求辞任时,首先应向当初作出同意决定的部门或组织提出辞任的请求,如果被拒绝或没有得到及时回复,有权向法院提出辞任请求。

上述不同情形下发生的报酬请求权,均以被监护人有一定财产为前提。当其没有财产,并给监护人带来沉重的家庭负担时,应请求政府发放监护补贴。

(二)明确监护人职责内容

1. 明确并加强对被监护人的人身监护义务

中国监护制度沿袭大陆法系传统的禁治产宣告制度,宣告被监护人行为能力欠缺,然后通过监护人的代理行为处理与财产相关的事务,对被监护人的人身利益关注较少。这对成年被监护人的利益保护非常不利。尤其是目前中国已经进入老龄化社会,大量年老体衰的老年人需要人身事务照顾,这应该是中国制度完善关注的重点内容之一。

(1)应尽可能明确人身监护事务内容,并强化身心注意义务

应对人身监护事务作详尽的规定,并在立法中对被监护人的身心障碍的注意和看护义务纳入监护人职责范围,明确规定:"监护人应以最符合被监护人身心特点的方式处理其事务,并应注意其身心状况及生活状况,确保其安全、健康,尽可能地帮助其改善、消除疾患和障碍并防止恶化;最大程度满足本人的意愿,但与其利益相反除外"。

(2)增设相关限制性规定

针对中国现有立法在人身事务监护方面缺乏必要限定的问题,制度完善

中应明确增加相应内容,如监护人在处理本人人身监护事务中的治疗行为、医疗侵袭行为、避孕堕胎手术等重大事项时没有同意权,应首先尊重本人意愿,并取得民政部门的成年人保护局或法院同意后方可实施。关于将本人送入限制自由的精神病院或收容设施或场所等重大决定,应当取得本人同意并经民政部门的成年人保护局或法院许可。

应该明确特定情形下监护人可以采取限制人身自由强制措施的情况,如被监护人利用人身自由有可能进行自残、自杀或对他人有重大危险时,监护人有权限制被监护人的人身自由,其他情况则不允许。

还应明确人身监护人无权为被监护人作出决定的特定人身事务,如撤销生命支持系统、捐赠人体组织、绝育、堕胎(如果不堕胎,会危及成年人生命或健康的情况除外)、阻止成年被监护人履行为人父母的权利、启动离婚诉讼等。

2. 明确财产事务的监护职权并加以必要限定

监护人关于财产事务的监护职权,主要涉及财产管理权、法定代理权、同意权、撤销权等内容,但对于财产事务的管理权限也应有所限制。

(1)财产管理权

监护人为了保护被监护人本人利益,以自己名义管理被监护人财产。但要注意这种管理同样不得干扰被监护人本人的日常生活;被监护人自主实施购买日用品及其他日常生活相关行为有效,无须代理。应明确监护人管理被监护人的财产以及代理其实施与财产有关行为时的审慎义务;并要求监护开始后监护人会同监护监督人共同进行被监护人财产调查和目录制作,监护终止时应进行财产清算。

(2)法定代理权

代理权是代理人以被代理人本人的名义在代理权限内,独立与第三人实施法律行为,由此产生的法律效力直接由本人承担的法律制度。代理主要发生在财产领域,人身事务也可以概括代理,但具有人身专属性的行为如遗嘱、婚姻等行为不得列入代理内容。监护人实施的行为与被监护人利益冲突时，应得到监护监督机构的同意，否则属于无权代理。

（3）同意权、追认权和撤销权

成年监护人可以同意、追认或撤销被监护人单独实施的被限制范围内的行为。但本人实施的与其年龄和智力相适应的日常生活行为、单纯获利的行为以及高度人身属性的行为无需被同意，不能被撤销。中国应将未经同意、追认的行为效力从效力待定改为可撤销，未经代理人同意、追认之前已经有效，未经撤销则继续有效，以发挥被监护人有限意思的作用，尊重其个体自主性。

（4）对无行为能力人财产事务处理的特别强调

现代各国均要求任何一类监护措施都不得限制或剥夺本人自由实施与其日常生活有关、与高度人身性质有关的行为能力以及纯获利益的行为能力。中国可资借鉴，为保障本人基本生活的机会和前提条件，在无民事行为能力的制度设计上，将日常生活行为保留权、高度人身性质行为保留权和纯获利益行为保留权三方面的内容明确加以规定，以示强调，凸显对其独立人格的尊重。监护人撤销权的行使也不得及于上述事项，对于存有一定意思能力的无行为能力人，同样应尊重其真实意愿，保障其上述基本生活机会不被剥夺。

（5）财产事务监护权限的限制

各国法律对于监护人的人身注意义务不仅体现在人身事务上，而且要求在财产管理时也需要履行身心注意义务。中国《民法总则》没有关于监护人财产管理权限的特殊限制规定。《老年人权益保障法》虽然规定赡养人对老年人自有的或者承租的住房不得侵占，不得擅自改变产权关系或者租赁关系①，但该规定主要针对赡养人，无法涵盖监护人，且该法本身属于特殊群体

---

① 《中华人民共和国老年人权益保障法》第 16 条："赡养人应当妥善安排老年人的住房，不得强迫老年人居住或者迁居条件低劣的房屋。老年人自有的或者承租的住房，子女或者其他亲属不得侵占，不得擅自改变产权关系或者租赁关系。老年人自有的住房，赡养人有维修的义务。"

人权保护的宪法性文件,内容宣示性强执行力弱,缺少相应的程序规范,难以操作落实。中国老年人个人财产主要来自个人劳动所得,在丧失行为能力时,其辛苦得来的个人财富直接关系到他们晚年生活质量。并且,对于高龄老人来说,对其久住的房屋、住所进行处分,将导致他们难以回到原来的生活环境,进而可能无法维护正常的社会生活。所以,他们的重大财产亟须得到法律保护。中国立法也应当将监护人对成年被监护人居住用房屋的处分权加以严格限制,加设公权力直接干预,即未经法院许可不得转让、出租、抵押被监护人的房屋及宅基地等不动产,否则无效,并承担由此带来的损失。

(三)不同监护职责的层级划分

监护制度是对本人不能处理的个人事务进行协助和保护,对其欠缺的行为能力进行补足。行为能力欠缺类型不同,监护保护范围自然迥异,为其设置的监护职责范围和权限大小自应各不相同。中国目前需要改变传统行为能力理论下单一监护措施的僵化局面,对行为能力的层级进行细致划分,进而构建不同职责范围的监护措施类型,满足被监护人复杂多元的监护需求。

我们将根据行为能力欠缺的三层级类型,设置相应层级的监护类型:协助监护、有限监护和替代监护。为行为能力轻微欠缺者提供协助监护,为行为能力部分欠缺者提供有限监护,为无民事行为能力者提供替代监护,各类监护措施下监护人的职责范围和职权大小各不相同,从而为被监护人提供弹性灵活的监护协助和保护措施。

六、构建成年法定监护三元类型

(一)中国法定监护类型构建应采用多元主义

为达成监护制度保护与援助被监护人的目的,各国对成年身心障碍者采取的监护措施进行了大规模的修正或改革。整体来看,各国或地区在成年监护措施的现行立法上多采用呈现多样化和类型化的态势,可归结为类型"一元主义"和"多元类型主义"两种。

1. 一元主义

一元主义以德国为代表。德国的成年监护制度仅为"法律照管"一种类型,《德国民法典》第 1896 条规定:"成年人因精神疾病或者身体、精神或者心理障碍而不能处理其全部或者部分事务的,照管法院依其申请或者依职权为其选任照管人。"实际上,德国的一元主义或非类型主义,是按照本人的不同需求,通过法院个案审查,根据必要性原则判断每个人具体需要什么样的保护,进而为其设置具有不同权限类型的照顾人。例如有的照顾人只具有代理社会保障给付程序的权限,有的具有处理被照顾人所有事务的权限。所以,虽然德国只为成年监护保护提供了"照管"一种类型,但照管制度体系内部,依然有多元化的层次结构,照顾人职务权限内容的类型化是德国一元主义的最大特点。

2. 多元类型主义

多元类型主义又包括二元类型、三元类型和四元类型之分。二元类型的典型代表有瑞典、智利、蒙古、加拿大的魁北克以及中国台湾地区。瑞典分为特别监护人和管理监护人两类;智利、蒙古的类型划分为监护和保佐;魁北克则规定为监护人和顾问;中国台湾地区分为监护和协助两类。三元类型是大多数国家的选择。如法国、日本、澳大利亚、瑞士、俄罗斯、奥地利等国。法国规定了司法救济、监护和财产管理三种监护措施;日本则规定了后见、保佐、协助三种监护类型;澳大利亚设立特定事务监护、一定事务监护和全部事务监护三类;瑞士分为监护、辅佐、司法保护三类;俄罗斯联邦规定的种类为监护、保护和庇护;奥地利民法典规定了三类代办监护,分为个别事务处理、一定范围事务的处理、所有事务的处理。四元类型有美、英、加。美国的监护人可分成财产监护、人身监护、全权监护、有限监护四类;英国的保护措施分为管理、监护、保护、财产管理四种;加拿大的监护人分为共同监护人、信托人、辅佐人、代理人四种。

比较而言,德国一元主义的照管措施,形式单一且内容丰富,被认为是最广泛的类型,目的在于通过司法程序确认个案中每个身心障碍者实际保护需求,为其"量身定做"合适的照顾人,在立法与司法上均努力寻求自治与他治的平衡,最大程度地体现尊重自我决定权与正常化等现代监护理念。但这种方法要求能够对比例原则精准把握,而这一抽象原则本身就没有明确的标准,司法操作中容易导致司法自由裁量权过大,破坏法的稳定性与可预测性。同样,通过每一个案的审查确定被监护人究竟有无意思能力这一客观事实,不仅成本太高,也会受制于当事人利害关系的趋避和法院职业素养的影响,准确结论恐怕也不易得出。

三元类型主义的国家,在类型划分的依据和内容上又有差异。比如,日本成年监护制度中的后见、保佐和协助三种监护措施划分的依据和内容,是按照行为能力欠缺的程度及其个人能否处理的事务范围的大小,从重到轻、由深到浅依次为被限制绝大多数行为(与日常生活相关的除外)的人提供后见;为被限制某些重要的行为以及法官个案裁定中指定的行为的人提供保佐;为被限制上述第二种事务范围内的个别法定行为,以及另由法官根据个案指定的其他特定行为的人提供协助。法国立法例中的司法救济、监护和财产管理三种监护措施,划分的依据是被监护人行为能力受限制的程度和其需要保护的范围大小,由深到浅进行类型化保护,即如果"其民事生活领域内的行为有加以保护的必要",则法官裁定的某些行为能力将受到限制,相应给予"司法保护";如果在"民事生活领域的行为有持续代理的必要",则法定的重要行为将被剥夺以及法官个案裁定的行为能力将受到限制,对其进行"监护";如果"自己能从事行为,但在民事行为上有必要获得忠告或监督",则行为能力基本不被剥夺,对之进行"保佐"。

相较而言,多元类型主义虽然也要按照比例原则进行制度设计,但主要采用必要性原则来安排监护措施的类型化。如日、瑞、奥、澳等国先根据不同身心障碍者残留的事务处理能力的不同,设置不同类型的监护人,不同类型的监护人的职权范围又各不相同。在监护措施类型化的基础上,实践中由法官根据个案中被监护人特定的行为能力欠缺状况和多元化的监护需求,灵活配置相应的监护类型,实现被监护人自治与他治的平衡。所以这种兼顾原则性和灵活性的类型化方法被大多数国家所采纳。根据中国行为能力不足者复杂多样的现实情况,采用多元主义更符合中国国情。

(二)中国法定监护三元类型的构建

法定监护制度的层级化构建,是在法定监护制度内部,通过添加次级制度的方式,构建多层级的保护措施。必要性原则要求国家介入私人空间时,为了实现立法目的所选择的方式和措施,必须应是给主体权利带来最小侵害的那一种。中国成年法定监护类型化构建,同样必须遵循比例原则,贯彻最大程度尊重被监护人剩余能力和生活正常化等理念,根据被监护人行为能力欠缺的实际程度,坚持原则性和灵活性的统一,以行为能力欠缺的三层级为基础,创建弹性多元的监护制度类型。

依据行为能力轻微欠缺、部分欠缺和无民事行为能力三个层级,中国成年法定监护分为三个类型:协助监护、有限监护和替代监护。

1. 协助监护

协助监护针对行为能力轻微欠缺者而设,主要适用对象有两类:一是意思能力健全但体能耗弱不能处理特定事务,需要他人协助的成年人,尤其是高龄失能者,需要监护人协助人身事务的照料、财产管理或代理特定法律行为,以维持正常生活。二是因为各种身心障碍导致对特定事务的处理缺乏意思能力者,包括判断力渐次耗弱的老年人,需要他人协助人身事务或财产事务,以帮助实现个人愿望和选择。法定协助监护是在本人没有为自己选定监护人的情况下,依据法律直接确定的监护人,或者经本人或有关利害关系人申请,由法院在法定监护人范围内确定适格人选担任监护人。

整体来看,协助监护的对象具有很高的自决能力,仅在某些具体事务上欠缺意思能力或严重欠缺体能,故而不宜对其行为能力欠缺状况做概括性规定。

监护人的职权范围包括人身事务和财产事务的处理,其中的人身事务监护权限是法定职权和义务,但法律行为的代理权限属于本人就特定事项特别授权委托而产生,不属于法定代理权。监护人须在职责权限内最大程度地尊重并协助被监护人的真实意愿的实现,并负有身心关照义务。

2. 有限监护

该监护类型的适用对象是因各种身心障碍行为能力部分欠缺者,可对应传统行为能力理论中的限制民事行为能力者。该类对象意思能力欠缺程度较高,不能独立处理个人部分事务,所以被监护人行为能力在事务范围上需要做概括性限制。为了对行为能力部分欠缺者提供适当且弹性的保护,需要法律明确该类监护中监护人行使同意权、追认权或撤销权的大致范围,再由法官根据被监护人行为能力欠缺的具体情形在个案中灵活裁定,适当调整该事项范围。参照各国立法例并结合中国实际,可将以下 8 种行为,列入须经代理人同意、追认事项,否则可以撤销:存款本金的领取或使用;借款及借贷;担保处分不动产或其他重要财产的行为;诉讼或仲裁;赠与、和解、仲裁合同;接受或放弃继承、遗赠、赠与(对外赠与小额赠与除外);订立超过五年期的农林地转包合同;超过两年期的建筑物或重要动产的租赁合同。监护人在该范围内为本人的法定代理人,对被监护人的人身、财产相关事务拥有法定处理权限,如同意权、追认权、撤销权、代理权。在征得监护人同意、追认前,被监护人实施的行为得为有效,只有经监护人撤销方才无效。

同时,监护人在处理监护事务时,必须在职责权限内最大程度地尊重被监护人的真实意愿,保障并协助被监护人实施与其智力、精神健康状况相适应的民事法律行为,对被监护人有能力独立处理的事务,监护人不得干涉。同时,监护人在有限监护中负有身心关照义务。

3. 替代监护

替代监护是对需要特殊保护尤其是持续性丧失意思能力或极其严重的身体障碍无法独立处理绝大部分个人事务(包括全部)的成年人而设,适用对象是无民事行为能力人,与《民法总则》中的无行为能力人相对应,被监护人依法丧失全部行为能力。替代监护人对被监护人的全部事务进行管理,包括人身照护、财产管理和法律交易上的一切事务,如代理权、撤销权、管理权和人身照顾,类似于现行立法中对无行为能力人的全面监护。当然,撤销权对于本人自主购买日用品以及与基本日常生活相关的行为、纯获法律利益的行为和高度人身属性的行为不得行使。监护人在人身事务中负有身心注意义务,即对被监护人的身心状态和生活状况、疗养看护等事项尽到必要的注意与关心,以及尊重本人意思决定的义务。

需要注意的是,替代监护并不表示被监护人必然完全丧失意思自治的能力。对有判断能力的无行为能力者,仍可无偿取得利益,可处理日常生活中非重要事务,亦可在取得法定代理人同意后承担义务或放弃权利,并可独立行使与人格有关的权利。即便是无判断能力的被监护人,虽无行为能力,仍可纯获利益,并行使具有高度人身性质的权利等。

(三)三元监护类型的特征

协助监护、有限监护和替代监护三种类型,整体具有下列特征:

1. 在适用对象上,三类监护中被监护人意思自决能力逐渐下降甚至完全欠缺

协助监护主要适用于意思能力或体能出现障碍而行为能力轻微欠缺的人。协助监护为解决广大高龄失能的老年人、精神体能渐次耗弱的老年人以及其他因语言障碍、听力障碍、视力障碍或肢体障碍导致行为能力轻微欠缺的成年人的监护需求而创设,针对性极强。有限监护适用于各种身心障碍导致的行为能力大部分欠缺者。替代监护适用于各类身心障碍导致的无行为能力者。

2. 在监护事务上,三类监护中监护事务范围由窄到宽甚至全面监护

三种监护类型监护权限从内容上看都可以包括人身事务和财产事务,如人身照顾、财产管理和一切法律交易行为等。但各自监护事务范围大小有差异,协助监护、有限监护和替代监护所对应的监护事务范围分别是特定事务、部分事务、全部或绝大部分事务。

3. 在监护权限和义务上,三类监护中监护权限渐次变大甚至替代决策

协助监护中的监护人仅就本人特定事项享有同意权、追认权或撤销权,对特定事务的代理权源自本人授权委托而非法定代理权,在人身照顾、财产管理事项方面权限范围也相对较小。协助监护在性质上属于协助决策,而不是替代决策。有限监护中监护人职责范围相对较大,原则上对本人不能独立处理的个人部分事务享有法定代理权、同意权、追认权和撤销权,人身照顾和财产管理范围也更广。替代监护人对被监护人的人身事务和财产事务进行全面监护,对与被监护人有关的全部法律交易行为享有法定代理权、同意权、撤销权,进行替代决策,但撤销权对于本人最基本日常生活相关的行为、纯获法律利益的行为和高度人身属性的行为不得行使。替代监护人对本人的人身事务进行全面照顾,负有人身关照义务;对财产事务享有管理权。对于具有一定意思能力的无民事行为能力人,仍要最大程度地尊重其真实意愿。

整体而言,无论是监护事务范围的划定,还是监护权限大小的配置,均以监护对象行为能力实际欠缺程度为基础,以其真实的监护需求为依据,提供轻重有别但又彼此梯状衔接的、层级化的监护制度类型。每种类型侧重的适用对象非常明确,其中最有特色的当属协助监护,为行为能力轻微欠缺的成年人而设,尤其适用于老年人群体,能够较好地解决他们在失能或半失能状态下的权益保护需求。通过自主选择或法律为其选定协助监护人,由协助监护人对其个人不能正常处理的特定人身事务或财产事务提供协助和保护,完全遵照其真实意愿,帮助其实现对生活的期待和选择,保持正常的社会参与,实现了最大程度的意思自治。这也正是该监护类型的优越性之所在。

(四)协助监护、有限监护和替代监护的关系

协助监护、有限监护和替代监护三种监护类型是按照被监护人行为能力

欠缺程度由轻到重来排列,三种类型中被监护人自我决定的能力整体上呈现反向态势由多到少。基于对身心障碍者自主决定能力和人格的尊重,我们认为,在司法认定中,首先应考虑对被保护人使用协助监护;如果协助不足以补足其客观需求,则使用有限监护;如果有限监护对其仍然保护不足,才选择替代监护。即在满足协助监护的条件下,不得提供有限监护;在满足有限监护的条件下,不能配置替代监护。

实践中会发生协助监护、有限监护和替代监护的转换与竞合。对具体个案而言,如果最终经司法程序认定需要对被监护人设置替代监护时,倘若本人已接受有限监护,则需撤销有限监护,使用替代监护。同理,在设置有限监护时,如已经接受替代监护,则应撤销替代监护使用有限监护。反之亦然。

七、进一步明确成年监护中的国家监护责任主体

为解决村民委员会与居民委员会在国家监护中实际地位与功能预期不太匹配的问题,2020 年修订的《未成年人保护法》对未成年国家监护中民政部门与村民委员会、居民委员会的职责的差别性设置可为参照,通过修改或制定特别法,如修改完善《老年人权益保障法》,抑或通过司法解释,对两类不同性质的单位给予不同的授权与职责设定。

(一)明确民政部门是国家代位监护专门机构

根据中国成年监护的客观需求,政府应当加强对成年监护人缺位、失格等情形下代位监护的力度。建议借鉴修改后的《未成年人保护法》,确立民政部门是成年监护的专门国家代位监护机构,并进一步明确其职责和权限,赋予其对成年监护事务进行统一管理和执行的公共职责和权力。民政部门统筹协调成年监护事宜,内设专门机构负责成年监护相关问题,确立职业化、专业化的政府监护事务执行部门;乡镇和街道办事处配置专门工作站或者指定专门人员做好成年监护工作。

各级成年监护保护部门在民政部门统筹下开展职责范围内的活动,至少应包括下列方面:(1)对成年监护基本情况进行登记和管理;(2)扶持、培育村(居)委会专人专岗的专业化建设;(3)对困境家庭提供精神和物质上的帮助和救济,包括心理疏导、教育、医疗、职业指导等,为监护撤销制度的行使提供前置监护支持帮扶措施;(4)对成年监护进行日常化管理与干预,如调查权、督促建议权、撤销资格申请权、代位监护请求权,为家庭监护提供合理分层的监护干预措施;(5)明确特定情形下国家对成年被监护人采取临时监护和长期监护的法定条件,依法履行国家监护人的代位监护职责;(6)依法对国家监护中被监护人侵害他人合法权益的行为承担补充性民事赔偿责任;等等。

(二)明确居民委员会和村民委员会的监护支持、监护监督职责

立法上转变居民委员会、村民委员会在国家监护中的职能,其不再与民政部门并列,不再共同担负成年监护中的国家代位监护责任。其主要功能是提供社会保护和监护监督,可被授权设置专人专岗行使监护帮助、支持、监护监督,如协助政府开展成年监护方面的法制宣传教育;为成年家庭监护提供指导、帮助和监督监护人依法履行监护职责;为留守老人、孤寡老人、残疾人等困境成年人或其家庭建档并提供爱心帮扶;对委托照护的受托人履行委托义务情况以及被委托的成年被监护人生活状况进行监督,及时反映报告有关情况等。这样规定与其功能属性相一致,能更好地发挥其在监护中的作用。

八、构建成年监护监督机制

成年法定监护与未成年法定监护相同,都需要健全的监护监督体系。成年监护常常有更多的利益冲突,其成本呈上升态势,监护人渎职的可能性伴随着监护时间的累积而增大,为成年监护人确定综合性监护监督机制实属必要。成年监护监督应包括私力性质的监督人、公力性质的监督机构以及范围广泛

的社会监督。

（一）自愿为主、必要性为辅的私人监护监督

成年法定监护监督人的选任一般以自愿性和必要性为原则,并非必须。监督人的选任具体由监护人或利害关系人在认为必要时向法院申请,法院综合考量后以最有利于被监护人的原则进行选任,法院也可依职权主动选任监督人。所谓"认为必要时",通常指被监护人有大量财产时或身体有特殊需要关注的情形时,为敦促监护人更好地履行监护职责,被监护人及其亲属、监护人都有权请求法院选任监护监督人,此时法院也可依职权选任。依申请选任或法院依职权选任监护监督人,都需要明确其职责范围,以便对监护人的职责履行情况进行日常监督。

需要强调的是,法定协助监护中被监护人意思自治程度较高,是否选任监护监督人由其自行决定。故法定协助监护中非经被监护人要求,不设立监护监督人。

遗嘱监护、委托照护中私人监督人的设立以自愿为基础,立遗嘱人和委托人认为有必要,则可自行选择设立监护监督人。

（二）行政监督与司法监督相结合的公力监护监督

实行行政监督与司法监督双轨制的公权力监督体系是最为有利于被监护人的制度设置,可参考借鉴 2020 年修订的《未成年人保护法》中的相关规定进行制度设置。

1. 设立日常行政监督机构

（1）明确民政部门对成年监护的专门监护职责

根据我国成年监护的客观需求,结合域外经验,建议赋予民政部门监护事务专属管理权,下设成年人保护管理局,专司成年保护事宜,包括监护事务,建立职业化、专业化的政府监护事务执行部门。由此,在组织法上,应该进一步

拓展民政部门对成年监护的职责和权限,赋予其对成年人和未成年监护事务进行统一管理、监督和执行的公共职责和权力,各级成年人保护局在其统筹下开展职责范围内的活动,至少应包括下列方面:(1)对监护基本情况进行登记和管理;(2)对监护进行日常化监督,如调查权、督促建议权、撤销资格申请权、代位监护请求权;(3)对困境家庭提供精神和物质上的帮助和救济,包括教育、医疗、职业指导等;(4)依法履行国家监护人的监护职责;(5)明确专门的行政监护监督职责;(6)依法对国家监护中被监护人侵害他人合法权益的行为承担补充性民事赔偿责任。

(2)明确民政部门的专门行政监护监督职责

确立民政部门为成年监护的日常行政监督机构,下设专门负责身心障碍者和老年人保护机构,与未成年人保护机构相对应,或统一设立监护事务局,统一负责未成年人和成年监护事务。乡镇人民政府和各级街道办事处也应设立专岗专员负责成年监护中的保护和监督职责。主要负责调查走访有无应当安排监护的成年被监护人出现监护空白,尤其关注孤寡老人和高龄群体,以及流浪精神障碍者;调查走访监护人职责履行情况;调查监护投诉,紧急情况下将合法权益遭受严重损害的被监护人带离危险环境,并及时依法向法院请求进行临时安置及相应的国家干预,对情形极为严重者可申请法院撤销监护人,担任国家临时监护人或国家监护长期监护人等。这些行政监督属于动态的、积极的、事中的监护监督。

2. 设立司法监督机构

(1)设立家事法院

可借鉴域外立法,在法院专设家事法院,专门负责处理监护人的选任、监护人变更、撤销以及监护纠纷事务,属于事后的救济性监护监督。

(2)将检察院纳入司法监督系统

检察监督同时具有事中监督和事后监督的内容。

首先,将检察院设置为国家监护监督人,对于民政部门等公权机关依法履行成年监护职责的行为进行监督作用,被监护人合法权益受到侵犯,相关组织和个人未代为提起诉讼的,人民检察院可以督促、支持其提起诉讼。

其次,检察院有权对法院监护事务的审判进行法律监督。这是人民检察院检察权的常规职能,对涉及成年监护的诉讼活动等依法进行监督。

最后,将涉及公共利益的成年监护案件纳入检察公益诉讼中。虽然《民法典》没有规定检察机关能够作为监护监督人或监督机关,但在当前行政检察改革和民事、行政公益诉讼入法的背景下,赋予检察机关对成年人国家监护的监督职能具有现实可行性。例如 2018 年 5 月制定实施的《英雄烈士保护法》中,明确建立对侵害英雄烈士名誉荣誉案件的公益诉讼制度,赋予检察机关在英雄烈士保护方面的法律监督职能。[①] 2020 年修订的《未成年人保护法》已经将未成年保护包括监护等事项通过立法纳入检察公益诉讼范畴。其实实务中监护侵权案件也大多是在检察机关的推动下进行的。从客观职能讲,检察机关作为专业的司法机关,在调查取证方面具有天然的优势,对办理涉嫌未成年人或成年人监护的犯罪以及虐待、遗弃、组织乞讨等违法犯罪案件时也更具有专业性。其具体职责应包括:对发现的监护人不利于维护被监护人权益的行为提出检查意见并要求改正;若监护人拒不改正或者其行为导致监护人的权益造成严重损害的,将其列为被告提起诉讼等。

(三)社会监督

成年监督中的社会监督,可借鉴 2020 年修订的《未成年人保护法》中相关规定。首先,赋予任何组织或者个人均有社会监督权利,凡发现不利于被监护人身心健康或者被监护人合法权益的情形,都有权劝阻、制止或者向公安、民政、教育等有关部门提出检举、控告。其次,国家机关、居民委员会、村民委员会、密切接触被监护人的单位及其工作人员,对于工作中发现被监护人身心

---

① 参见梁春程:《公法视角下未成年人国家监护制度研究》,《理论月刊》2019 年第 3 期。

健康受到侵害、疑似受到侵害或者面临其他危险情形的,负有立即向公安、民政等部门报告义务,违反义务造成严重后果的,将依法接受处分。最后,明确居民委员会、村民委员会的具体监护监督职责。

九、完善成年法定监护程序

成年监护制度是针对某些成年人存在行为能力不足的现实状况,借助他人之手进行个人事务处理,保护其合法权益,保持其生活正常化。所以在这一目的与手段的博弈中,自治与他治的比例调试、个人隐私与交易安全的调和与平衡等问题尤为重要。实体法的权利义务安排如果没有合理规范的程序保障,被监护人合法权益的保护和成年监护制度价值功能的切实发挥就会成为空谈。为充分实现监护制度的正态效能,建议从以下方面完善中国成年法定监护程序。

(一)成年法定监护启动程序的完善

1."三元"监护启动模式

中国成年法定监护启动程序宜采用相关主体申请为主、民政部门申请为辅及法院依职权指定为补充的"三元"监护启动立法模式。即相关主体申请启动为主,辅之以民政部门启动,必要时以法院依职权启动。相关主体即具有监护资格的人或利害关系人或所在村委会、居委会及相关公益组织在向法院申请对成年人行为能力不足进行认定时,应同时提出监护人人选,法院若作出行为能力欠缺的认定结论,应同时对监护候选人进行资格审查,确认监护人人选;在成年人已经被确定行为能力欠缺的情况下,若监护人丧失监护能力、监护人死亡或监护人变更时,则相关主体应请求法院确定或变更监护人;若成年人需要监护,而相关主体没有申请法院指定或变更监护人时,民政部门设立的成年人保护局可以请求法院确定或变更监护人;在法院认为成年人需要监护时,也可直接为其确定监护人。

立法应当允许本人申请为其设立监护人。一般情况下,申请人如果没有足够的行为能力却被允许提起诉讼,似乎存在逻辑上的矛盾,但是,认可行为能力轻微缺失者享有对自己的行为能力提出认定申请,主张为自己设置监护人的权利与保护其利益并不矛盾。成年监护制度是为了保护本人而创设的制度,不是为了其亲属和关系人的利益。对那些具有一定判断能力的行为能力欠缺者,应允许他们具有在一定条件下自己提出申请或者表达自己意愿的权利。所以监护的启动程序中"相关主体申请为主"应当包括本人提出申请,且当非本人提出申请时,应尊重本人的意愿。

允许多个主体有权启动监护程序,才能做到对成年行为能力不足者的多重保护。"三元"监护启动模式严密无死角,能够最大程度保护其合法权益。

2. 完善法院确定监护人的程序

法院对监护人的审查确定程序应该至少涵盖下列方面:(1)由本人或利害关系人或社区或村委会负责人向法院提出申请。请求书必须涵盖的内容包括:本人的身心健康状况、需要监护的原因、关于已经启动其他保护方式但仍无效的说明、本人所期盼的监护保护类型、所推举的候选监护人的适任条件、本人财产情况。(2)非本人请求的情况下,书面送达通知告知本人及其近亲属。(3)行为能力认定结果出来后,法院通过听证会判断监护人的选任是否合适。(4)法院在听证结束时决定是否任命一个或两个监护人。(5)最终定论前,法院可根据需要安排临时监护人作为紧急补救措施。

在这一过程中,法院首先应当确定所有的监护需求者都有参与程序的能力,即便是有可能成为无行为能力人者也不得被剥夺参与程序的权利。同时,在任命监护人之前,法院应当单独听取监护需求者意见,尽可能尊重被监护人的意愿。其次,法院应当给予被监护人近亲属表达意思的机会,充分听取其近亲属意见。最后,法院应当对监护过程进行不定期审查,对违法情况予以及时制止。

（二）构建成年人行为能力动态审查机制

成年监护过程中,被监护人的行为能力状态并非恒定,监护人职权范围应随着被监护行为能力的动态变化进行相应调整。基于对被监护人利益最大化的考虑,我们认为,应借鉴域外的做法,设置成年人行为能力动态审查机制。建议实行成年人行为能力动态审查制度化和定期化,成年人保护局每隔3年须依职权主动对监护人行为能力状况进行面谈或走访式的考察,进而决定是否撤销监护人资格、继续维持监护现状或加强监护措施。若成年人保护局认为应当撤销或变更监护人或加强监护措施等,应请求法院裁定。

若相关主体对成年人保护局作出的继续维持监护现状结论持有异议时,有权请求法院认定该成年人的行为能力状况。

（三）设置成年监护登记制度

现代成年监护制度要求达到保护被监护人利益和保障交易安全之间的平衡,设立监护登记制度是现代各国民事立法的普遍做法。监护登记制度,是由被监护人和利害关系人向法院提出申请,由法院通过法定程序确定被监护人的行为能力范围并进行登记,有助于保护被监护人的隐私及交易安全。

借鉴域外经验,中国可以在成年人行为能力认定的同时增加监护登记制度,即根据本人或者利害关系人的申请,法院受理后依法定程序确认被申请人行为能力欠缺的程度和行为受限的范围,对被申请人作出监护开始的裁决,并通知有关登记机关予以监护登记,相关利害关系人都可查阅。

登记的事项包括:被监护人受到限制的行为范围、监护人数量和基本信息、监护人的职务内容及其特别事务的代理等状况,如被监护人对自己不能单独实施的不动产处置或租赁行为、银行借贷行为、公司转让行为等,具体登记内容视每个被登记人的情况而定,便于交易的利害关系人了解,加强交易的安全性。监护登记方式可以保护行为能力欠缺之人并兼顾交易安全,最大程度地实现保护本人隐私。登记公示制度公示的范围不是向社会公众广泛公告,对于受监护的具体原因如年老、疾病、身体缺陷等会详细登载于登记簿中,但这些信息只是限定于本人的利害关系人这一特定范围的人可以查看,判决书也不直接公开监护的详细内容。

(四)完善成年人行为能力认定程序

1. 建立行为能力专业机构辅助认定制度

成年人行为能力个体差异很大,很难从年龄角度划定广泛适用的统一界限,加之个人的身心障碍情况不同,不同的身心障碍者,在精神状态、智力发育程度、体能的强弱等方面的具体情形各不相同,成年人行为能力具体认定往往需要较高的专业知识,应当由具有医学知识背景的专家进行具体行为能力认定,医疗鉴定机构能够承担这样的工作。为了保证成年人行为能力认定结果客观、科学,成年人行为能力认定应制定统一的认定标准,由中立的医疗鉴定机构来确认行为人的身心障碍程度。

在 2017 年之前,中国劳动人事、卫生、交通、保险等部门在各自的职能范围内制定了相应的人体损伤致残程度鉴定标准,适用领域、对象和承担的社会功能各不同,确定伤残等级的规则和尺度也不尽相同,导致实践中同一个伤残事项由于鉴定标准不同而得出伤残等级不同的现象时有发生,有的还存在较大差距,不仅导致司法鉴定标准适用混乱,办案机关无所适从,而且也不利于保护当事人的合法权益,有的甚至会产生新的矛盾纠纷,对社会稳定和司法权威性产生负面影响。2016 年 5 月,最高人民法院、最高人民检察院、公安部、国家安全部和司法部联合发布《人体损伤致残程度分级》,自 2017 年 1 月 1 日起正式施行,为今后司法鉴定机构和司法鉴定人进行人体损伤致残程度鉴定提供了统一的适用标准。可以考虑将此标准结合影响成年人行为能力的因素进行整合调整,制定统一的成年人行为能力认定标准。

各类身心障碍需要有专门的司法鉴定中心或省级以上有相应资质的医院

依照程序出具鉴定结论或医学证明,鉴定结论中应写明身心障碍的种类和程度、这些障碍影响处理个人事务能力的范围和程度、该身心障碍能否逆转或有好转可能。该医学鉴定仅仅证明被鉴定人医学上的一种生理状态,只是法院认定成年人行为能力的辅助性的专家证据,不得直接得出有无民事行为能力的结论。也就是说,专业机构的认定结论具有辅助性,而非必须。

法院综合考量成年人的具体情况后,进行行为能力状态的具体判断和认定。当然,如果法院认为成年人行为能力不足状况较为明显,不需要专业机构的辅助认定即可确定行为能力欠缺程度时,法院可以径行认定。

2. 完善法院关于成年人行为能力的认定制度

法院一旦认定成年人行为能力不足,就应当同时为该成年人确定监护人,在有法定第一顺位监护人时,第一顺位监护人协商确定监护人,在协商结果有利于被监护人时,法院应当尊重该结果。在第一顺位监护人协商不成时,法院可以指定全部或部分人为监护人,但不得超过二人。没有第一顺位,则在第二顺位中指定,以此类推。

法院确定监护人时,应当确定监护的类型,并根据被监护人的年龄、智力发育、精神状态、身体状况、财力状况和生活自理能力等情况,同时提出监护的特别注意事项,以切实保护被监护人的利益。

成年人行为能力的认定关涉监护制度是否启用以及提供何种监护措施,所以法院在作出认定时要综合考虑各种情状,慎做决定;在坚持尊重被监护人自主决定权的原则下,应尽可能地让成年人表达意见,考虑其意思表达的可能性,以更好地维护成年人的合法利益。对于成年人的亲属、代理人意见及鉴定专家的意见,可以作为重要的参考,经严格的庭审程序后作出成年人行为能力状况的裁定。

法院司法认定中一定要高度重视被监护人残留的事务处理能力的质和量,确定被监护人因身心障碍导致个人事务处理能力欠缺的程度和范围,进而配置相应职权的监护人予以协助或保护。

十、完善意定监护制度

创设意定监护制度适用于成年人尤其是老年人，是欧美国家在 20 世纪 50 年代以来为应对老龄化社会而作出的制度创新。成年意定监护制度最大的特色在于其充分体现了对被监护人自决权的最大尊重，闪耀着尊重人格尊严和意思自治的人性光辉。成年人尤其是老年人可以根据自身的财产多寡情况和亲戚朋友的亲近疏远关系，与他人提前就今后发生自己无法独立处理个人事务时的监护事项进行协商，避免了成年法定监护制度下个人无法充分按照自己意愿选定监护人、监护事项设置的被动僵化状态，能够最大限度地尊重和实现被监护人的真实意愿。

老龄化社会趋势下，中国社会人口结构的变化必然为法律制度的发展与变革带来新的机遇与挑战。2017 年实施的《民法总则》确立了成年意定监护制度，突破了《老年人权益保障法》中意定监护制度仅适用于老年人的狭隘规定，实现了意定监护、法定监护和指定监护并存的成年监护制度体系。中国成年意定监护制度的完善，主要包括下列方面。

（一）奉行意定监护优先原则

意定监护优先于法定监护是各国的通行做法，其优越性在于更好地体现和贯彻了尊重自我决定权这一现代人权保障理念。并且，意定监护属于典型的事前自我决定，增加了可供选择的监护方式；法定监护属于事后的公力被动安排，是没有选择情形下的最后手段。意定监护显然比法定监护更为妥当。

意定监护较之法定监护的优先性在各国的立法中都有鲜明体现。如《德国民法典》第 1896 条第 2 项规定，通过任意代理人（即意定监护人）等私力援助，以及地方自治体等公共援助，被监护人能充分处理自身事务的，则不适用法定监护制度。可见，法定监护是意定监护的补充。又如韩国法律规定，在已登记了意定监护协议的情况下，通常不能再使用法定监护。但在特定情况下，如果意定监护不能很好地维护被监护人利益,家事法院经相关主体(意定监护人或监督人)申请可进行法定监护审判,进入宣告维持法定监护或宣告法定监护,原意定监护终止。在韩国,家事法院选任监督人是意定监护协议生效条件,但如果家事法院认为持续法定监护对维护本人利益特别必要时,可以不选任监督人,进而不开启意定监护。这些规定,在程序和实体两方面保证了意定监护制度的优先性。

借鉴域外经验,也基于意思自治原则,中国法律应当明确意定监护的优先地位。

1. 意定监护优先

一般情况下,如果已经存在有效的意定监护协议,则不适用法定监护,即法院对选定法定监护人的申请不予受理。即便法定监护已经开始,也应终止法定监护,优先适用意定监护,但特定情况下法定监护对被监护人的利益维护更为有利的除外。

2. 最后的意定监护协议优先

在委托人与多个受托人签订数个意定监护协议的情况下,如果委托事务内容不同,则分别适用执行。如果委托事务相同,则应遵循最佳利益原则和时间序位优先原则。换言之,优先适用形成时间在后的意定监护,应当认为设定人的新选择修改了以前的选择,因为随着时间推移,意定监护设立的基础存在变化的情况,当事人会以最为有利的原则指定意定监护人。除非能够证明先设立的意定监护对设立人更为有利,否则,后设定的意定监护优先。

3. 意定监护协议内容难以适用时,协商调整优先,以法院确定为补充

在意定监护协议开始履行时,如果之前协议中约定的监护类型与行为人实际的监护需求状况不一致时,则协商解决优先,法定监护补充。即:(1)倘若本人属于行为能力轻微欠缺者,则其自行与原受托人协商变更监护类别,对监护范围和监护权限进行修改,双方达成一致则变更有效;如果对方拒绝变更,则本人另行委托他人重新签订意定监护合同;如果本人不能自行选定,则

启动法定协助监护类型。（2）如果本人行为能力欠缺程度较高，属于部分欠缺、绝大部分欠缺或全部欠缺情形，则由委托人的家属、受托人、监护监督人或其他利害关系人等相关主体向法院申请转换为法定有限监护或替代监护，法院也可依职权主动审查调整。

（二）预设意定监护协议类型，建立意定监护与法定监护衔接机制

意定监护的适用应该能够满足行为能力出现不同程度欠缺的被监护人的差异性监护需求，不同监护情形下的监护人职责也不相同。因此，与法定监护措施的单一性存在的问题相同，单一的意定监护协议类型要满足被监护人的各种监护需求客观上存在困难，而且意定监护协议的缔约双方多数情况下也不具备相应的法律知识。这种情况下的意定监护协议内容不完备，甚至可能存在严重的瑕疵，从而严重损害意定监护制度的现实作用。因此，法律有必要对意定监护协议作出预设分类并对其内容进行相应的不同规制，以供当事人进行选择。在当事人没有选择或约定不明时，以法律规定的内容对协议作补充适用，这样既节约了司法资源，又便于操作。

在具体制度的设置上，与法定监护三元层级类型设置理念及内容相同，法律也应将意定监护根据监护职责范围大小区分为意定协助监护、意定有限监护和意定替代监护三个类型，当事人可以在意定监护协议中自由约定其中一种或两种或全部类型。但若约定两种类型时，不得约定意定协助监护和意定替代监护，即不得跨越监护类型的层级，否则法律应否定其效力而推定为约定了全部类型。当事人约定内容不详时，参照法律规定的法定监护的相应类型确定协议内容。如果意定监护协议对监护类型约定不详或约定不明时，视为同时约定了意定协助监护、意定有限监护和意定替代监护三种类型的监护。

如果意定监护协议约定了三种监护类型，在启动监护时，首先应选择适用意定协助监护，何时以及何种情况下启动后续的意定有限监护和意定替代监

护,要根据被监护人的身体状况确定,由监护人或相关主体或监护监督人向法院申请确定选取相应的类型。但在争议解决过程中,监护人应尽力维护被监护人权益,确保不受侵害。如果先启动的意定协助监护不足以保护被监护人时,监护人可以向人民法院申请意定有限监护或者意定替代监护,由人民法院根据被监护人的情况确定监护类型。对于意定协助监护,当事人也可协商启动监护时间。

如果当事人只约定了一种或两种意定监护类型,该约定的意定监护协议并不能对被监护人实际的监护需要提供足够的支持和保障时,则适用法定监护程序确定监护人;对于被监护人需要的后续监护类型,意定监护协议能够提供支持时,则可转为适用意定监护协议。

(三)降低意定监护制度适用条件,突破制度适用困境

1. 将行为能力轻微欠缺者纳入意定监护协议委托人范围

意定监护合同的人身属性及合同订立目的决定了其签订的主体条件并不需要具备完全民事行为能力。一般情形下,协议的订立主体应当是完全民事行为能力人,以便保证意思表示的客观真实,并能依约履行义务。但是,意定监护协议本身具有强烈的人身属性,是委托人对将来个人监护事务的特定安排,意定监护协议生效后,委托人角色转变为被监护人,其在协议具体履行过程中属于被保护对象,一般不承担履行义务,故而不需要具有依法履约的行为能力,只要具有相应的意思能力即可。

从内容来看,双方的约定是对监护人职责的规定和权限的授予,意定监护协议受托人可以选择同意或拒绝签订协议。并且,基于监护本身的强义务属性,意定监护主要目的在于保护被监护人,内容一般不涉及对受托人自身的权利处置。所以,只要委托人具有较高的意思自治能力,能够真实表达自我意愿并进行选择,其就有权为自己设定即时生效的意定监护协议,其对个人监护事务作出的自主安排就应最大程度地尊重。行为能力轻微欠缺者多为意思能力

轻微欠缺或体能欠缺但意思能力健全者,其完全有能力针对个人监护需求自主选择监护人,约定监护事务。

2. 将行为能力轻微欠缺情形纳入意定监护启动的实质条件

被监护人处理个人事务的能力欠缺程度的个体差异性,导致其监护需求的复杂多样性,也决定了行为能力欠缺的样态具有多元性和层次性。行为能力欠缺包括轻微欠缺、部分欠缺和无行为能力三种样态,每一种样态下行为人都需要他人不同程度的保护协助。因此,从意定监护制度设立目的来看,只要行为人因为精神、智力或体能障碍导致不能独立处理个人全部、部分或特定事务时,即行为能力出现不同程度的欠缺时,其就产生了相应内容和范围的监护需求,则意定监护启动的实质条件即为成就。因此,应降低意定监护协议生效或启动的实质条件,所有因为各种身心障碍情形不能独立、正常处理个人事务具有不同监护保护需求的成年人均能启动意定监护协议,才契合意定监护制度的设立目的,真正发挥其制度效能。这样的制度设置尤其能满足老年人的监护需求。

(四)加强对意定监护协议的法律规制

意定监护协议较一般的协议而言,具有很强的身份属性,而且从订立到开始履行要经过较长时期。为了防止纠纷出现及保护被监护人利益,需要更多的国家管理和干预。法律应从协议的形式和内容两方面加以必要规制。

1. 建立意定监护协议备案制度

意定监护协议内容及其履行对被监护人利益关涉重大,故应当在协议形式方面有较高要求。首先应采用书面形式;其次,应当采用备案制度,由公立机构进行保管,以避免出现不同内容的多份协议而难以确定的问题。建议意定监护协议签订后由双方到民政部门设立的成年人保护局进行备案,出现多份协议时,以备案协议为准。

2. 对意定受托监护人的资格进行法律规制

通常情形下,只要具有完全的民事行为能力,都可以作为意定监护协议的受托人签订协议。但是对于监护人角色而言,不是所有的行为能力齐备者都可以成为合格的监护人,监护人应当具有较高的资格要求,以防止对被监护人利益造成侵犯。一般而言,受托监护人应当具有很强的责任心和爱心,才能对被监护人悉心看护和照料;应当不存在债务危机,防止存在损害被监护人财产利益的可能。发达国家和地区一般在法律中明确规定意定监护协议受托人的消极资格,中国可资借鉴。建议中国立法规定具有下列情况者不得以受托监护人的身份与他人签订意定监护协议:未成年人,欠缺行为能力人,被宣告失踪或破产的,约定的监护人及其近亲属与被监护人有诉讼争议的,约定的监护人对被监护人有不当或明显不端行为以及存在其他不适合担任监护人的情况者。[①]

3. 建立意定监护意思自治适度干预制度

鉴于意定监护合同的身份性以及保护被监护人的目的,有些事项不能被委托监护。例如,不得约定被监护人自身事务以外的事项如配偶的事务作为监护事务,以避免发生利益冲突;不得约定具有人身专属性的事项如器官捐献、遗嘱、婚姻登记、收养等。如果这些事项被列入意定监护委托授权范围,则法律应规定其无效。

4. 完善意定监护协议的解除制度

意定监护协议关系的终止,除了《民法总则》第39条所规定的情形外[②],还应该明确意定监护协议解除情形。双方当事人在意定监护协议生效前均有权随时解除合同,且应办理撤销备案登记。意定监护协议生效后,行为能力轻

[①] 参见[日]赤沼康弘、池田惠利字、松井秀树:《成年监护实务全书(4)》,(日本东京)民事法研究会2016年版,第15—18页。

[②] 《中华人民共和国民法总则》第39条规定的监护关系终止情形包括:被监护人取得或者恢复完全民事行为能力;监护人丧失监护能力;被监护人或者监护人死亡;人民法院认定监护关系终止的其他情形。

微欠缺者有权解除委托协议、变更监护人。意定监护协议生效后非有正当理由监护人不得随意解除合同,该正当理由的具体情形与前述法定监护人的辞任理由相同,且需向法院申请裁定,以维护交易安全和被监护人的合法权益。

当出现监护人有不当监护行为、严重劣迹及其他不适合继续担任监护人的情形时,被监护人本人及其亲属、监护监督人、有关组织或利益关系人可向法院请求解除监护关系,法院也可依职权主动解除。在解除时,若相关当事人不能协商确定监护人时,法院应指定新的监护人,并明确监护类型。

需要注意的是,如果双方将完成约定的某一特别事项作为监护终止条件且约定不受被监护人死亡与否的影响,或者需要继续完成某一特别事项才能维护被监护人利益的,则此时意定监护关系不因被监护人死亡而终止,应按约定执行。如意定监护协议约定"被监护人死亡后,监护人有权妥善处理后事且按约定向相关继承人分割遗产",则监护权自约定事项完成时终止。

关于意定监护协议的启动,发达国家与地区立法多将法院确认或选定监护监督人作为生效要件。中国理论界相关研究也多以此为借鉴,认为意定监护监督人的选任为意定监护协议生效和启动的必要条件。但我们认为,意定监护监督人的存在以自愿选任和必要性为原则,并非必须,不能成为意定监护协议生效的附加条件,意定监护协议启动、生效的唯一条件就是委托人行为能力出现不同程度的欠缺,致使不能处理个人特定事务、部分事务、绝大部分或全部事务。换言之,意定监护协议委托人出现行为能力轻微欠缺、部分欠缺、全部或绝大部分欠缺任一情形,是意定监护协议启动的唯一且实质的要件。关键理由是,如果将监护监督人的选任作为生效条件,则从程序进展来看,监督人选任确定时间与行为能力欠缺认定时间并不必然一致,会导致意定监护协议启动时间因监督人的选任而滞后于被监护人实际监护需求产生时间。也就是说,意定监护协议委托人因出现行为能力欠缺情形而产生监护需求,成为意定监护中的被监护人,但此时可能因为意定监护监督人尚未选定而导致监护协议不能生效,意定监护协议不能履行,被监护人的保护协助需求不能得到及时全面的保障,甚至如果监督人的选任久拖不决,则意定监护协议便迟迟不能生效。这都有违于被监护人利益最大化原则,也不符合意定监护协议委托人订立协议时的真实意愿。

事实上,意定监护协议启动后,如果监护人、被监护人或其他相关主体认为有必要设立监护监督人,则可提出人选请求法院进行确认。在意定监护与法定监护的转换衔接过程中,如果有必要,除相关主体申请外,法院也可依职权主动选定监护监督人。此两处的"有必要",均可以是被监护人财产数额较大、身心障碍情况较为特殊等情形。所以,意定监护监督人无须成为意定监护协议启动或生效的条件。

第八章　总结与展望

中国监护制度最主要的法律依据是《民法典》。但无论是未成年监护制度还是成年监护制度,都是复杂系统的制度设置,与个人生活安排、社会事务处理、财产管理、情感慰藉、教育抚养(扶养)、医疗康复等多方面事项密切相关,无法在作为基础性、宏观性的《民法典》中进行全方位制度构建和体系化设计。从制度内容上看,在《民法典》时代,在落实《民法典》中相关监护制度的同时,还应紧跟社会需求和时代发展,在《民法典》之外,对相关法律法规进行相应的修改完善或进行单行立法,如对其他相关配套法律法规如《未成年人保护法》《预防未成年人犯罪法》《残疾人保障法》《老年人权益保障法》进行修改或制度革新,或制定专门的单行法律如"未成年人成长监护法""成年监护法"等,进一步完善我国监护制度体系。

一、《民法典》之外中国监护制度进一步完善的必然性

(一)《民法典》的基础性和宏观性为监护制度的进一步完善提供了空间

《民法典》是新中国成立以来第一部以"法典"命名的法律,是新时代中国社会主义法治建设的重大成果。它涵盖了基础且主要的民事关系,设定了民

事主体的基本行为规则和裁判准则,是中华民族的法治共识成熟的里程碑,被誉为"社会生活的百科全书",开启了中国法治社会建设的新篇章。但需要注意的是,《民法典》的出台,虽然佐证着中国民事立法的巅峰与大成,但并不代表着民事立法前进脚步的停滞,也不意味着相关民事法律制度的至善至美,新的单行民事立法以及其他相关部门法配套法律制度的跟进修改与完善当属必然。

第一,《民法典》的民事基本法地位,决定了其具有体系化和宏观性的特点,主要内容是对民事法律关系处理的基本原则和基本规则的规定,体例上无法对民事领域具体问题进行细致的制度设计,不能对社会生活的相关方面作出具体的规定。所以,相关具体民事问题包括监护问题需要通过《民法典》全局性、根本性的立法精神和制度理念,通过及时制定单行民事法律、颁发司法解释等形式来专门解决,与《民法典》形成民事法律领域体系或内容上的呼应、衔接与补充。

第二,法律并非万能,不可能事无巨细且全方位"辐射",任何一部法律都不可能全面覆盖社会生活的方方面面,且人类认识思维的局限性也决定着立法必然滞后于社会发展中不断变化演进的社会关系。中国《民法典》虽有1260条之巨,规模恢宏,体量庞大,但并不意味着覆盖了所有的社会生活,不意味着不会面临新问题。《民法典》之外的补充性立法不可避免且迫在眉睫。

(二)法律体系的内部协调性决定了监护制度进一步完善的必然性

在中国,由相互区别又紧密衔接的不同法律部门所构建的完善的法律体系内部,具有内容和谐、体系协调和逻辑自洽等要求和特征。《民法典》的制定也会带动其他部门法相关法律制度衔接呼应性的修改或完善。《民法典》的出台,对于刑法、行政法、民事诉讼法和刑事诉讼法等密切相关的部门法领域均有不同程度的影响。例如,民法典属于刑法的前置法之一,民法典的规定对于刑法中的定罪活动具有一定程度的制约性,刑法应当主动适应民法典,获得定罪的正当性与合法性。对于《民法典》中仅有相关原则性规定但留下需要有明确的行政法制度安排的"缺口",行政法也应当主动回应调整,有效对接,以便更好地实施《民法典》。① 同样,行政法、刑法等法律部门法对涉及监护侵害、监护犯罪行为必须加大法律制裁,强化和体现《民法典》"以人民为中心"理念,加强对未成年被监护人和成年被监护人包括老年人合法权益的保护。而 2020 年修订的《未成年人保护法》被称为未成年人保护的"小宪法",里面多个章节对未成年人监护制度进行了衔接甚至发展创新,监护制度体系在不同法律部门之间通过不同的法律表现形式实现有机衔接、配合协调、融洽发展。

（三）监护制度的特殊内容和功能必然要求私法、社会法与公法配套制度改革形成合力

监护制度内容自具特色,功能特殊,不可或缺亦不可替代。监护制度自身的体系、内容和适用范围涵盖面广,内容丰富庞杂,具有举足轻重的作用。从监护制度涉及的制度领域看,其与民事主体制度、民事权利制度、民事责任制度、婚姻家庭制度和亲属关系等多个民事法律制度密切关联,体系完整。从具体内容上看,监护制度包括监护制度类型的设置、监护人的选择原则和遴选条件、监护职责与权利的厘定、监护启动程序与履行规范、监护法律责任等私法性质的内容,以及监护帮助、监护干预、监护评估、监护监督和监护救济等涉及公法领域的内容,内容饱满。从监护对象类别看,监护制度与未成年人保护、身心障碍成年人身心保护、老年人合法权益保护等宪法性权利实现、人权保护和社会保障制度紧密相关,对象广泛。《民法典》所涉及的民事基础性条文无法将这些体系化、系统化的监护制度内容全部加以规定和体现,《民法典》之

---

① 参见《民法典给其他部门法带来的影响》,《人民检察》2020 年第 15 期。

外的补充立法以及关联法律的配套修改、衔接呼应甚至创新发展势在必行。

任何一项法律制度,都有其独特的价值功能。如前所述,监护制度最基本的功能是对行为能力人不足者的能力瑕疵进行补充,保障其民事权利能力圆满实现;同时保障民事活动秩序的稳健运作,维护市场交易安全和社会经济利益。监护制度保障亲属间的权利义务关系,凸显家庭功能和亲属关系的制度化。家庭监护以及其他亲属虽为常态,但特定情形下需要国家公力干预和社会组织的介入,以弥补社会保障体系之不足,保障人类代际公平和可持续发展,故而兼具"社会法""公法"特性。如前所述,监护制度同时具备财产管理、人身保护、生活照护、教育约束、民事代理、精神慰藉、医疗看护、康复安养等多重功能,监护人的监护职责可以根据被监护人的行为能力即体能、智能、精神三要素的具体欠缺程度,从上述监护制度功能中选择与被监护人的监护需求相适应的选项,进行监护权利义务关系的匹配性设置,便于贯彻被监护人利益最大化原则和尊重被监护人真实意愿原则,保障其正常、体面、幸福的生活,具有深层次的意旨与价值。较之于单一的代理、扶养、抚养、赡养等制度,监护制度功能更具优越性,系统性和综合性交融,公益性和私益性并存。单纯私法领域的立法完善已经不足以满足监护制度功能的发挥,需要与社会法、公法领域的制度改革形成合力,共同助力被监护人人权保障以及各项合法权益的保护。

二、中国监护制度的进一步完善及侧重点

《民法典》作为纲领性、总括性的基础民事法典,是关于监护制度的宏观布局、基本原则与一般性规范,功能和定位决定了其不能在监护问题上提供更为具体细致的制度设计。更多精准细巧的监护制度规范需要通过制定、修改特殊法律来完成,通过立法技术的完善推进监护法律制度体系的完善发展,示例即为2020年新修订的《未成年人保护法》对未成年监护制度的诸多创新发展。这为《民法典》之外进一步完善未成年监护制度的立法实践与理论研究提供了启发与路径借鉴。当然,鉴于未成年监护与成年监护中监护对象和监

护需求的差异,二者的规范构造与适用原则虽有重合,但也有更多个性化区别,导致二者具体制度构造设置仍存迥异,差别性研究和专门性、区别性立法成为必然。

(一)未成年监护制度的进一步完善及侧重点

一般而言,监护制度功能特殊,渗透于未成年人成长的方方面面,它虽然与亲子教育、保护和扶养制度高度融合,但其内容更为丰富且自成体系,不能被替代;除父母监护外,其他个人、组织监护主体的监护也日益常见,并不能当然地被通常的婚姻家庭关系所完全兼容。而散见于不同法律法规关于未成年人监护制度的分散立法方式,不利于未成年人监护制度自身系统化、体系化建设的要求。因此,制定专门的"未成年人成长监护法",对未成年人监护问题进行专门立法和系统化规定,乃大势所趋。从发达国家和地区立法实践来看,英国的《子女监护法》、美国的《统一监护和保护程序法》和我国香港地区的《未成年人监护条例》等均有专门单独立法的先例。此外,美国另有《收养和安全家庭法案》《儿童虐待预防及处理法案》等法律法规对未成年人监护制度进行了有益补充。

从中国立法来看,自 2020 年以来,随着《民法典》的颁布、《未成年人保护法》《预防未成年人犯罪法》的修订以及《刑法修正案(十一)》的制定,未成年监护制度规范日益健全,未成年人监护制度的基本框架已经构建,确立了家庭监护为主、国家监护为辅和兜底的监护制度,且国家监护包括对家庭监护的普及和推广、监护支持帮扶、监护监督甚至替代监护等一系列分层递进性措施,对未成年监护中的问题进行了积极回应。在这样硕果累累、立法不断推陈出新的法治环境下,制定"未成年人成长监护法"的倡议有重复立法及浪费立法资源之嫌。

故此,我们认为,针对现有未成年监护制度的不足,可以通过对《民法典》或《未成年人保护法》颁发司法解释的形式进行解决,即在"家庭保护""社会保护""政府保护""司法保护"等章节中涉及未成年监护制度的相关内容以司法解释的形式进行阐释、补充与完善。这样，中国未成年人监护制度的法律表现形式，便是以《民法典》及其司法解释为基础，以《未成年人保护法》及其司法解释为核心，以《预防未成年人犯罪法》《反家庭暴力法》《刑法修正案（十一）》等为补充的样态来呈现。后期在法律适用中，可以根据未成年监护中出现的新问题，结合社会需求的新变化，再酌情决定是否有必要制定单行的"未成年人成长监护法"。

《民法典》和《未成年人保护法》相关司法解释的制定，应积极吸纳《民法典》《未成年人保护法》《预防未成年人犯罪法》《反家庭暴力法》等立法的先进成果，确立现代全面教养保护理念，以独立人格视角和最大利益原则，尽可能详尽地规范未成年人家庭监护的重要方面，促进和保障未成年人健康成长和全面发展。

我们认为，《未成年人保护法》相关司法解释应从下列方面对未成年人监护制度进行强化和完善：（1）进一步完善国家对未成年监护的国家帮扶制度。如完善对监护权的社会保障，如增设政府专项基金或由国家财政补贴，对监护人的报酬进行适当补贴，保障监护人的报酬给付的经费来源；对困境监护家庭加大社会保障的对接与支持力度等。另外，建议政府在为本地出生的所有新生儿建立文字档案库外，还应建立所有新生儿生理特征库，如血液、毛发、指甲、掌纹、DNA等，以有效减少弃婴、拐卖儿童、儿童走失以及错抱儿童等人间悲剧现象的发生[1]。（2）进一步完善未成年监护监督制度，明确民政部门作为行政监督主体身份及其具体职责范围，并对其代位监护职责的履行进行监督；进一步细化居（村）委会作为社会监督机构的具体职责范围。（3）进一步完善监护评估制度，明确评估标准和方法，以便科学判断监护人是否重新具备履行监护职责条件的情况，进而决定是否将未成年人送回监护人抚养。

---

① 参见胡登世、朱文剑：《未成年人成长监护专门立法的建议》，《唯实（现代管理）》2015年第11期。

《民法典》中相关司法解释的展开,侧重于下列几个方面:(1)明确父母或其他监护人的监护资质要求,对于父母也不能例外,应明确父母不能担任监护人的情形。(2)积极改变传统错误认知,充分尊重未成年人自决权,进一步完善监护人职责。除了应借鉴引入《未成年人保护法》中监护人应当履行的职责范围以及不得实施的行为外,监护职责边界的设置尤其应高度关注未成年人独立的自我意识能力的增长,并尊重、满足这种增长的需要,在交友、外出、学习教育以及准备就业等与未成年人有利益关联的问题上,充分协商并尊重他们的表达、选择与决定权利;强调监护人和被监护人负有相互帮助和体谅的义务等。在财产监护事项上,遵循国际惯例对监护权限附加必要限制,如禁止监护人在代理行为中作为受让人;监护人在未成年人接受遗产继承或赠与时应编制财产目录等(父母作为监护人时可豁免该义务)。(3)对不同身份者担任监护人时的监护权利进行不同设置。如关于监护人的拒任权和辞任权,基于亲权与监护权的高度竞合,父母对未成年子女的监护属于法定义务,不能免除,不得拒绝或推辞;但父母之外的其他近亲属监护人,享有监护变更请求权以及拒任权和辞任权;亲属之外的其他个人或组织基于自愿担任监护人的,应当享有变更请求权和辞任权。同理,关于监护人的报酬权,父母无权索要报酬;近亲属以及其他人自愿承担监护职责者,享有报酬请求权,但报酬请求权的行使以"正当性""适当性"为原则;对于委托照护和遗嘱监护,这两类监护本身具有一定的意定性,报酬请求权应以双方自愿协商和适当补偿为原则。

(二)成年监护制度的进一步完善及侧重点

国际社会上,鉴于成年监护制度的复杂性,大多数国家对其都进行单独立法,如加拿大艾伯塔省制定的《非独立成人法》、英国的《意思能力法》《永久性代理权授予法》、日本的《任意监护法》、美国的《统一持续性代理权授予法》等,都是专门涉及成年监护制度的专门立法。就我国而言,成年监护制度的完善,一方面可修改其他相关联的部分法,如修改《老年人权益保障法》《残疾人保障法》等已有法律规范,对涉及的家庭监护职责以及国家、社会在成年监护中的代位监护、监护帮扶、监护监督、监护评估等问题予以完善。但这样的修改,只是在成年监护问题上部分法律的衔接呼应和完善,尚不能全面、系统、根本性地妥善解决成年监护制度中的相关问题。与未成年监护制度相比,成年监护制度涉及的事项更为复杂,常常与财产纠纷、遗产分割、养老安养等问题纠缠在一起,有些内容无法通过修改现有某一部或几部法律来完成,且目前这些修法工作也尚未开展。故此,根据社会发展需求,制定专门的"成年监护法"对成年监护制度包括老年人监护进行较为全面的设置和与时俱进的制度完善,是更为适宜的做法。

成年监护法的核心内容,应根据成年被监护人身心特点和客观监护需求,以尊重自我决定权、活用尚余能力、权益最大化、优享生活等作为基点,构建多类别、多层次、程序严密、监督有效、救济充分的监护制度,对我国现有成年监护制度进一步革新和完善。结合前文对成年监护制度完善的具体建议,我们认为,专门性立法工作中应注意或涉及的内容至少应包括下列方面:

1. 进一步完善现代成年监护理念,实现"尊重自我决定权"理念和"生活正常化"理念的制度化。

2. 老龄化视域下我国监护制度的完善应当遵循"纺锤型"生命轨迹规律,奉行行为能力推定原则、最小干预原则、补充性原则、最佳利益原则、尊重自我决定权原则、国家和社会责任原则以及借鉴中取舍和创新相结合原则。

3. 我国成年监护模式的现代构建,应结合替代决策、保护援助和支持决策三类模式的可借鉴之处,形成自己的特色,根据行为能力欠缺的不同类型下被监护人的客观需求进行相应监护类型的配置,形成包容性、综合性的"协助保护"模式:对现存意思能力较高者进行支持和协助,对有部分意思能力者进行辅助和保护;基于人权视角的有限监护和保护援助措施,是我国目前监护制度完善的主要参照对象;认可对特定对象即无行为能力者的替代决策,但对其最基本的日常生活行为、高度人身性质的行为和纯获利益的行为不得替代,且对残留一定意思能力的无行为能力人仍应最大程度尊重其意愿和喜好。

4. 将体能纳入行为能力构成要素,厘清体能、智力和精神三者之于行为能力以及监护制度设置之间的关联;明确监护的实质条件,以精神的耗弱、智能的降低或体能的下降是否影响其对个人事务的独立处理能力,作为判断行为人是否需要监护的基本标准。

5. 中国2011年5月1日实施的《残疾人残疾分类和分级》国家标准中对7类身心障碍情形由重到轻划分为极重度、重度、中度和轻度四个等级,这为确定自然人行为能力欠缺程度提供了科学的参照依据,也为行为能力轻微欠缺、行为能力部分欠缺和无行为能力的具体认定标准的确立提供了重要依据。但该国家标准毕竟不是针对行为能力欠缺者而设定的标准,需要在周全考量分析的基础上进行科学判断以划定标准。适用上述"国家标准"认定身心障碍者行为能力欠缺类型时,应遵循从严原则、工具排除原则和多重障碍从重原则。

行为能力欠缺类型具体认定标准应区分不同的情形:(1)由于国家标准对精神、智力残疾的认定标准非常明确,精神、智力障碍两类成年人具体行为能力欠缺类型可直接据此作为参考来认定。(2)鉴于体能障碍对行为能力的影响较精神障碍和智力障碍要小,行为人意思自治程度较高,为避免对本人自决权造成侵犯,对于因身体障碍因素(如语言障碍、视力障碍、听力障碍和肢体障碍等体能因素)影响下成年人行为能力欠缺类型的认定应具体区分。例如,单一身体障碍因素一般不会对行为能力带来重大影响,一般不建议纳入行为能力欠缺类型,但特定情形下的重度和极重度的身体障碍情形,将可能严重导致个人特定事务处理能力减弱,需纳入行为能力轻微欠缺类型;当肢体残疾对事务处理能力的影响特别严重时,可将之纳入成年人行为能力部分欠缺和无行为能力类型。(3)对于老年人群体,许多人并没有出现上述残疾情形或达到相应程度的残疾等级(如痴呆),而是意思能力和体能逐渐衰弱,行为能力欠缺呈现渐变性、差异性的特征,不能简单地适用残疾标准,或将行为能力认定的一般原则适用于老年人主体人群,只能对于出现了特殊情形的部分人,结合其精神、智力和体能的欠缺情况,根据其特定的个体需要进行个例处理和综合考虑。

6. 对行为能力欠缺类型进行三元层级构建,行为能力欠缺类型包括轻微欠缺、部分欠缺以及全部或绝大部分欠缺三个层级,在认定时应依据行为人精神、智力和体能障碍的不同原因类别及障碍程度具体分析,并提出细致的认定原则、标准和方法。

7. 依循比例原则,构建层级化、类型化的成年法定监护制度体系,设立协助监护、有限监护和替代监护三大监护类型,并为之配置不同范围和内容的监护职责与权限。

8. 适应老龄化社会需求,进一步扩大监护适用对象,将身体障碍者以及年老体衰的老年人纳入监护范围。

9. 修改法定监护人顺位,将配偶、父母和子女并列为第一顺位监护人,同时增加其他亲属为第二顺位监护人;明确监护人选任资格;明确法院为唯一的指定监护机关;激励社会监护力量加入,大力发展法人监护;明确复数监护人的职权行使规则。

10. 根据不同监护主体与被监护人亲疏或二者原本是否具有身份关系的差异,明确各类监护人是否享有拒任权、辞任权、辞留权及报酬请求权;明确并加强对被监护人的人身保护义务和财产事务监护职权,并就特定事项的监护权限加以限制性规定。

11. 进一步明确民政部门为成年监护的行政监督主体和代位监护的唯一主管部门,并对民政部门等在成年人权益保护方面的政府职能、工作原则以及相应的法律责任,作出明确规定。

12. 构建综合性监护监督制度。私力监护监督的设置一般以自愿性和必要性为原则;公力监督则为必须。实行行政监督与司法监督并行的监督体系,民政部门为行政监督机构和唯一代位监护机构;居(村)委会依据授权代行部分日常监护监督职责;法院下专设家事法院统一处理监护纠纷事务;检察院专门对国家代位监护进行监督,并对法院监护事务的处理进行法律监督,同时享有监护公益诉讼权。

13. 完善法定监护程序。成年法定监护启动程序宜采用相关主体申请为主、民政部门申请为辅与法院依职权指定为补充的"三元"监护启动立法模式;构建成年被监护人行为能力动态审查机制;设立成年监护登记公示制度;完善行为能力认定程序,建立行为能力专业机构辅助认定制度,完善法院对于成年人行为能力的认定制度。

14. 完善意定监护制度:(1)奉行意定监护优先于法定监护的一般原则,数个委托事务相同的意定监护协议并存则以最后者优先;意定监护协议内容难以适用时,协商调整优先,以法院确定为补充。(2)降低意定监护制度适用门槛,改变意定监护协议委托人缔约能力的资格条件和意定监护启动条件,突破制度适用困境。(3)加强对意定监护协议的法律规制,建立意定监护协议备案制度。(4)对意定监护协议进行预设分类,设立意定协助监护、意定有限监护和意定替代监护三个类型,由委托人作出选择确定授权范围,当事人约定不明时,以法律规定的内容对协议作补充适用,以弥补协议的不足,实现意定监护与法定监护的有效衔接。(5)建立意定监护的意思自治适度干预制度,明确不得约定的特殊事项。(6)完善意定监护协议解除制度,明确意定监护协议生效前后双方分别主张解除协议的不同情形下,各自的解除权行使时应遵循的一般要求。

主要参考书目

李其瑞:《法学原理》,法律出版社 2009 年版。

高祥:《比较法学原理》,中国政法大学出版社 2019 年版。

胡德胜:《法学研究方法论》,法律出版社 2017 年版。

陈征楠、朱志昊:《法学研究方法》,法律出版社 2007 年版。

李可:《法学方法论原理》,法律出版社 2011 年版。

陈瑞华:《论法学研究方法》,法律出版社 2017 年版。

梁慧星:《民法解释学》,中国政法大学出版社 1995 年版。

张功:《法学研究的理论与方法》,中国政法大学出版社 2016 年版。

李可、叶继元:《法学学术规范与方法论研究》,东南大学出版社 2016 年版。

林立:《法学方法论与德沃金》,中国政法大学出版社 2000 年版。

[德]卡尔·拉伦茨:《法律行为解释之方法:兼论意思表示理论》,范雪飞、吴训祥译,法律出版社 2018 年版。

舒中滢:《法学方法论问题研究》,中国政法大学出版社 2007 年版。

[德]卡尔·拉伦茨:《法学方法论(全本·第六版)》,黄家镇译,商务印书馆 2020 年版。

[德]哈贝马斯:《在事实与规范之间:关于法律与民主法治国的商谈理

论》,童世骏译,生活·读书·新知三联书店 2003 年版。

[德]齐佩利乌斯:《法学方法论》,金振豹译,法律出版社 2009 年版。

许玉镇:《比例原则的法理研究》,中国社会科学出版社 2009 年版。

冉克平:《意思表示瑕疵:学说与规范》,法律出版社 2018 年版。

朱庆育:《意思表示解释理论:精神科学视域中的私法推论理论》,中国政法大学出版社 2000 年版。

王洪亮、田士永、张双根、张谷、朱庆育:《中德私法研究(18):民法规范与法学方法》,北京大学出版社 2020 年版。

王晓青:《中国特色社会主义公平正义理论与实践》,经济科学出版社 2018 年版。

王桂艳:《公平与正义问题研究》,广西人民出版社 2018 年版。

孙国华:《公平正义与中国特色社会主义法治(马克思主义研究论库·第二辑)》,中国人民大学出版社 2018 年版。

[美]约翰·罗尔斯:《正义论》,何怀宏、何包钢、廖申白译,中国社会科学出版社 2020 年版。

[古罗马]查士丁尼:《法学总论——法学阶梯》,张企泰译,商务印书馆 1989 年版。

徐国栋:《优士丁尼〈法学阶梯〉评注》,北京大学出版社 2010 年版。

吴汉东:《法学通论(第七版)》,北京大学出版社 2018 年版。

[德]拉德布鲁赫:《法学导论》,米健译,商务印书馆 2013 年版。

卓泽渊:《法学导论(第二版)》,法律出版社 2015 年版。

米健:《比较法学导论》,商务印书馆 2018 年版。

朱继萍:《法学导论》,中国政法大学出版社 2015 年版。

张新宝:《〈中华人民共和国民法典·总则〉释义》,中国人民大学出版社 2020 年版。

最高人民法院民法典贯彻实施工作领导小组主编:《中华人民共和国民

法典总则编理解与适用》(上、下册),人民法院出版社 2020 年版。

杜月秋、孙政:《民法典条文对照与重点解读》,法律出版社 2020 年版。

[日]河上正二:《民法学入门:民法总则讲义·序论》(第 2 版增订本),[日]王冷然、郭延辉译,北京大学出版社 2019 年版。

王利明:《民法(第七版)》,中国人民大学出版社 2018 年版。

王利明:《民法总则(第二版)》,中国人民大学出版社 2020 年版。

《民法学》编写组:《民法学》,高等教育出版社 2019 年版。

梁慧星:《民法总论(第五版)》,法律出版社 2017 年版。

梁慧星:《民法总则讲义》,法律出版社 2018 年版。

孙宏臣:《民法总则精解》,人民出版社 2017 年版。

郭明瑞:《民法总则通义》,商务印书馆 2018 年版。

赵国滨:《民法总则适用要略》,中国法制出版社 2018 年版。

江必新、何东宁:《民法总则适用规范集成》,法律出版社 2017 年版。

扈纪华:《民法总则起草历程》,法律出版社 2017 年版。

杨立新:《民法六讲》,中国人民大学出版社 2017 年版。

王利明、杨立新、王轶、程啸:《民法学(第六版)》(上、下),法律出版社 2020 年版。

龙翼飞:《民法学(第三版)》,中国人民大学出版社 2020 年版。

姚辉:《民法学方法论研究》,中国人民大学出版社 2020 年版。

《中华人民共和国民法总则·实用版》,中国法制出版社 2017 年版。

李宇:《民法总则要义:规范释论与判解集注》,法律出版社 2017 年版。

陈甦:《民法总则评注(全 2 册)》,法律出版社 2017 年版。

姚辉:《民法总则基本理论研究》,中国人民大学出版社 2019 年版。

崔建远:《民法总则:具体与抽象》,中国人民大学出版社 2017 年版。

邹海林:《民法总则》,法律出版社 2018 年版。

杜涛:《民法总则的诞生:民法总则重要草稿及立法过程背景介绍》,北京大学出版社 2017 年版。

《民法总则立法背景与观点全集》编写组编:《民法总则立法背景与观点全集》,法律出版社 2017 年版。

赵万一:《〈民法总则〉十二讲》,华中科技大学出版社 2018 年版。

杨立新:《民法总则:条文背后的故事与难题》,法律出版社 2020 年版。

李霞:《成年监护制度研究——以人权的视角》,中国政法大学出版社 2012 年版。

冯源:《儿童监护模式的现代转型与国家监护的司法承担》,法律出版社 2020 年版。

杜江涌:《老年人监护制度研究》,中国人民公安大学出版社 2020 年版。

刘利君:《老年人权益的法律保障》,北京大学出版社 2013 年版。

倪娜:《老年人监护制度研究》,厦门大学出版社 2012 年版。

张民安、宋志斌:《监护人和被监护人的侵权责任——侵权法报告(第 3 卷)》,中山大学出版社 2010 年版。

王竹青、杨科:《监护制度比较研究》,知识产权出版社 2010 年版。

李霞:《监护制度比较研究》,山东大学出版社 2004 年版。

曹诗权:《未成年人监护制度研究》,中国政法大学出版社 2004 年版。

米振荣:《未成年人司法保护的探索和实践》,法律出版社 2019 年版。

温慧卿、聂阳阳:《未成年人热点法律问题研究》,中国政法大学出版社 2013 年版。

王进鑫:《未成年人性侵害防范研究》,四川科技出版社 2020 年版。

王宁霞、黄海燕、董欢:《未成年人性侵害现状分析与对策研究》,九州出版社 2020 年版。

郭开元:《我国未成年人司法制度的实践和探索》,中国人民公安大学出版社 2014 年版。

戴相英:《未成年人犯罪与矫正研究》,浙江大学出版社 2012 年版。

张淼：《重生——未成年人犯罪与心理矫治》，知识产权出版社 2017 年版。

瞿丰、陆才俊：《未成年人犯罪研究》，中国人民公安大学出版社 2016 年版。

[美]克莱门斯·巴特勒斯、[美]弗兰克·施马莱格、[美]迈克尔·G.特纳：《未成年人违法犯罪（第 10 版）》，崔海英、张丽欣、徐超凡译，中国人民大学出版社 2020 年版。

梅传强：《转型期我国城镇化进程中未成年人犯罪防控研究》，法律出版社 2014 年版。

赵志宏：《未成年人违法犯罪处置措施研究》，群众出版社 2011 年版。

李莹、冯媛：《反家庭暴力法的立法倡导与实践》，华中科技大学出版社 2020 年版。

张柳、朱琛、刘西重：《防治针对儿童的家庭暴力法律与实务》，知识产权出版社 2019 年版。

刘春玲：《家庭暴力民事保护令制度》，法律出版社 2019 年版。

刘晓燕：《公安机关处置家庭暴力案件机制研究》，群众出版社 2019 年版。

王竹青：《美国持续性代理权和成年人监护制度立法及法律适用》，知识产权出版社 2016 年版。

李欣：《老年人意定监护之医疗与健康代理制度研究》，法律出版社 2018 年版。

张峻、张毕奎：《精神障碍疾病药物治疗的药学监护》，人民卫生出版社 2020 年版。

金博、李金玉等：《残疾人保障立法研究》，中国政法大学出版社 2017 年版。

凌亢：《残疾人蓝皮书：中国残疾人事业发展报告（2018）》，社会科学文献出版社 2018 年版。

陈沛然:《残疾人心理调适和精神康复指南》,华夏出版社 2020 年版。

中华人民共和国国务院新闻办公室:《平等、参与、共享:新中国残疾人权益保障 70 年》,人民出版社 2019 年版。

傅志军:《残疾人权益保障法律制度研究》,华夏出版社 2014 年版。

金放、杨旭:《残疾人权益的法律保障——国内外比较研究》,中国社会科学出版社 2014 年版。

赵逵夫:《先秦文学编年史(中)》,商务印书馆 2010 年版。

胡怀琛:《民国国学文库·史记》,崇文书局 2014 年版。

刘小乔:《鱼雁尺牍·古代书信集锦》,黄山书社 2015 年版。

(西汉)司马迁:《史记》,吉林大学出版社 2015 年版。

冯克诚、田晓娜:《四库全书精编·史部》,青海人民出版社 1998 年版。

《学习式法规 10·民法通则学习法规》,中国法制出版社 2011 年版。

林国华、王恒:《古代与现代的争执》,上海人民出版社 2009 年版。

刘喜珍:《老龄伦理研究》,中国社会科学出版社 2009 年版。

城仲模:《行政法之一般法律原则》,(中国台湾)三民书局股份有限公司 1997 年版。

郑玉波:《民法总则》,中国政法大学出版社 2003 年版。

史尚宽:《民法总论》,中国政法大学出版社 2000 年版。

龙卫球:《民法总论》,中国法制出版社 2001 年版。

许志雄等:《现代宪法论》,(中国台湾)元照出版公司 2002 年版。

[英]以赛亚·伯林:《两种自由概念》,生活·读书·新知三联书店 1995 年版。

陈景辉、王锴、李红勃:《理论法学》,中国政法大学出版社 2016 年版。

《罗马法民法大全选译:婚姻、家庭和财产继承》,费安玲译,中国政法大学出版社 2001 年版。

黄风:《罗马法》,中国人民大学出版社 2009 年版。

史尚宽:《亲属法论》,中国政法大学出版社 2000 年版。

张荣顺:《中华人民共和国民法总则解读》,中国法制出版社 2017 年版。

张民安:《现代法国侵权责任制度研究(第二版)》,法律出版社 1991 年版。

赵霖:《未成年监护制度公法化》,贵州民族出版社 2009 年版。

梁慧星:《民法总论》,法律出版社 1996 年版。

何勤华:《法国法律发达史》,法律出版社 2001 年版。

《法国民法典》,罗结珍译,中国法制出版社 1999 年版。

[日]田山辉明:《成年监护制度和残疾人权利公约》,(日本)三省堂出版社 2012 年版。

陈新民:《德国公法学基础理论(下册)》,山东人民出版社 2001 年版。

[日]田山辉明:《成年后见法制研究(上卷)》,(东京)成文堂出版社 2000 年版。

曹贤余:《儿童最大利益原则下的亲子法研究》,群众出版社 2015 年版。

马俊驹、余延满:《民法原论(第四版)》,法律出版社 2010 年版。

[日]赤沼康弘、池田惠利字、松井秀树:《成年监护实务全书(4)》,(日本)民事法研究会 2016 年版。

张佩霖、李启欣:《民法大辞典》,湖南出版社 1991 年版。

孙国华:《中华法学大辞典·法理学卷》,中国检察出版社 1997 年版。

后　记

　　法律的真谛是实践,法律也是一种需要阐释的存在。法律制度伴随法治实践的发展和不同观点的阐明碰撞,获得与时俱进的隽永品格和蓬勃灵动的内在生长机制;而法学理论探讨与学术研究也在开放包容、批判反思甚或对抗冲突的交流中不断进步与成熟,进而又推动立法前进步伐和制度革新进程。本书内容和观点是课题组集体智慧的结晶,既有对我国现有监护制度及相关理论取得的新成就的自豪和赞叹,也有对既存缺憾的反思与检视;既有对制度现状全面、务实且辩证的深刻剖析,也有对制度发展勇敢而审慎的突破、重构与展望,体现着研究者对我国监护制度尤其是成年监护制度的高度关怀以及对中国监护法律制度更为成熟完善的热切期盼。如本书对推动我国监护相关理论研究的进一步繁荣深入和相关法律制度的进一步拓展创新有所助益,则幸甚!

　　本书是以国家社科基金年度一般项目"我国老龄化社会趋势下监护制度重构研究"(立项证书编号:13BFX085)最终结题书稿为基础,结合最新制定或修改修订的《民法典》《未成年人保护法》《预防未成年人犯罪法》《刑法修正案(十一)》等新近法治建设成果加以补充、调整、完善而成。本书由课题组主要成员西安工业大学教师李金玉、金博、王宏斌、郑淑霞、张玲艳共同完成,署名情况如下:

第一章,王宏斌执笔;

第二章,张玲艳执笔;

第三章、第四章、第七章、第八章,李金玉执笔;

第五章,郑淑霞执笔;

第六章,金博执笔。

本书撰写中,李金玉、金博组织了资料和信息的搜集整合、专题讨论和文稿校对及统稿工作,并对书稿进行了修改和审定。西安文理学院宋新邵对书稿资料收集、内容完成、文字校对和统稿工作贡献较大,付出了诸多精力,特此致谢!

本书的出版得到了西安工业大学专著出版基金的资助,获得了人民出版社的大力支持,谨在此表示诚挚谢意!

因学识所限,书中不当或疏漏之处在所难免,敬请广大读者批评指正。

作　者

2021 年 6 月

责任编辑:李媛媛
封面设计:胡欣欣
责任校对:陈艳华

图书在版编目(CIP)数据

中国监护制度研究/李金玉 等 著. —北京:人民出版社,2021.10
ISBN 978－7－01－023913－2

Ⅰ.①中⋯　Ⅱ.①李⋯　Ⅲ.①监护-研究-中国　Ⅳ.①D923.924

中国版本图书馆 CIP 数据核字(2021)第 219948 号

中国监护制度研究

ZHONGGUO JIANHU ZHIDU YANJIU

李金玉　金　博　等　著

人民出版社 出版发行
(100706　北京市东城区隆福寺街 99 号)

环球东方(北京)印务有限公司印刷　新华书店经销

2021 年 10 月第 1 版　2021 年 10 月北京第 1 次印刷
开本:710 毫米×1000 毫米 1/16　印张:18.75
字数:273 千字

ISBN 978　7　01-023913－2　定价:69.00 元

邮购地址 100706　北京市东城区隆福寺街 99 号
人民东方图书销售中心　电话 (010)65250042　65289539